Uli Frings

Küstenwege der Provence

Reise- und Wanderführer mit den schönsten Sentiers du Littoral zwischen Camargue und Nizza

***Titel,** großes Bild: Fantastische Ausblicke auf die **Calanque Sormiou**.*
*Kleines Bild oben: Der markante Leuchtturm von **Carry-le-Rouet**.*
*Kleines Bild unten: Die typischen **Ganivelles** in der Camargue, Sandfänger, meist aus dem Holz der Esskastanie, zum Schutz vor dem starken Mistral.*

Impressum

Die Ausarbeitung aller Wanderungen und Informationen in diesem Buch erfolgte nach bestem Wissen und so sorgfältig wie möglich. Trotzdem sind – im Sinne des Produkthaftungsrechts – inhaltliche Fehler nicht vollständig auszuschließen. Daher erfolgen alle Angaben ohne Garantie und Haftung des Herausgebers. Wir freuen uns über Ergänzungen und Anregungen an die E-Mail-Adresse **ulifrings@gmx.de**.

ISBN 978-3-9821238-1-3
2. Auflage, Februar 2023

Lektorat: Petra Bonnet, München

Karten: Werner Ulkann, Bonn

Bildnachweis: Karten mit freundlicher Genehmigung von: Seiten 8/9 SNCF PACA; Seiten 10/11 www.tout-envia.com; Seiten 12–15 Régie des Transports Métropolitains (rtm.fr); Seiten 16/17 www.reseaumistral.com; Seite 17 u. Tramway de la Métropole Nice Côte d'Azur; Seite 35 Parc Ornithologique du Pont de Gau; alle anderen Karten wurden auf der Basis von © OpenStreetMap, www.openstreetmap.org, erstellt. Ronald Burkhardt: Seiten 11, 13; Alexandra Fries: Seiten 5, 22/23, 30, 44/45, 64/65, 95 r. u., 100/101 o.; Dorothee Frings: Seite 73 M.; OT Cassis: Seite 82 o.; Wikipedia: Seiten 32 M., 38, 50 o., 54, 61 u., 95 l. u., 99 r., 109 r., 120 u., 136; © MCC-DRAC/SRA PACA – Michel Olive 2009: Seite 75 o.; © MCC-DRAC/SRA PACA – Michel Olive 2013: Seite 75 u.; © MCC-DRAC/SRA PACA – Luc Vanrell: Seiten 74/75 Hintergrund; © The Holbarn Archive/Leemage: Seite 84 M.; alle anderen Fotos: Uli Frings.

Klimaneutral
Druckprodukt
ClimatePartner.com/11774-2301-1163

Dieses Buch wurde **klimaneutral gedruckt**, d. h. die CO_2-Emissionen, die während der Produktion dieses Druckprodukts angefallen sind, wurden durch den Erwerb von Emissionszertifikaten ausgeglichen. Printed in Germany.

Herausgeber und Autor:
© Uli Frings
Valousset-haut
07110 Laboule, Frankreich
Telefon +33 6 88 12 82 06
E-Mail: ulifrings@gmx.de
www.sued-frankreich-wandern.de

Inhaltsübersicht

*Bei **Le Grau-du-Roi**, in der Ferne liegt die Retortenstadt **La Grande-Motte**: **Espiguette**, der längste Strand Frankreichs am Mittelmeer (siehe Tour 1, Seiten 26/27).*

Aktuelle Änderungen, die erst nach Drucklegung eingetreten sind, sowie Ergänzungen und Tipps unserer Leser finden Sie unter **www.sued-frankreich-wandern.de/provence.**

Für jeden **Tipp oder Verbesserungsvorschlag**, den wir auf unserer Website veröffentlichen, bedanken wir uns mit der Zusendung eines unserer Reiseführer (siehe Seite 151). Bitte schreiben Sie eine E-Mail an **ulifrings@gmx.de**.

GPS

GPS-Tracks zu allen Wandertouren zum **Download**:
www.sued-frankreich-wandern.de/provence-gps
Benutzername: Provence
Passwort: gps214684

Die GPS-Daten dürfen ausschließlich für private, nicht kommerzielle Zwecke eingesetzt werden. Eine Weitergabe oder Veröffentlichung der GPS-Tracks oder des Zugangspasswortes ist nicht gestattet.

Bei den hier zur Verfügung gestellten GPS-Daten handelt es sich größtenteils um die Originaldaten meiner Wanderungen. Auf das Erstellen über eine digitale Karte habe ich, soweit möglich, verzichtet.

Bitte folgen Sie in Zweifelsfällen immer der Beschreibung im Buch und den klar ersichtlichen Wegen! Fehler oder Abweichungen sind im Sinne des Produkthaftungsrechts nicht vollständig auszuschließen. Daher erfolgt die Nutzung der GPS-Daten ohne Garantie und Haftung des Herausgebers.

Klassifizierung der Wanderwege

Leicht (mit etwas Wandererfahrung):
max. 3–4 Stunden reine Gehzeit, keine besonderen Schwierigkeiten, keine gefährlichen Passagen, trotzdem evtl. schmale und/oder geröllige/felsige Wege, **max. 300–400 HM** kumulierter Anstieg.

Mittelschwer (mit Wandererfahrung und Trittsicherheit):
max. 5–6 Stunden reine Gehzeit, evtl. die ein oder andere schwierigere Passage, aber keine gefährlichen oder stark ausgesetzten Stellen, **max. 1 000 HM** kumulierter Anstieg.

Schwer (mit Wander- und etwas Klettererfahrung, Trittsicherheit und Schwindelfreiheit erforderlich): Wege mit **gefährlichen oder stark ausgesetzten Passagen** und/oder **über 6 Stunden** reine Gehzeit, evtl. **über 1 000 HM** kumulierter Anstieg.

Legende zu den Wanderkarten

Auto-Anfahrt mit GPS-Koordinaten	Bus/Haltestelle	Beschriebener Wanderweg
Restaurant und/ oder Unterkunft	Zug/Bahnhof	Alternativweg oder Abkürzung
Fernblicke	Fähre/Anleger	Andere Wege

Die **Höhenmeter (HM)** geben die **kumulierten Anstiege** der jeweiligen Etappe wieder.

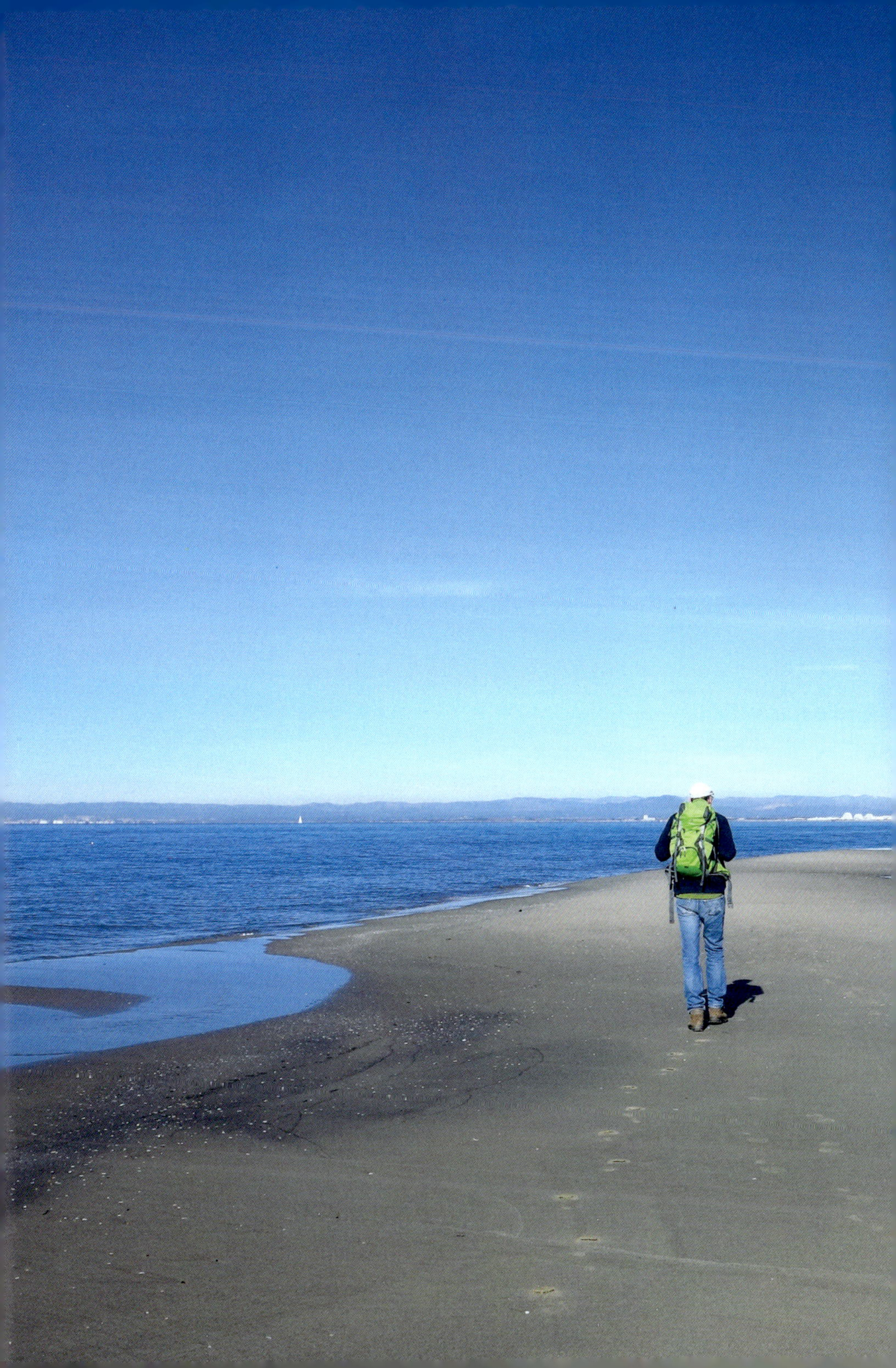

Mit dem TGV nach Arles, Marseille oder Nizza

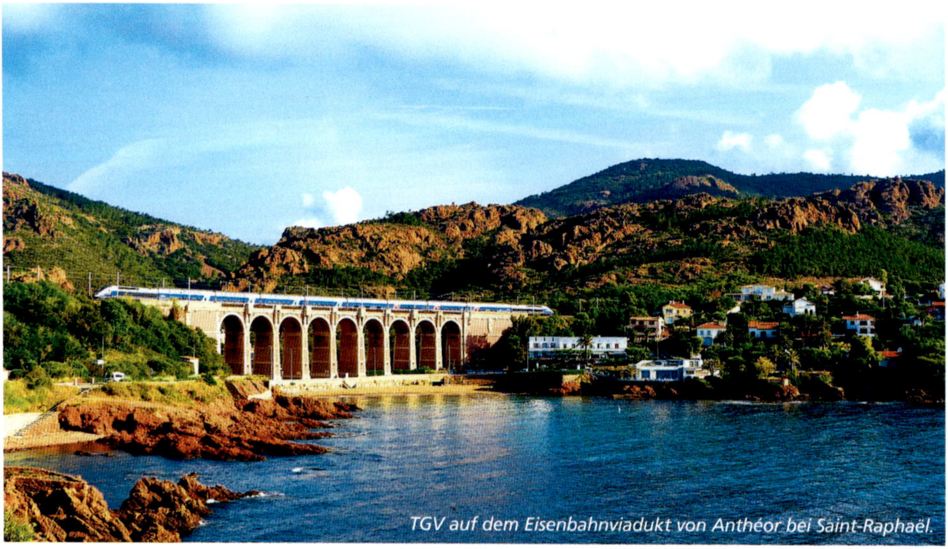

TGV auf dem Eisenbahnviadukt von Anthéor bei Saint-Raphaël.

Der Hochgeschwindigkeitszug **TGV** (Train à Grande Vitesse) fährt über **Brüssel, Paris oder Straßburg** mit bis zu 320 km/h nach **Arles** und **Marseille**. Einmal am Tag sogar in weniger als acht Stunden ohne Umstieg von **Frankfurt direkt nach Marseille**. Sondertickets sind bereits ab 39 € für die einfache Fahrt erhältlich. Vom Bahnhof Saint-Charles geht es, nun ohne Hochgeschwindigkeit, in etwa 2,5 Stunden weiter nach **Nizza**. Verbindungen und Preise lassen sich unter **www.sncf-connect.com/de-de** recherchieren. Hier findet man sehr gute Sonderangebote, z. B. gibt es im Sommer oft 1.-Klasse-Tickets fast ohne Aufpreis. Gebuchte Tickets, inkl. der obligatorischen **Platzreservierung**, kann man ausdrucken oder auf die SNCF-App laden.

Und: Jede Bahnfahrt erspart der Umwelt im Vergleich zur Fahrt mit dem Pkw durchschnittlich zwei Drittel des klimaschädlichen CO_2-Ausstoßes, nur die Anfahrt mit dem Reisebus ist noch ökologischer.

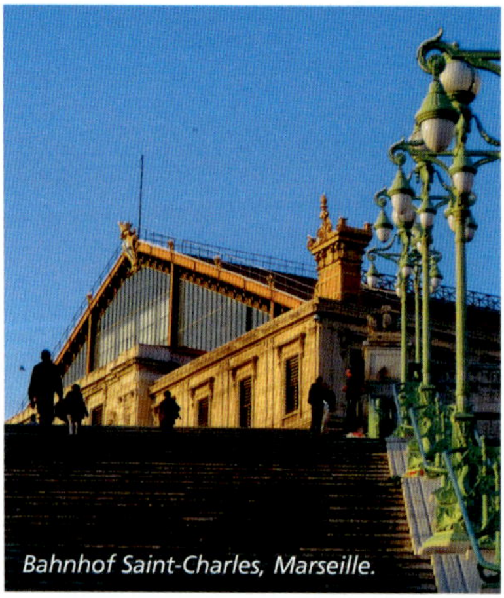

Bahnhof Saint-Charles, Marseille.

Petite pause

Café l'Écomotive
2 Place des Marseillaises
13001 Marseille
Telefon 06 52 35 83 31

Geöffnet Mo. bis Fr. 8.30 bis 19 Uhr, am Wochenende 9.30 bis 18 Uhr. Direkt gegenüber dem Treppenaufgang zum Bahnhof Saint-Charles. Wunderbares Café/Restaurant mit leckeren vegetarischen Suppen oder Snacks wie Roquefort-Mangold-Törtchen, hausgemachtem Käse-, Apfel- oder Karottenkuchen.

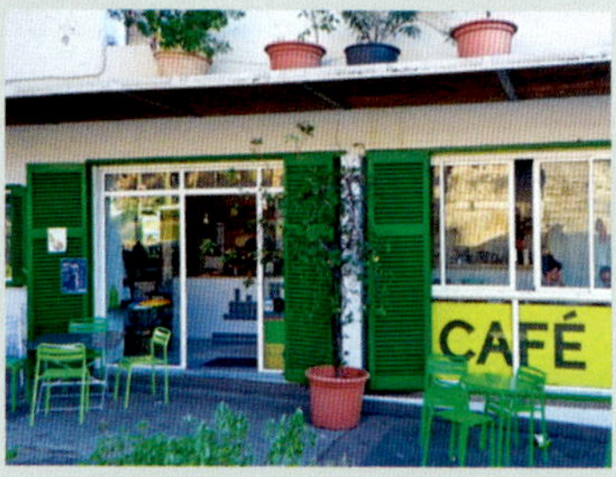

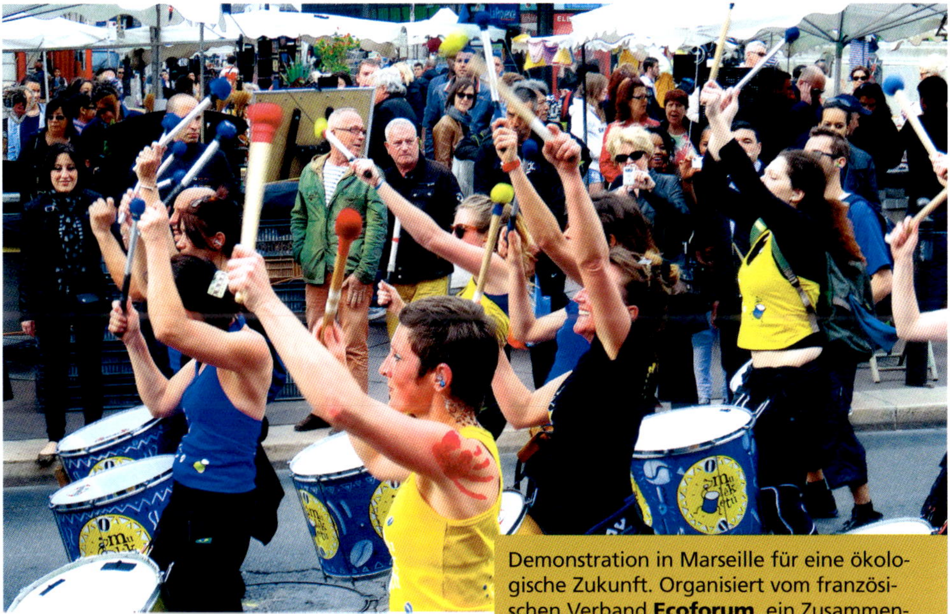

Demonstration in Marseille für eine ökologische Zukunft. Organisiert vom französischen Verband **Ecoforum**, ein Zusammenschluss vieler Organisationen für Nachhaltigkeit, Umweltschutz, Gesundheit und eine solidarische Gesellschaft.

In Deutschland setzt sich der Verband **ForumAndersReisen** für Nachhaltigkeit im Tourismus ein und ist u. a. Mitbegründer von atmosfair, **www.forumandersreisen.de**.

Mit dem Fernreisebus

Der CO_2-Ausstoß eines Reisebusses ist im Vergleich zur Bahn **etwas niedriger** und die Anreise kann sehr preisgünstig sein (oft schon ab 120 € für Hin- und Rückfahrt). Anbieter sind z. B. **www.eurolines.de**, **www.flixbus.de** oder **www.blablacar.de/bus**.

Mit dem Pkw

Die Fahrt mit dem Pkw ist ab Lyon über die **A 7**, die ***Autoroute du Soleil***, möglich. Gerade im Sommer ist diese Strecke sehr stark befahren und es gibt viele, oft lange Staus. Verkehrsprognosen unter: **www.autoroutes.fr**. An den Mautstellen (Péage) kann man bar oder mit Kreditkarte bezahlen (von Deutschland aus mit ca. 50 € je Fahrt rechnen). Tanken ist an den Tankstellen der Supermarktketten am günstigsten, **E.Leclerc** unterbietet meist alle.

Arles, Marseille und Nizza sind im Innenstadtbereich heute **so sicher wie jede andere Großstadt**. Trotzdem sollte man ein Fahrzeug mit nicht französischem Kennzeichen besser nicht über Nacht an der Straße stehen lassen. Entweder bucht man ein Hotel mit **gesichertem Parkplatz** oder stellt das Auto in eines der öffentlichen **Parkhäuser** (ca. 16 € am Tag).

Mit dem Flugzeug

Die **Flughäfen Marseille Provence** und **Nice Côte d'Azur** fliegen neben AirFrance und Lufthansa auch einige Billigfluglinien an. Vom Flughafen Marseille verkehrt **alle 15 Min. ein Shuttlebus** zum Bahnhof Saint-Charles. Vom Flughafen Nizza fährt alle paar Minuten die **Straßenbahn** in die Innenstadt (siehe Seite 17).

Beim Fliegen entsteht etwa die **10- bis 20-fache Menge CO_2** im Vergleich zur Anfahrt mit der Bahn. Daher: wenn schon fliegen, dann **atmosfair**. Mit einem freiwilligen Beitrag (z. B. Berlin Hin- und Rückflug ca. 16 €) werden die entstandenen Emissionen durch Investitionen in Klimaschutzprojekte kompensiert. Infos unter **www.atmosfair.de**.

Regionalzugverbindungen (TER)

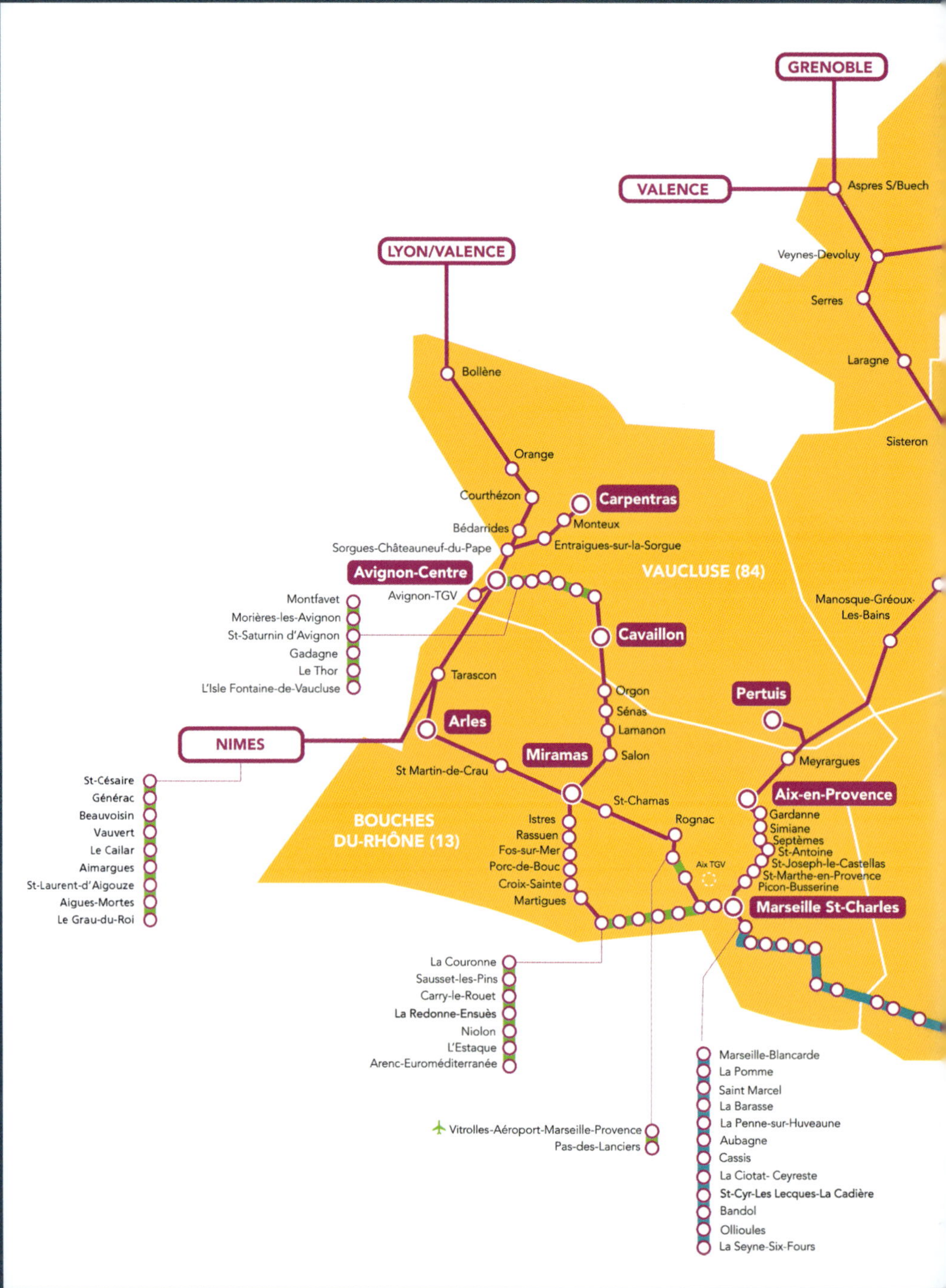

Abfahrtszeiten und weitere Infos unter www.sncf.com/de

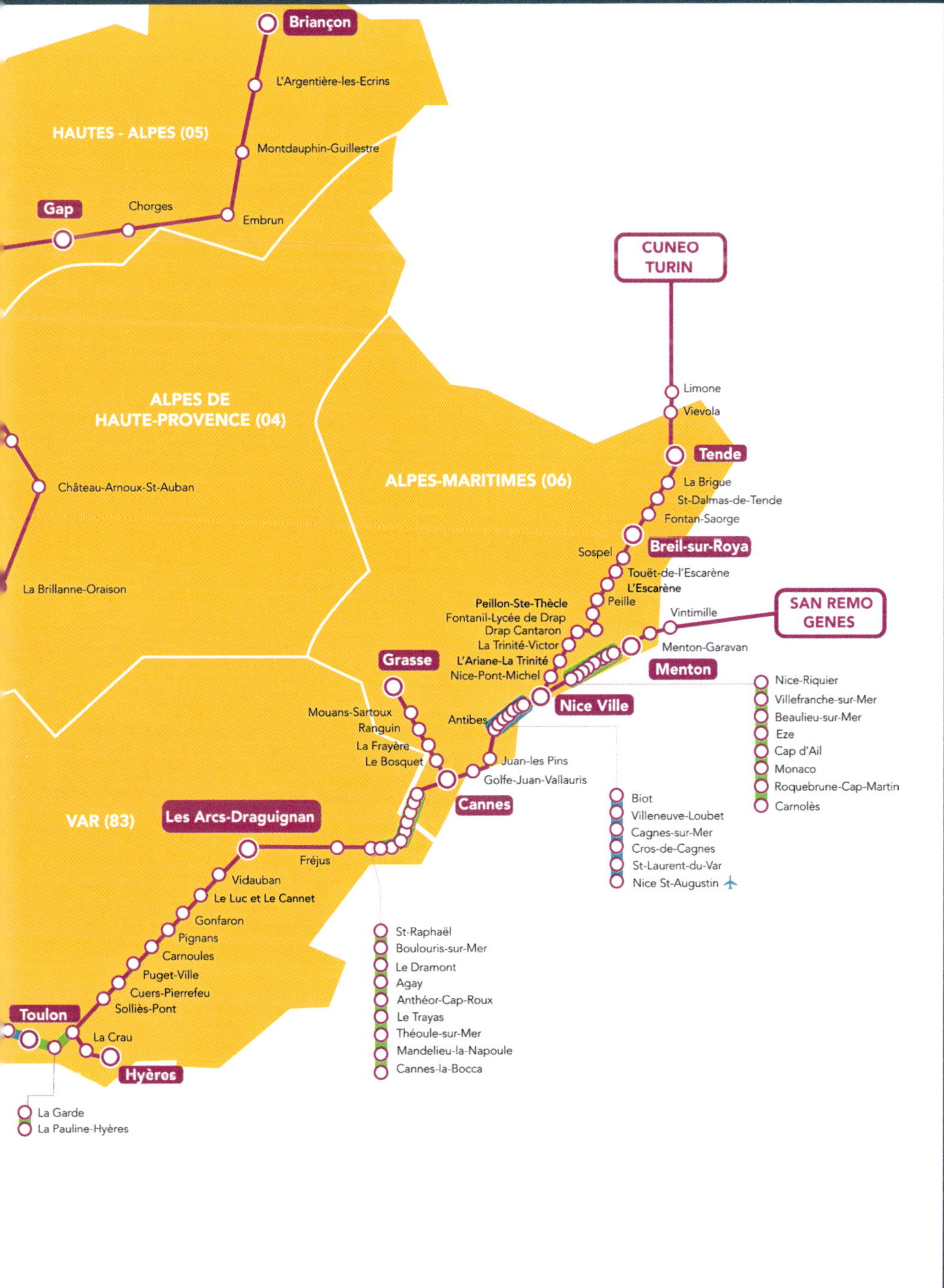

Anfahrt zu den Wandertouren 2–6 und 11

Arles – Saintes-Maries-de-la-Mer – Bus Linie 50

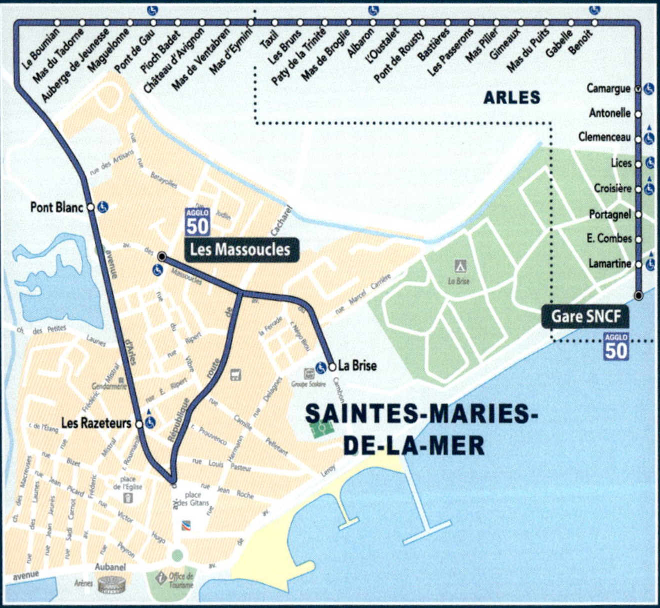

Sechs bis acht Verbindungen pro Tag, etwa alle ein bis zwei Stunden.
1 € je Fahrt, Infos unter: **www.tout-envia.com**

Arles – Salin-de-Giraud – Bus Linie 10

Fünf bis sechs Verbindungen pro Tag (sonntags nur zwei), etwa alle zwei Stunden. Im Juli/August fährt der Bus weiter bis zur **Domaine de la Palissade** und zum **Plage Piémanson**.
1 € je Fahrt, Infos unter: **www.tout-envia.com**

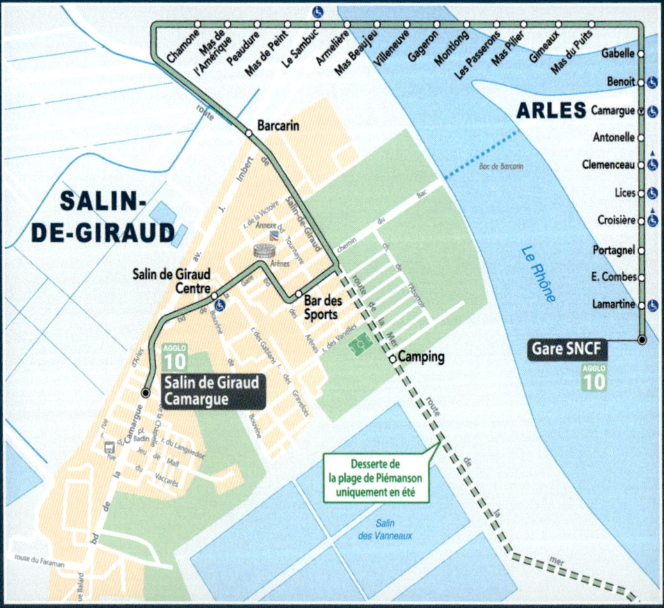

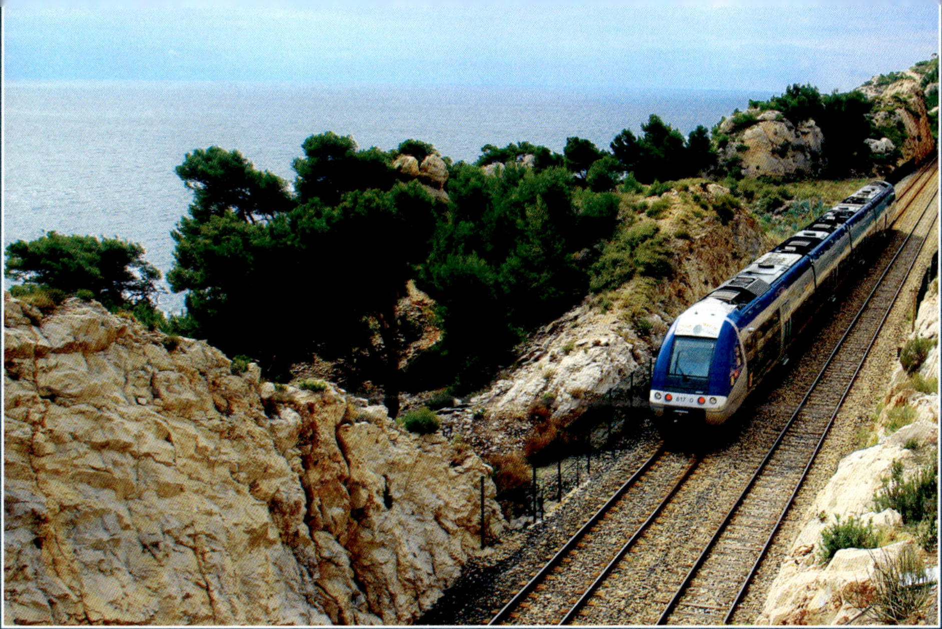

Martigues – Bus Linie 23

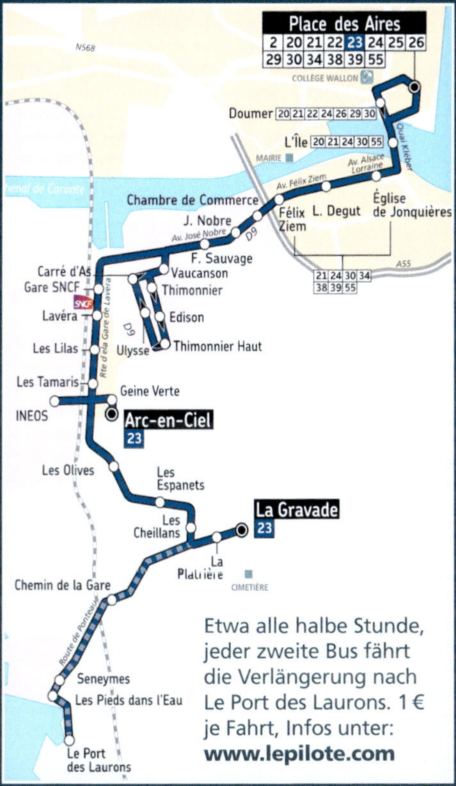

Etwa alle halbe Stunde, jeder zweite Bus fährt die Verlängerung nach Le Port des Laurons. 1 € je Fahrt, Infos unter: **www.lepilote.com**

Le Train de la Côte Bleue

Seit 1920 fährt der **Petit Train de la Côte Bleue** die nur 32 Kilometer lange Strecke. Fantastische Ausblicke auf das blau/türkis schimmernde Meer, die Felsküste und unzählige Tunnel und Viadukte machen bereits die Anfahrt unvergesslich. Von Marseille Bahnhof Saint-Charles **Richtung Miramas** (Zuglinie Nr. 7) unter der Woche gegen 6.45, 7.45, 10.45 und 12.45 Uhr, am Wochenende gegen 7.45, 8.45, 10.45 und 12.45 Uhr. Rückfahrt von z. B. Niolon 15.45, 17.45 und 19.45 Uhr. Preis nach Martigues einfache Fahrt 9 €.

Bus Linie 78 Marseille – Cassis

In Cassis ist der Bahnhof sehr weit vom Hafen entfernt, daher empfiehlt sich die 45-minütige Fahrt mit dem Bus über den **Col de la Gineste**. Allein die Fahrt ist schon ein tolles Erlebnis. Der Bus fährt ab Marseille Metrostation **Castellane** (die Metrostation in Fahrtrichtung verlassen und am Kreisverkehr nach links einige Meter den **Boulevard Baille** nehmen und schräg rechts in die **Avenue de Toulon** abbiegen).
Für die Rückfahrt in Cassis stadtauswärts bis zur Station **Gendamerie** gehen (Beschreibung bei Tour 9, Seiten 72/73). Preis einfache Fahrt 3,50 €, 10er-Karte 28 €. Abfahrtszeiten etwa stündlich, z. B. ab Marseille 9.15, 10.15, 11.15, 12.15, zurück 16.15, 16.50, 17.15 und 17.55 Uhr.

Metro- und Straßenbahnlinien in Marseille

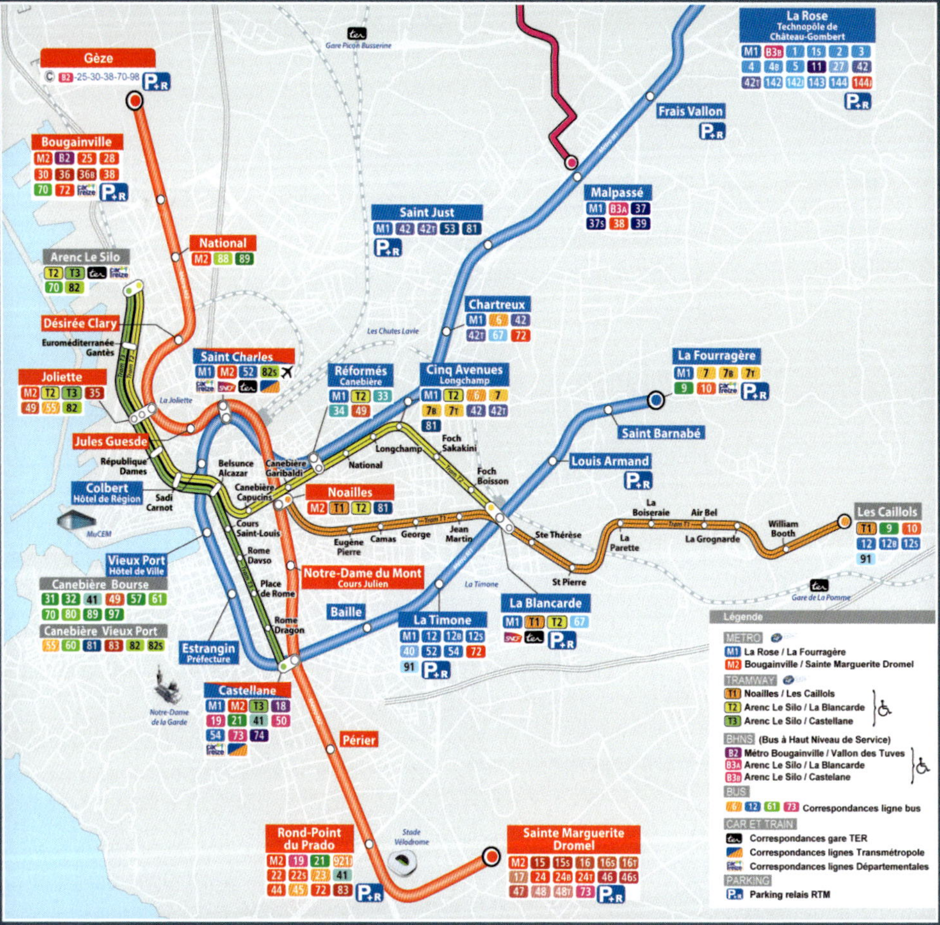

Öffentlicher Nahverkehr

Das Verkehrsnetz in Marseille ist sehr gut ausgebaut und übersichtlich. In den meist pünktlichen Bussen und Bahnen wird jede Station angesagt, oft auch auf Displays angezeigt. Kleine **Hunde** sind erlaubt und fahren kostenfrei, müssen aber einen Maulkorb tragen und an der Leine geführt werden.

Tickets

Die Fahrscheine gelten für die Metro, die Straßenbahn und den Bus und sind **eine Stunde** lang gültig. Man kann innerhalb dieser Stunde mit demselben Fahrschein zwischen verschiedenen Transportmitteln umsteigen. Die Fahrt zum Flughafen ist jedoch eine Sonderverbindung.
Fahrscheine werden in allen Metrostationen, Busstationen und am SNCF-Bahnhof verkauft. Wenn man den Fahrschein im Bus kauft, sollte man das Geld halbwegs passend parat haben.
Die Fahrscheine müssen bei jeder Fahrt entwertet werden, auch bei einem Umstieg!

Preise

Einzelfahrschein am Automaten: 1,70 € (im Bus 2 €), 10er-Karte (carnet de dix tickets): 15 €, 4-Personen-Karte: 4,90 €, Kinder unter 6 Jahren reisen kostenlos und ohne Fahrschein. Tageskarte: 5,20 €, unbegrenztes Fahren während eines Tages (vom Zeitpunkt der ersten Entwertung bis Mitternacht desselben Tages) mit Metro, Bus und Tram. 3-Tageskarte: 10,80 €.

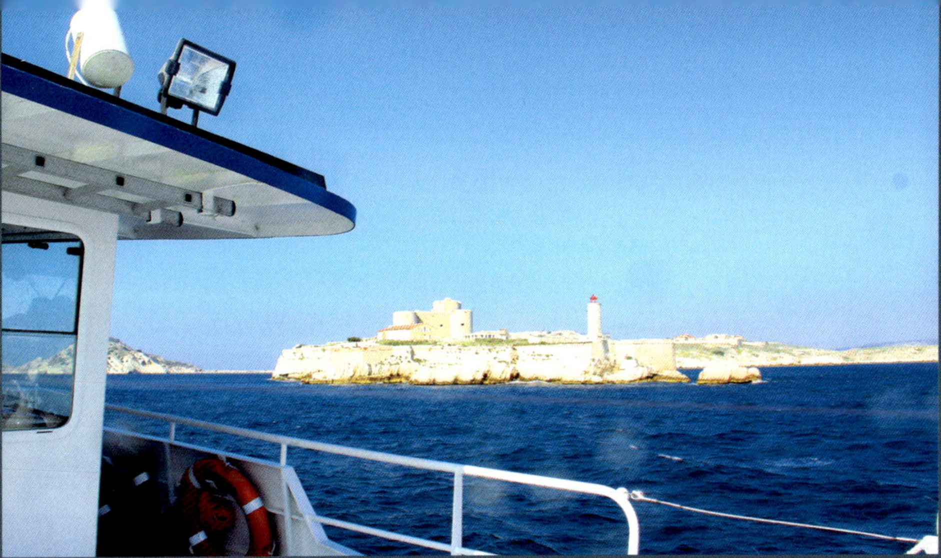

Frioul If Express vom Vieux Port mehrmals täglich zur **Île d'If** (nur bei gutem Wetter mit niedrigem Wellengang möglich) und zum **Port du Frioul**. Weitere Infos Seite 63.

Navette maritime Marseille

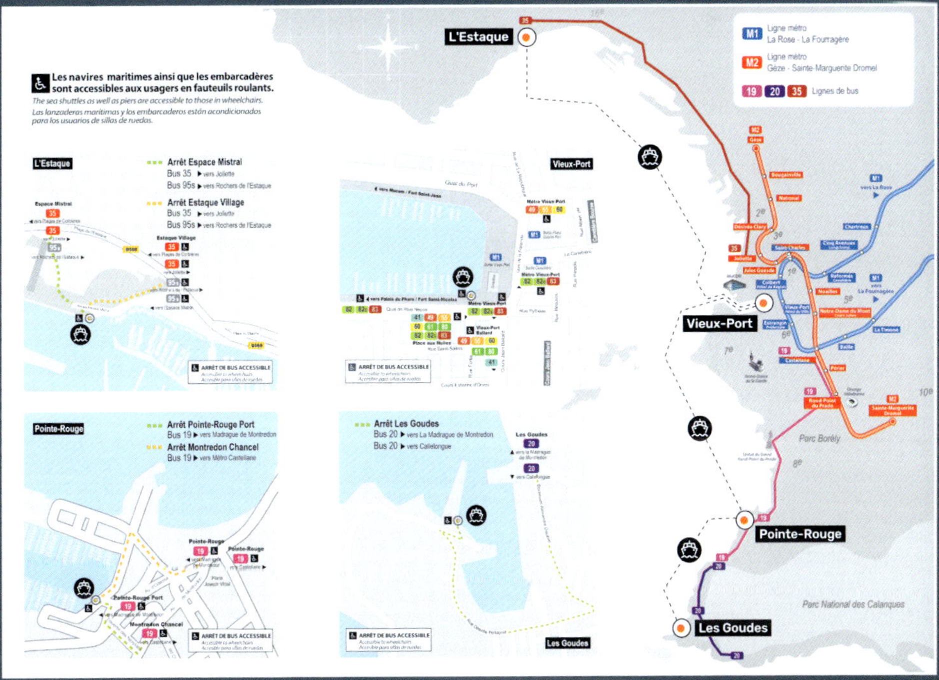

Preiswerte Fährverbindung nach L'Estaque, Pointe Rouge und Les Goudes
Von Ende April bis 1. Oktober von 8 bis 19 Uhr, ab Juli bis 22 Uhr. Vom Vieux Port nach Pointe Rouge stündlich zur vollen Stunde, nach L'Estaque zur halben Stunde. Die Fahrzeit beträgt etwa 40 Minuten, Preis je Fahrt 5 €. Ab Juli von Pointe Rouge auch **weiter nach Les Goudes** (+ 3 €).

Von Marseille in die Calanques (Touren 8–10)

Bus Linie 19 (ca. alle 12 Minuten)

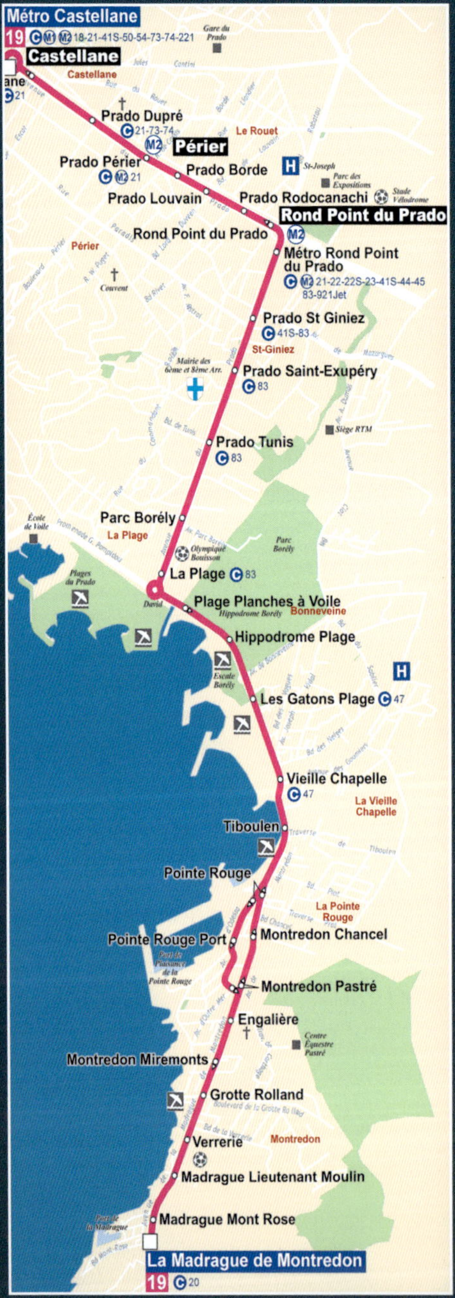

Bus Linie 20 (ca. einmal pro Stunde)

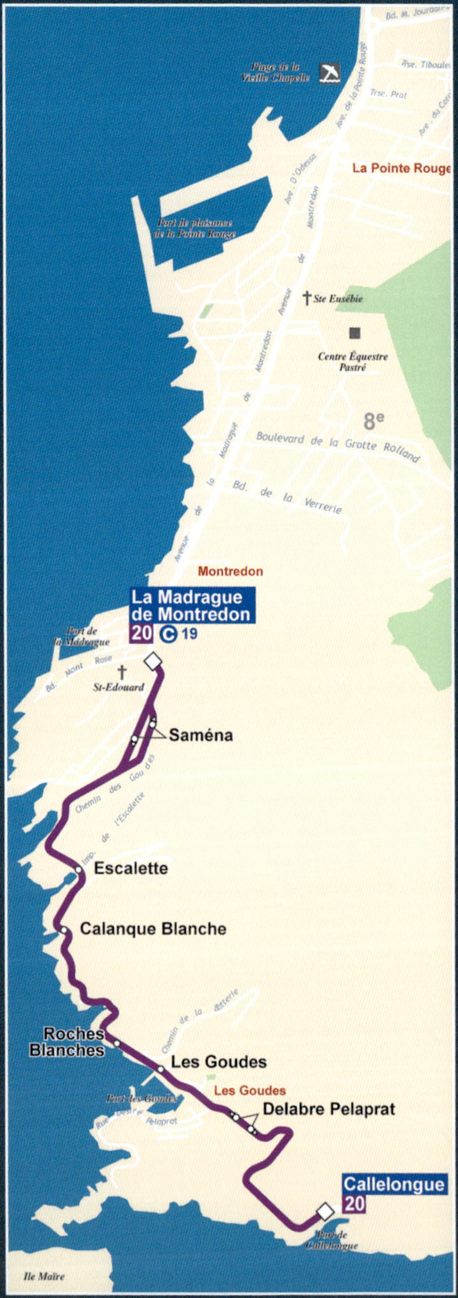

Abfahrtszeiten und weitere Infos unter www.rtm.fr

Bus Linien B1 oder 21 (alle 7 Minuten)

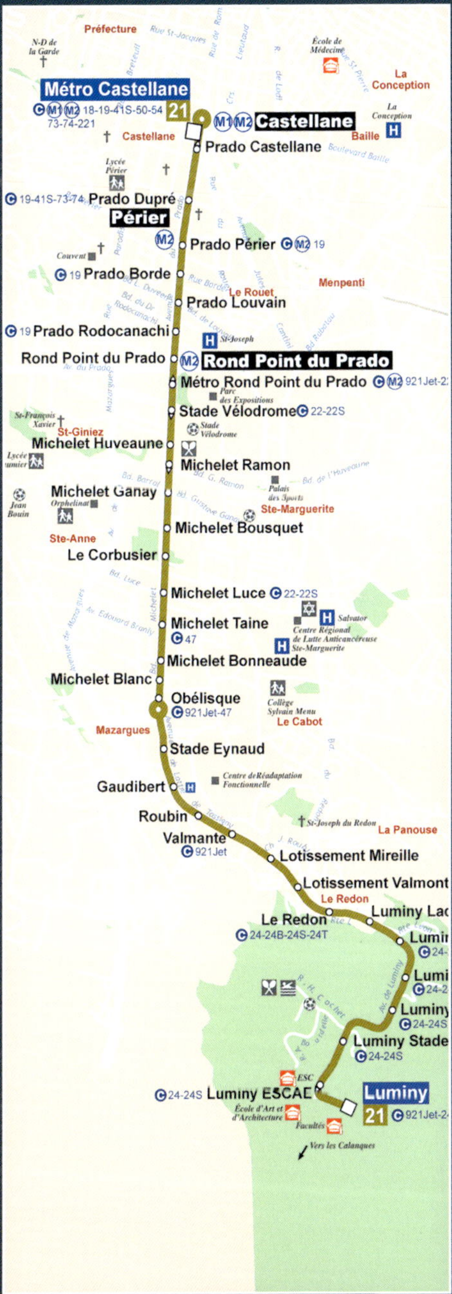

Bus Linie 22 (ca. alle 30–40 Minuten)

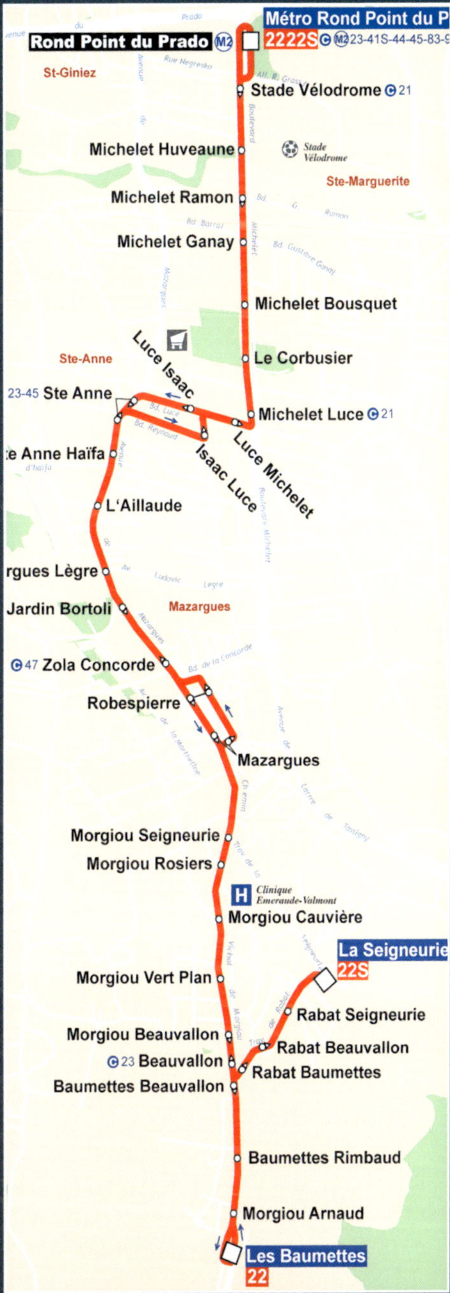

Anfahrt zu den Wandertouren 12, 13, 16 und 17

Toulon – Les Sablettes – Navette 18 M

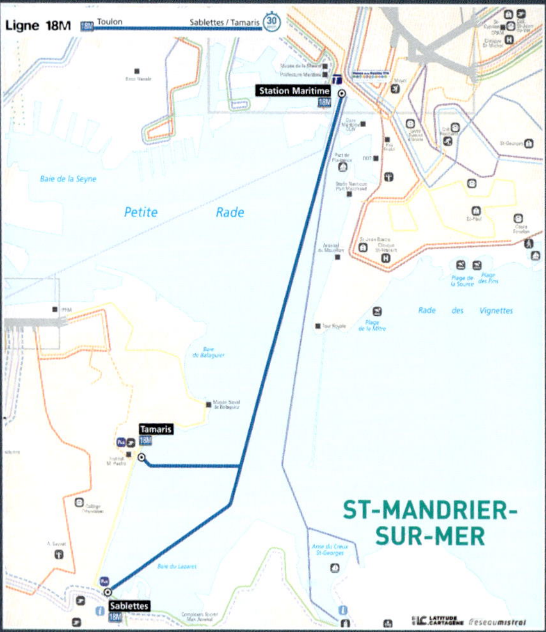

„Bateaux-bus" etwa alle halbe Stunde, sonn- und feiertags stündlich.
2 € je Fahrt, Infos unter:
www.reseaumistral.com

Les Sablettes – Le Brusc – Bus Linie 87

Montags bis samstags acht bis zehn Verbindungen pro Tag, etwa alle ein bis zwei Stunden. Sonn- und feiertags fährt die Linie 87 nicht.
1,40 € je Fahrt, Infos unter:
www.reseaumistral.com

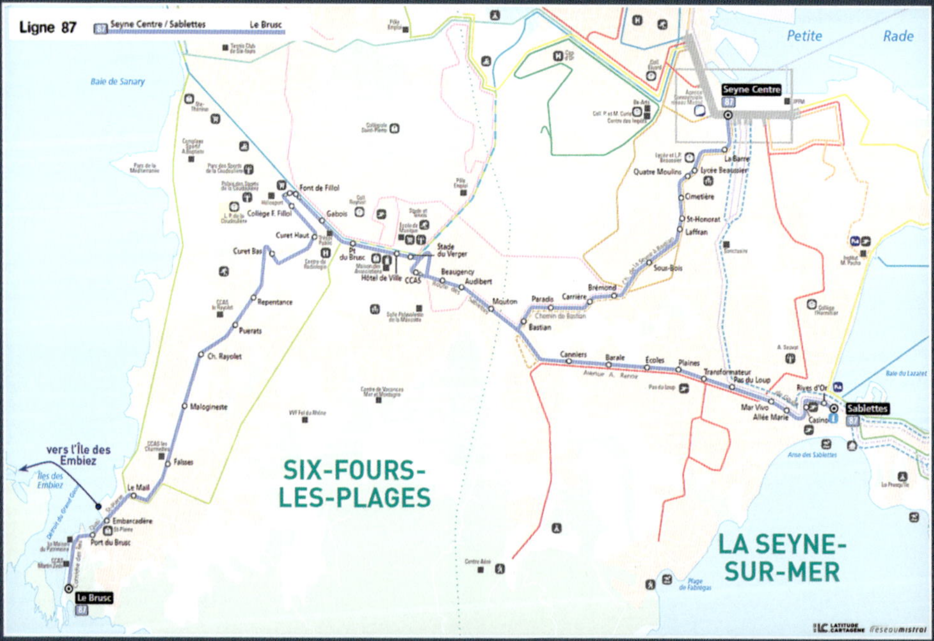

Hyères – Giens – Bus Linien 67/68

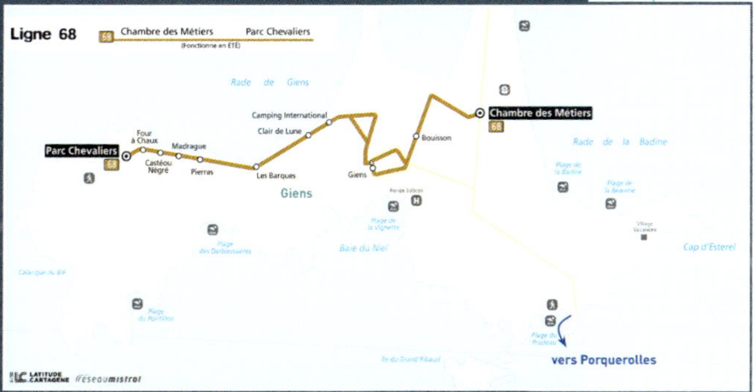

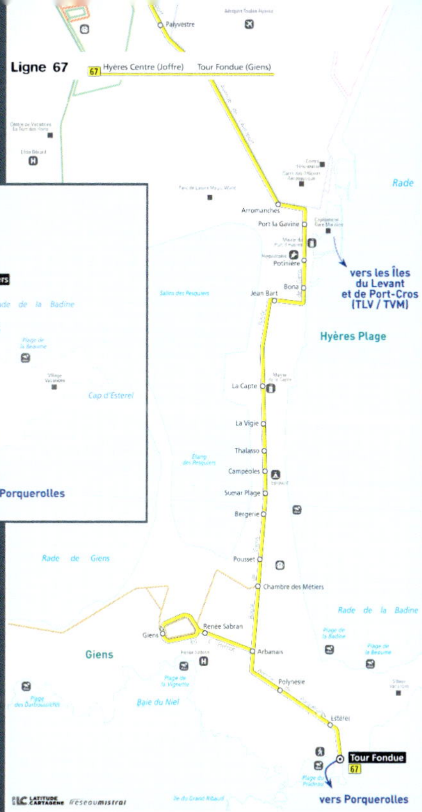

Linie 67: jede Stunde, sonn- und feiertags nur sechs Verbindungen pro Tag.
Linie 68: Juli und August etwa jede Stunde. September bis Juni montags bis freitags, nur auf **Vorreservierung am Vortag** über die Website oder Telefon 04 94 03 87 03.
1,40 € je Fahrt, Infos unter:
www.reseaumistral.com

Straßenbahnen in Nizza

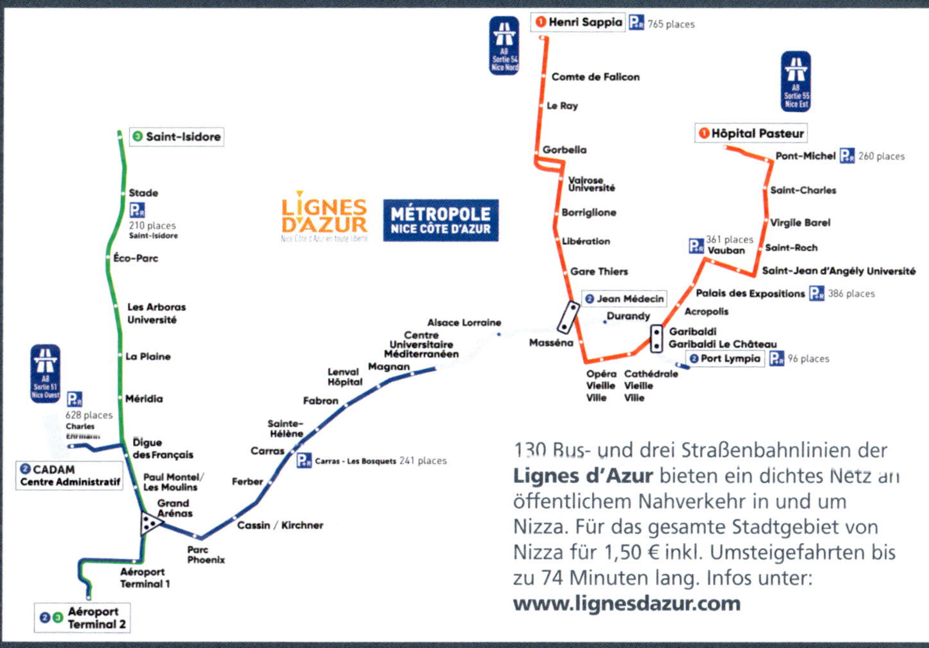

130 Bus- und drei Straßenbahnlinien der **Lignes d'Azur** bieten ein dichtes Netz an öffentlichem Nahverkehr in und um Nizza. Für das gesamte Stadtgebiet von Nizza für 1,50 € inkl. Umsteigefahrten bis zu 74 Minuten lang. Infos unter:
www.lignesdazur.com

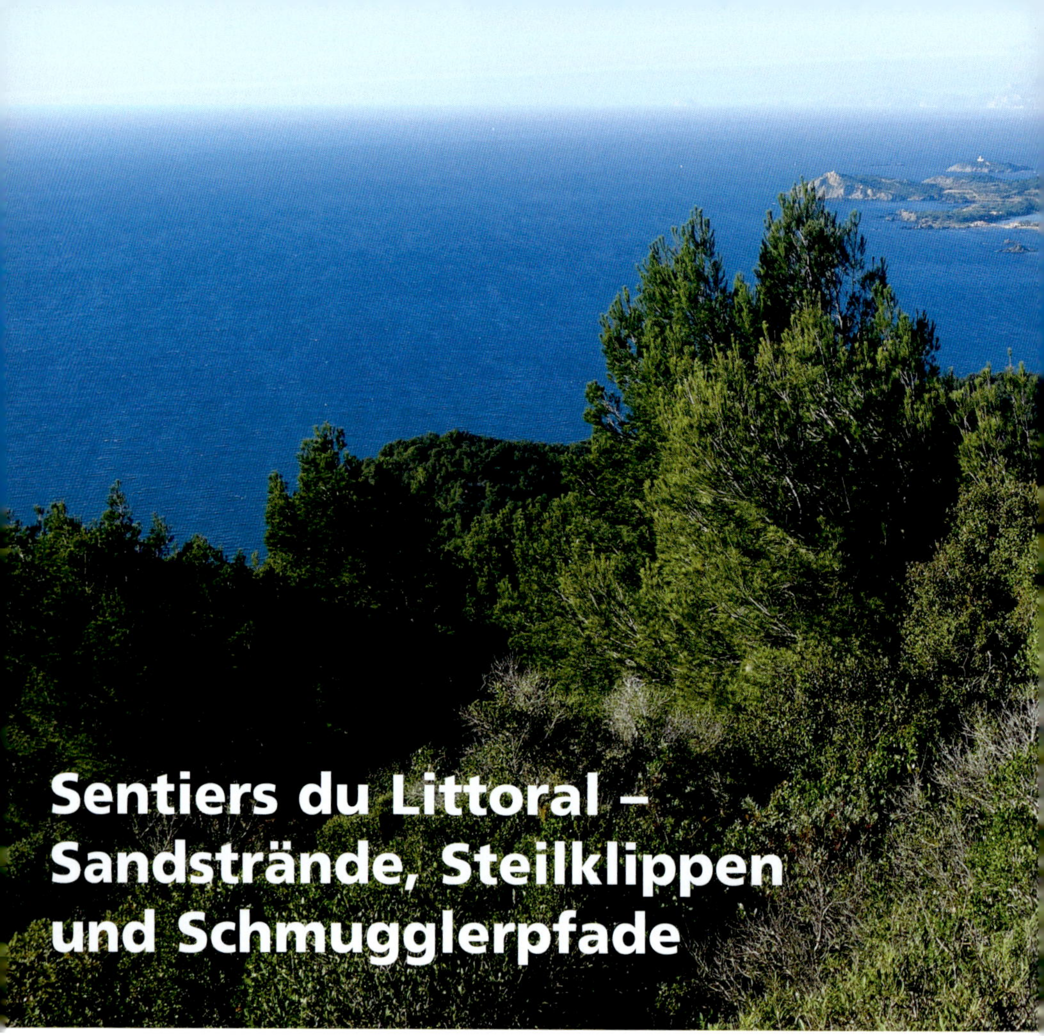

Sentiers du Littoral – Sandstrände, Steilklippen und Schmugglerpfade

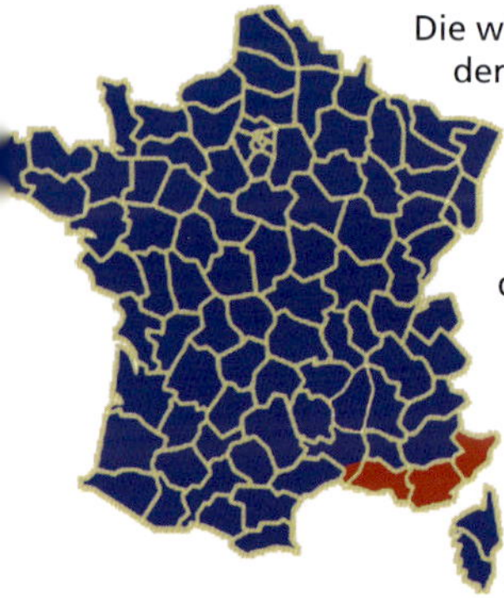

Die wilden Pfade entlang der **Mittelmeerküste** wurden schon immer von Fischern genutzt. Ab Mitte des 19. Jahrhunderts erkannte der **Zoll** den Wert der Wege, um nach Schmugglern Ausschau zu halten. Die zerklüftete und damals noch sehr einsame Küste mit ihren vielen versteckten Buchten bot sich für den **Schmuggel** geradezu an. Dieser Wanderführer beschreibt die schönsten der noch nicht durch **Bauboom** oder **militärische Anlagen**

Die Küste (Littoral) der **Provence** zieht sich über mehr als **600 km** von der Camargue bis an die italienische Grenze. Sie ragt noch mit einem kleinen Zipfel ins **Gard** (Nummer **30** der Départements) in der Region **Okzitanien**, liegt aber zum überwiegenden Teil in den Gebieten **Bouches-du-Rhône** (**13**), **Var** (**83**) und **Alpes-Maritimes** (**06**), die zum Verbund **Provence-Alpes-Côte d'Azur** gehören. Die bisher übliche Abkürzung **PACA** wird gerade durch die neue Bezeichnung **Région Sud** oder einfach **Le Sud** abgelöst. **Marseille** ist mit 870 000 Einwohnern Hauptstadt der Region und die größte der provenzalischen Küstenstädte, gefolgt von **Nizza** (345 000) und **Toulon** (180 000).

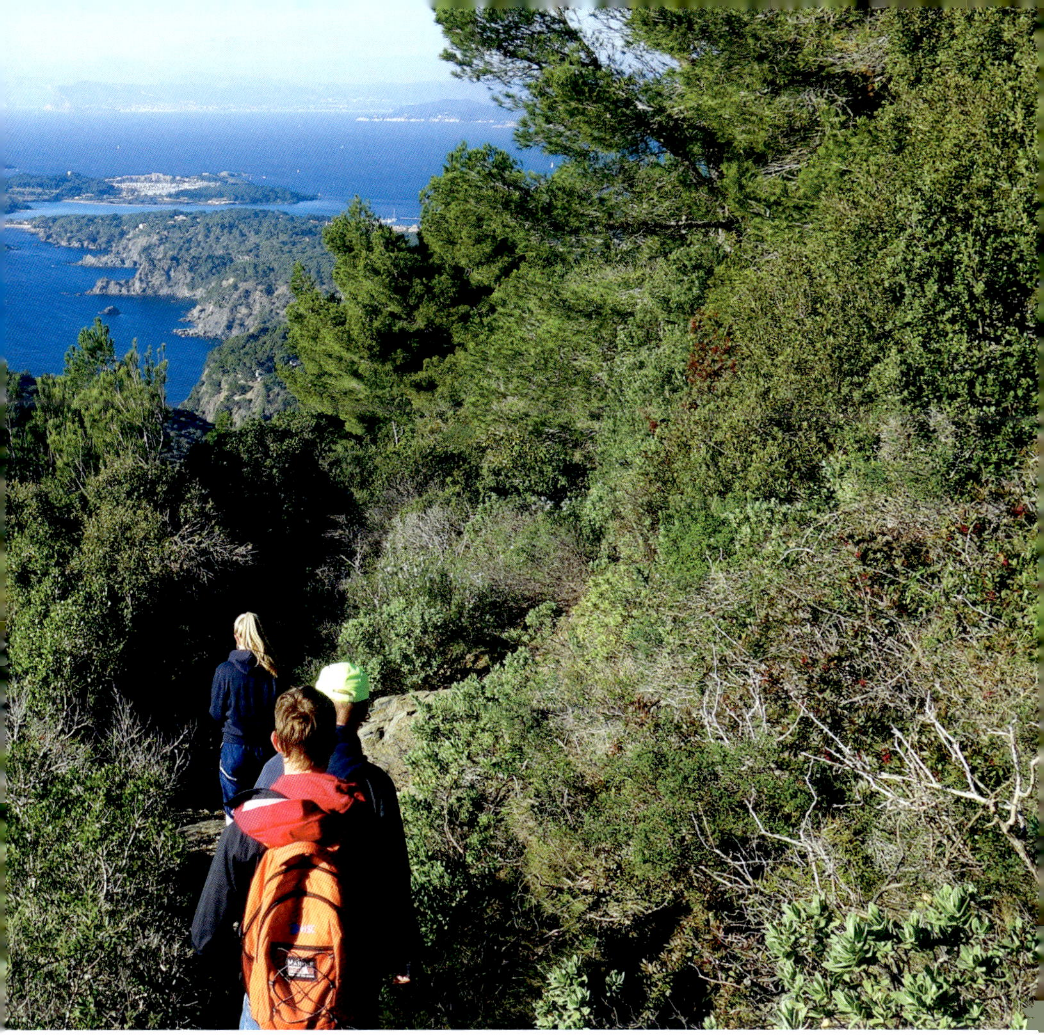

unterbrochenen Küstenwege. Alle Touren sind gut mit **öffentlichen Verkehrsmitteln** erreichbar. Die beste **Wanderzeit** ist von **Ende September bis Mai**. Der **Sommer** bringt oft große Hitze mit Waldbrandgefahr, viele Wanderwege können gesperrt sein (siehe Seiten 69 und 150). Der **Winter** dagegen ist meist frühlingshaft und frei vom Massentourismus.

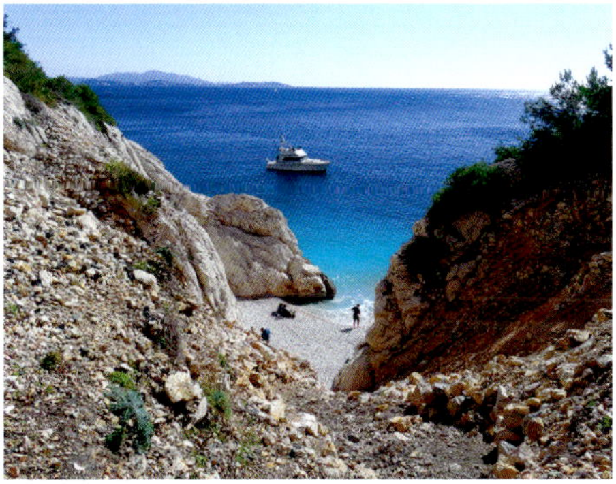

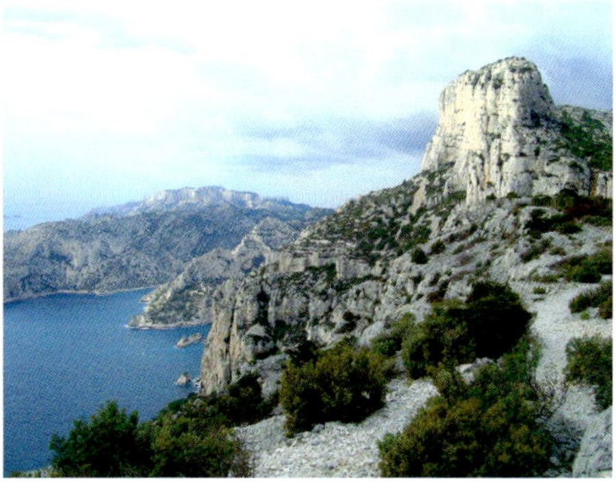

Die Wanderungen im Überblick

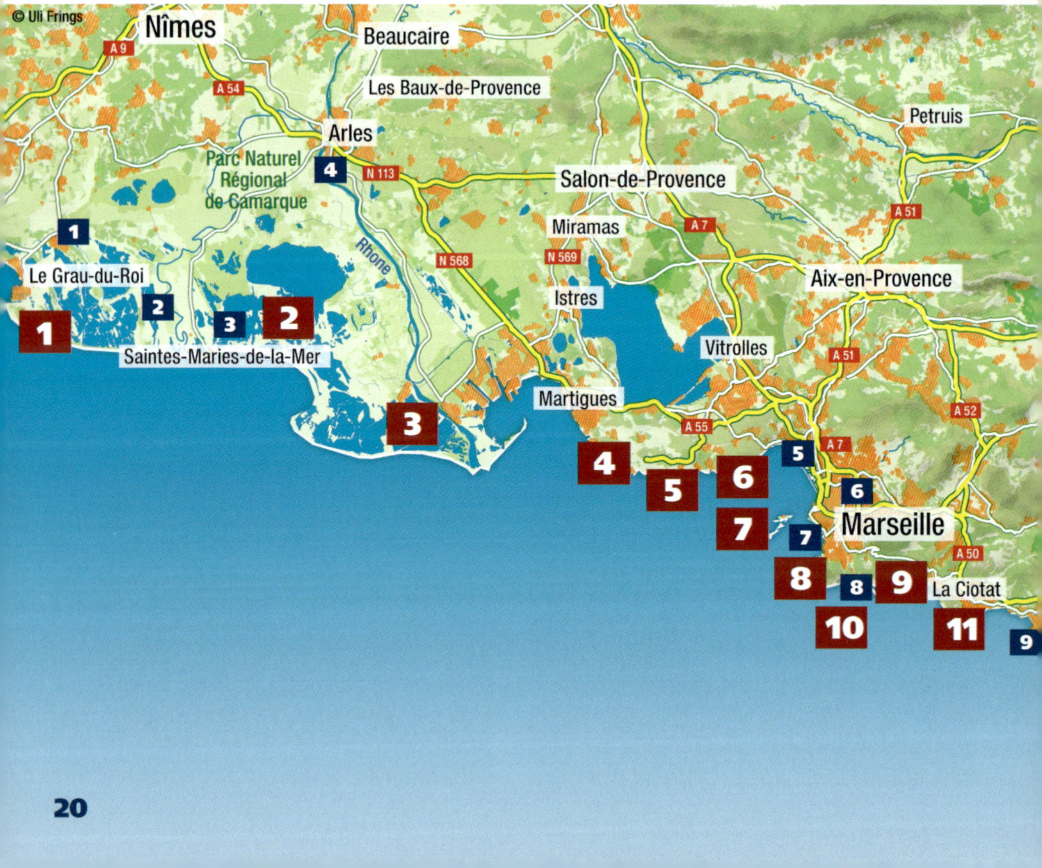

Abseits der Wanderwege

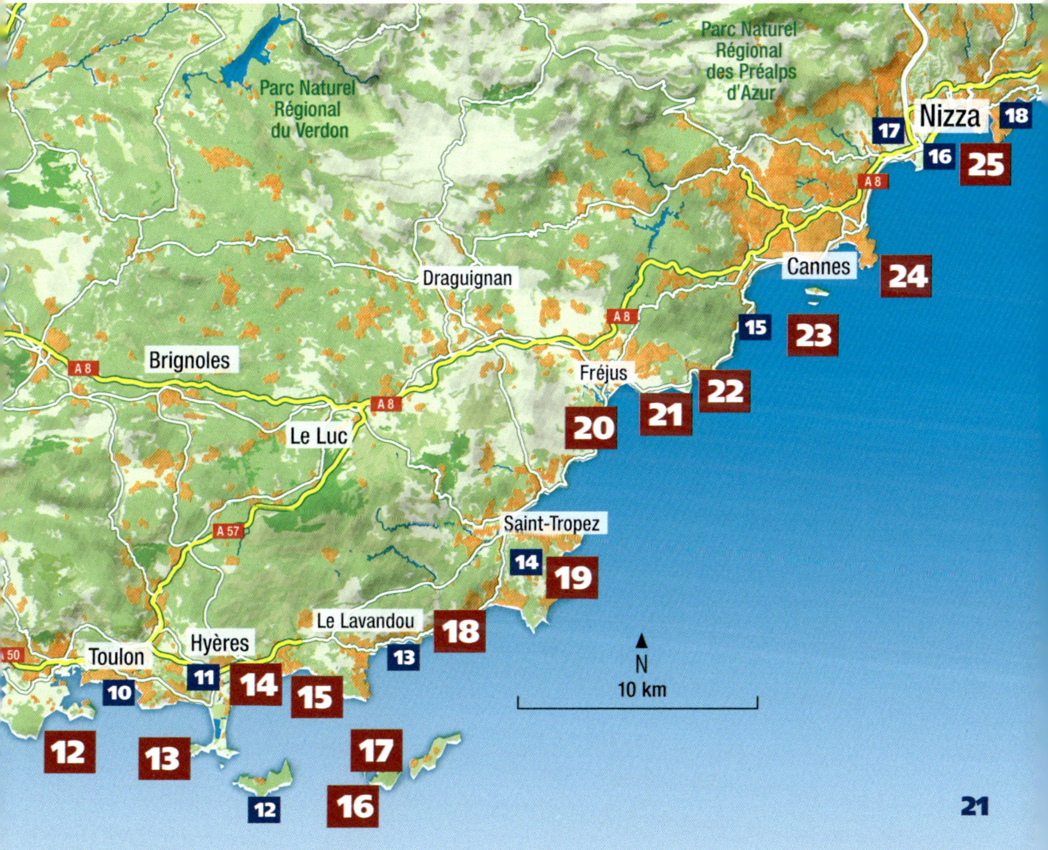

Camargue

Das Delta der Rhône-Mündung bildet eine einmalige Landschaft zwischen Sandstränden und Salzwassersümpfen. Nirgendwo sonst in Südeuropa leben mehr Flamingos. Zusammen mit den Wildpferden und den schwarzen Stieren prägen sie die Camargue.

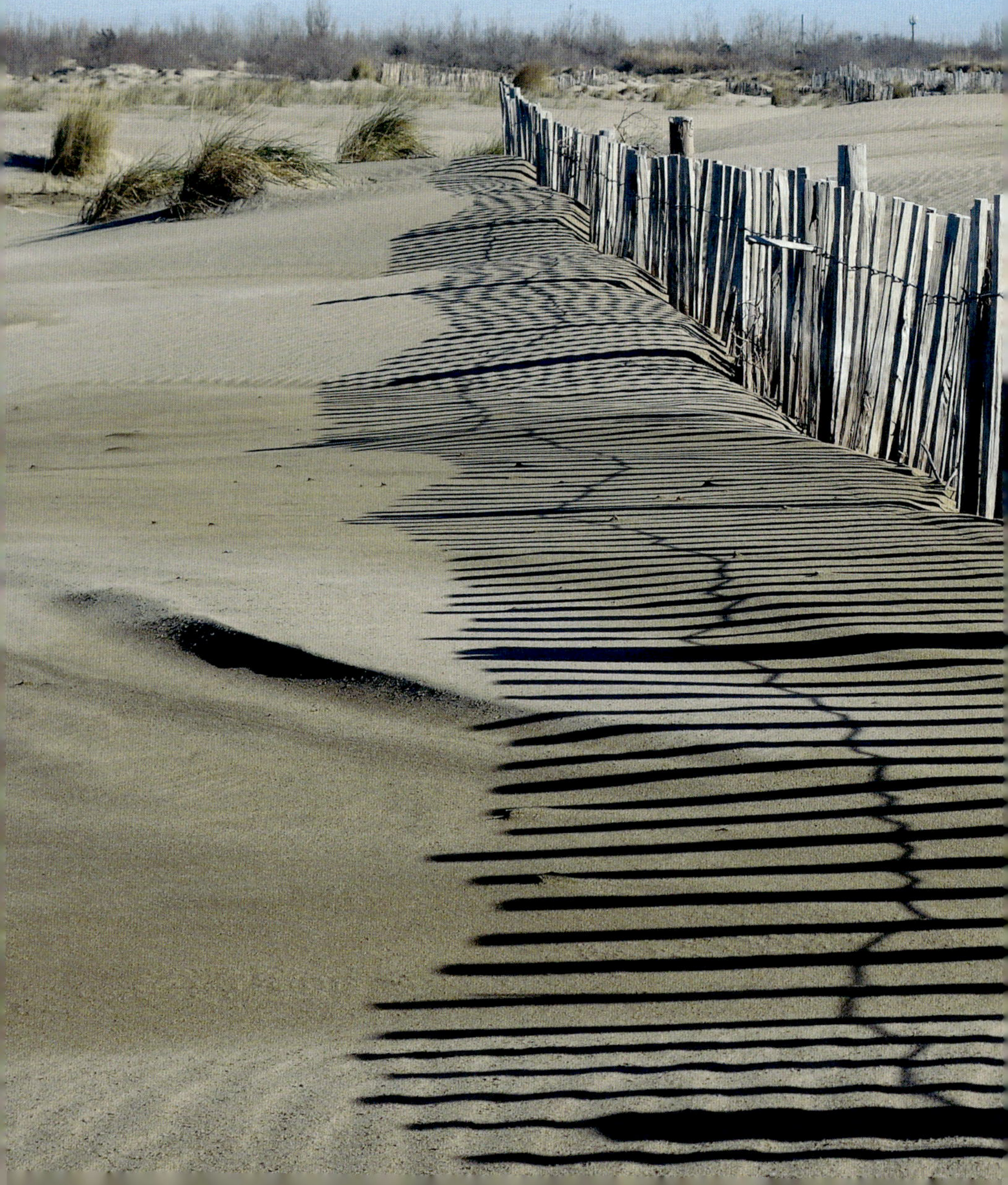

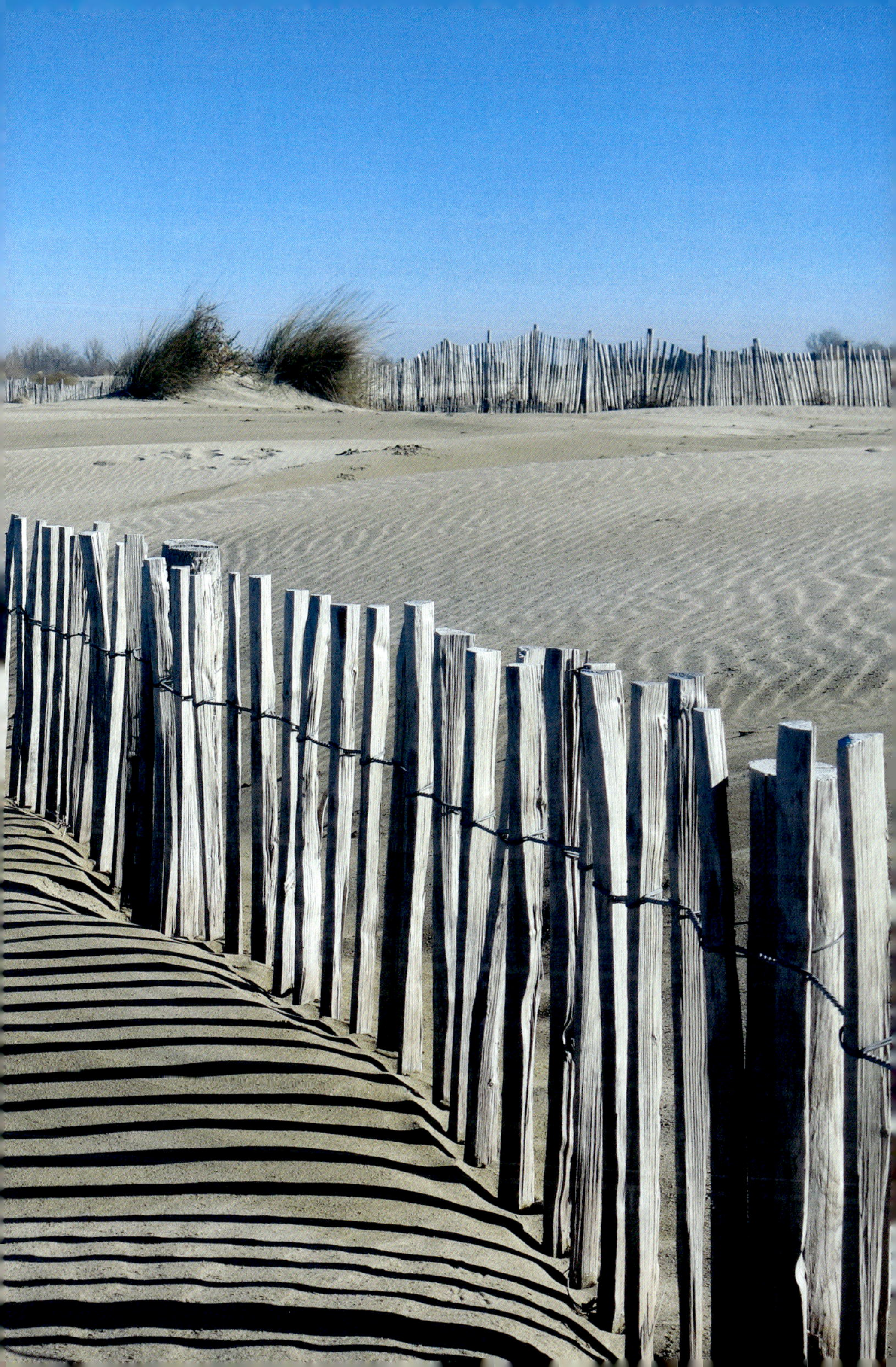

Le Grau-du-Roi

Le Grau-du-Roi hat **8 500 Einwohner** und liegt in der Petite Camargue im Département Gard. Italienische Einwanderer gründeten den Ort Ende des 19. Jahrhunderts in einer schwer zugänglichen Zone zwischen Mittelmeer und Étangs an der Mündung des Flusses **Vidourle**. Am einzigen Meereszugang des Gard wurde zunächst **Fischfang** betrieben, der auch heute noch eine wichtige Rolle spielt. Der mittlerweile dominierende **Tourismus** steckte noch in den Kinderschuhen, auch wenn sich seit der zweiten Hälfte des 19. Jahrhunderts das Baden im Meer, hauptsächlich als medizinische Behandlung, immer mehr verbreitete. Die Verlängerung der **Eisenbahnlinie** von Nîmes nach Aigues-Mortes im Jahr 1909 brachte den erhofften Aufschwung, die Zahl der **Badegäste** wuchs jedes Jahr. Die beiden Weltkriege stoppten diese Entwicklung, erst in den 1960er Jahren konnte sich Le Grau-du-Roi von den Kriegsschäden erholen. Es begann der Bau des **Port Camargues**, mit **4 600 Liegeplätzen** einer der **größten Jachthäfen Europas**. Heute kann der Ort täglich fast 10 000 Menschen beherbergen, hinzu kommt in der Hochsaison ein ausgeprägter Tagestourismus. Trotz allem hat **Le Grau-du-Roi** in der Nebensaison und im Winter noch etwas vom **Charme eines Fischerdorfes**.

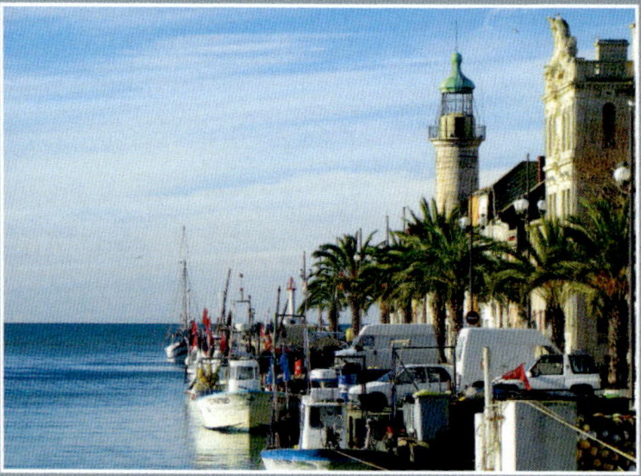

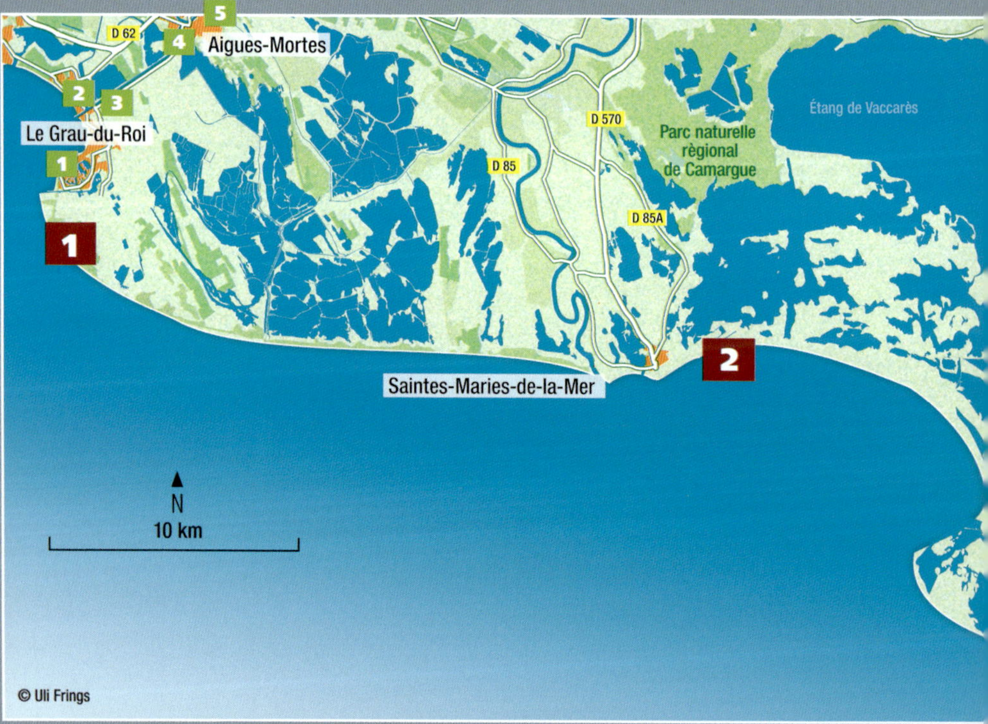

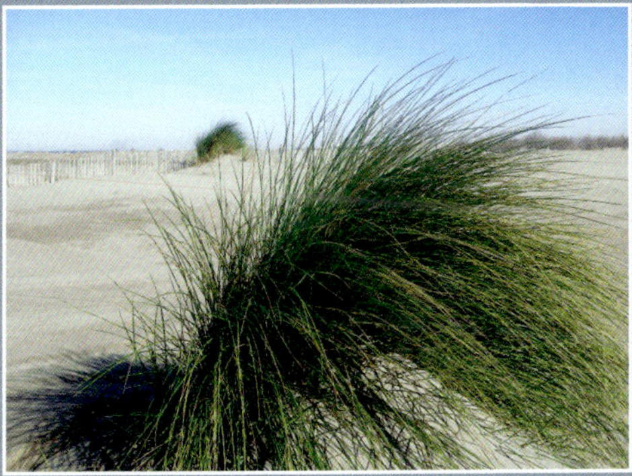

Office de Tourisme Le Grau-du-Roi
Villa Parry
Rue du Sémaphore
30240 Le Grau-du-Roi
Telefon 04 66 51 67 70
www.letsgrau.com
Geöffnet: ganzjährig täglich 9 bis 19 Uhr.

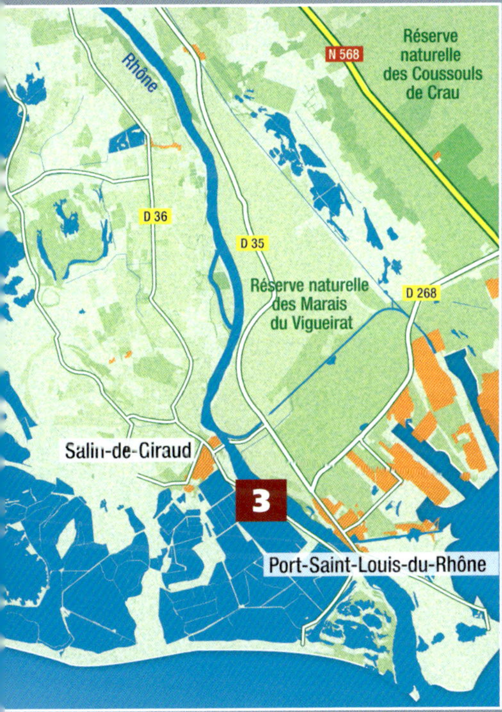

Restaurants und Unterkünfte

1 Hotel Restaurant Splendid Camargue
21 Bd du Maréchal Alphonse Juin
30240 Le Grau-du-Roi
Telefon 04 66 51 41 29
Sehr freundlich geführtes und gut renoviertes 3-Sterne-Hotel, Zimmer mit tollem Meerblick (siehe Bild oben) und Balkon.

2 Le Palangre
56 Quai Général de Gaulle
30240 Le Grau-du-Roi
Telefon 04 66 51 76 30
Schöner kann man nicht sitzen, mit Reservierung direkt am **Canal du Rhône à Sète** bei den Fischerbooten. Der Name (übersetzt *Langleine*) passt. Der frische Fisch und der freundliche Service überzeugen absolut.

3 Le Dauphin
48 Quai Général de Gaulle
30240 Le Grau-du-Roi
Telefon 04 66 53 91 44
Mit etwas Glück sitzt man wie im benachbarten Le Palangre (siehe oben) direkt am Wasser. Hervorragende Fisch- und Fleischgerichte, **Gault&Millau** empfiehlt: „familiäre, maritime Küche, gut gemachte Klassiker, gastfreundlicher Service".

4 Restaurant Aromatik
9 Rue Alsace Lorraine
30220 Aigues-Mortes
Telefon 04 66 53 62 67
Kleines unscheinbares Restaurant mit sehr gutem Preis-Leistungs-Verhältnis. Aus einem Blog: „Raffinierte Küche, exzellenter Service, kurzum ein tolles Erlebnis".

5 Boem
253 Avenue Pont de Provence
30220 Aigues-Mortes
Telefon 04 34 28 42 30
Moderne, asiatisch beeinflusste Fusionsküche. Französische Gerichte neu interpretiert (revisités), z. B. Salat Niçoise mit Tataki de Thon, großartig.

Tour 1 Frankreichs längster Mittelmeerstrand

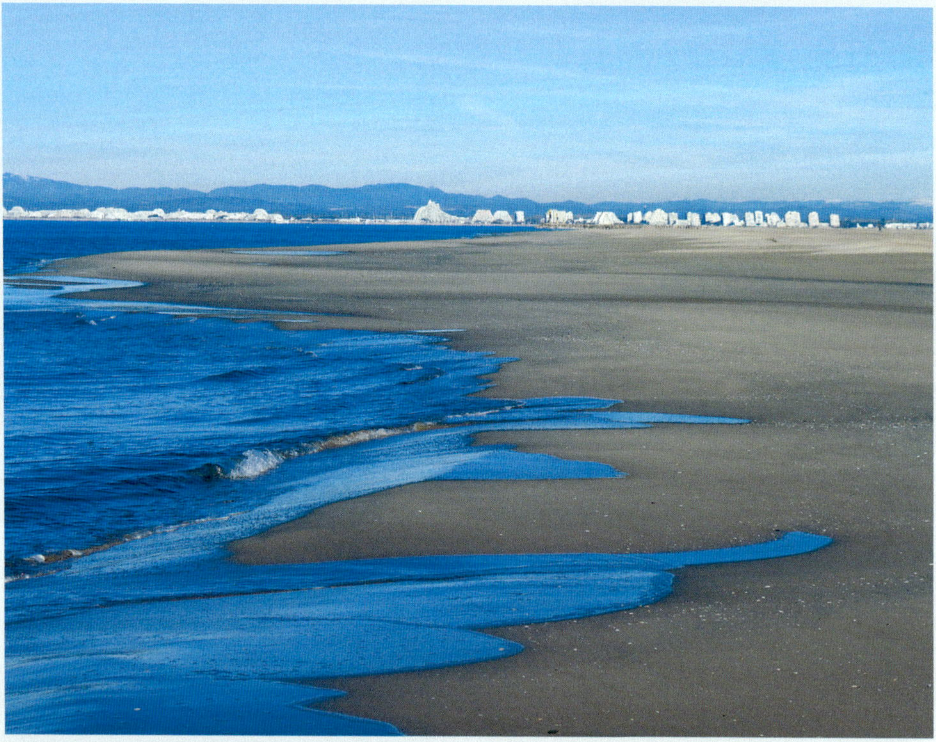

Der Strand **Espiguette** ist nicht nur in seiner Länge, sondern auch in seiner Tiefe außergewöhnlich. Selbst in der fortgeschrittenen Vorsaison kann man diese wunderschöne, teils wüstenartige Weite noch sehr einsam genießen. Das riesige Dünengebiet steht unter Naturschutz und wird vom **Conservatoire du Littoral** betreut und überwacht. Seit 2014 trägt es das Label **Grand Site de France**.

1 43°30'49.71"N 4°8'19.64"E Vom Bahnhof Le Grau-du-Roi verkehrt etwa alle ein bis zwei Stunden der Bus Linie **132 zum Port Camargue**, Haltestelle **Le Trident**, Preis 1,50 €. Weitere Infos unter: www.mestrajets.lio.laregion.fr.

Mit dem Auto in der Nähe der Bushaltestelle hinter dem **Supermarkt Utile** parken. Man kann sich aber auch den lang gezogenen, nicht besonders spannenden Weg entlang der Straße zwischen den Punkten **3** und **4** sparen und direkt zu den Parkplätzen **Plage de l'Espiguette** (43°30'7.91"N 4°7'28.46"E) oder **Les Baronnets** (43°28'58.19"N 4°8'45.09"E) fahren und auf dem Strand hin- und zurücklaufen.

Ab dem **Rond-Point du Trident** der **gelben Markierung** und dem Wanderwegweiser **Espiguette 2,6 km** folgen. Gegenüber links in die **Avenue de la Laune** und nach 50 m rechts in den Fußgängerweg abbiegen. Kurz darauf erreicht man den **Étang de Salonique** und hält sich rechts Richtung **Espiguette 2,5 km**.

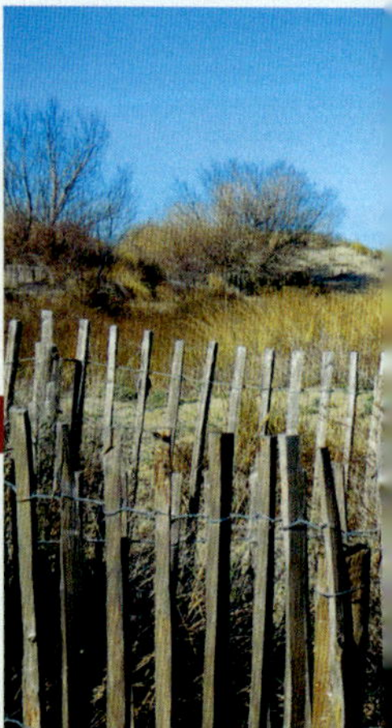

500 m am Wasser entlang und dann nach links den Weg über den Damm bis zu einer Straße nehmen

2 Direkt zum Strand

(hier nach rechts gelangt man direkt zum Strand). Man überquert aber nun die Straße und folgt fast geradeaus dem Wegweiser **Les Baronnets 3,2 km** auf einem Schotterweg. Auf der Höhe von Campinghütten links auf einen schmalen Pfad abzweigen. Der Weg führt in einer Rechtskurve bis zum Eingang eines Campingplatzes. Hier scharf links die Straße am Kanal entlang bis zur **Route de l'Espiguette** gehen. Man nimmt

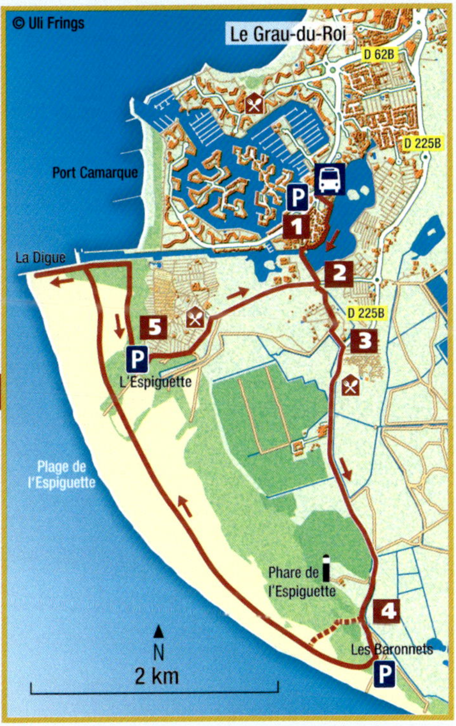

3 Rad- und Fußweg

rechts den Rad- und Fußweg neben der Straße, bis man nach **2 km** den Eingang zum kostenpflichtigen Parkplatz **Les Baronnets** erreicht. Den Platz bis zum Ende durchlaufen und nach rechts zum Strand abbiegen. Oder schon nach etwa 150 m rechts einen **Fuß- und Reitweg** nehmen, der aufwärts über die Dünen führt. Bald hat man Blick auf den fantastischen Strand, den man nach rechts fast 4 km entlangwandert. Am Kanal angekommen, lohnt ein kurzer Abstecher nach links an die **Westspitze** der Hafeneinfahrt **La Digue**, auf der ins Meer führenden Buhne kann man sehr schön **picknicken**. Auf dem Rückweg hält man sich möglichst

4 Abkürzung

5 Abzweig zum Parkplatz

schon etwas näher an den Dünen, um den unscheinbaren, aber markierten Abzweig zum Parkplatz nicht zu verpassen. Den Platz geradeaus überqueren und am Ende der Schotterpiste bis zu einer Querstraße folgen. Links befindet sich am Campingplatz eine Minigolfanlage mit **Buvette**, einem Kiosk mit Getränken und Snacks. Nach rechts führt die **Route des Ganivelles** zurück zum Hinweg.

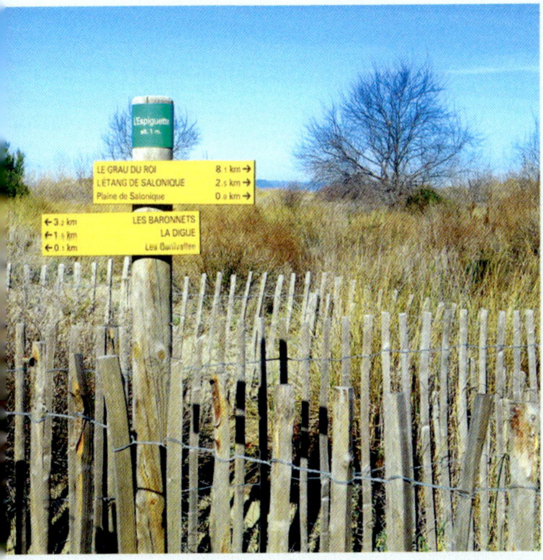

4,5 Stunden
13,1 km • 10 HM

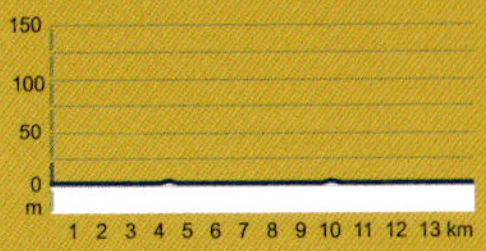

Schwierigkeitsgrad

▶ **Mittelschwer**, wegen der langen Strecke über Sand.

▶ Ab Punkt **3** bis Punkt **4** geht es **2 km** auf einem Rad- und Fußweg entlang der Straße.

Wegmarkierung

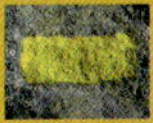

Bis zum Parkplatz **Les Baronnets** und ab dem Parkplatz **L'Espiguette** **gelb** markiert.

Wanderkarten

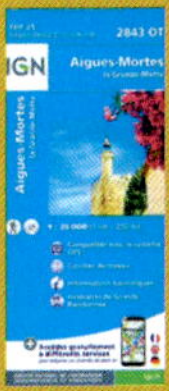

2843 OT Aigues-Mortes/ La Grande-Motte Topografische Wanderkarte 1:25 000 – GPS EAN/ISBN: 9782758543190

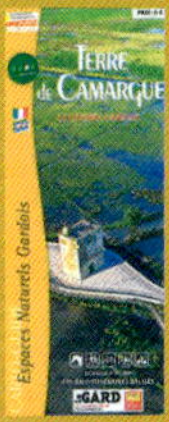

Terre de Camargue Carto-Guide 1:30 000 mit 20 Wander-, Reit- und Radwegen rund um Le Grau-du-Roi. Für 5 € in jedem Office du Tourisme.

Einkehr

▶ **Le Petit Mazet**
2935 Route de l'Espiguette
30240 Le Grau-du-Roi
Telefon 04 66 51 47 28

▶ **Buvette (Getränke)**
beim Camping l'Espiguette.

Märkte

▶ **Le Grau-du-Roi**
Di., Do. und Sa. 8 bis 13 Uhr, Place de la République.

▶ **Marché aux Poissons**
Täglich ab 8 Uhr Direktverkauf von den Fischerbooten am Quai.

Aigues-Mortes

Aigues-Mortes (übersetzt: **tote Wasser**) hat **8 500 Einwohner** und ist eine der größten und schönsten erhaltenen **mittelalterlichen Festungsanlagen** Frankreichs. Erbaut wurde sie im 13. Jahrhundert zur Zeit der Kreuzzüge. Sie lag an einer großen Lagune und war durch Kanäle direkt mit dem nahen Meer und der Rhône verbunden. Ein idealer Hafenplatz zur Einschiffung Richtung Jerusalem. Im Laufe der Jahrhunderte versandeten die Zugänge zusehends und es besteht heute nur noch der **Canal du Rhône à Sète** als Verbindung zum Meer. Das Fundament der mittelalterlichen Stadt ruht auf einer Plattform aus Holz, die von tief in den Moorboden getriebenen Eichenpfählen gestützt wird. Ihrer Tragkraft und Stabilität ist der gute Erhaltungszustand von Aigues-Mortes zu verdanken. Heute lebt die Stadt vor allem vom Tourismus,

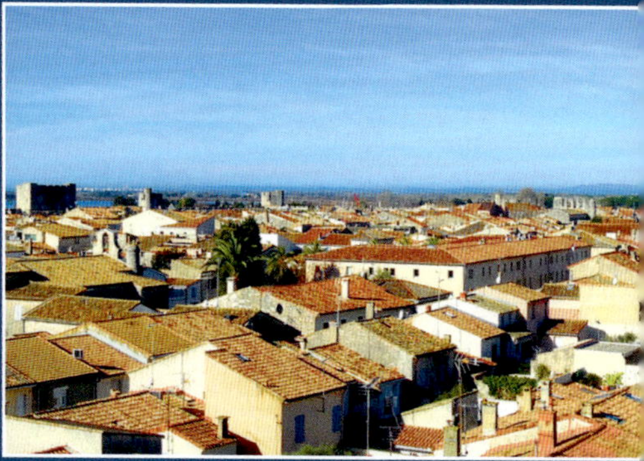

Ein absolutes Highlight ist der 1 634 m lange Rundweg über die Stadtmauer, die in einem fast perfekten Rechteck die Altstadt mit zehn Toren und Türmen umschließt.

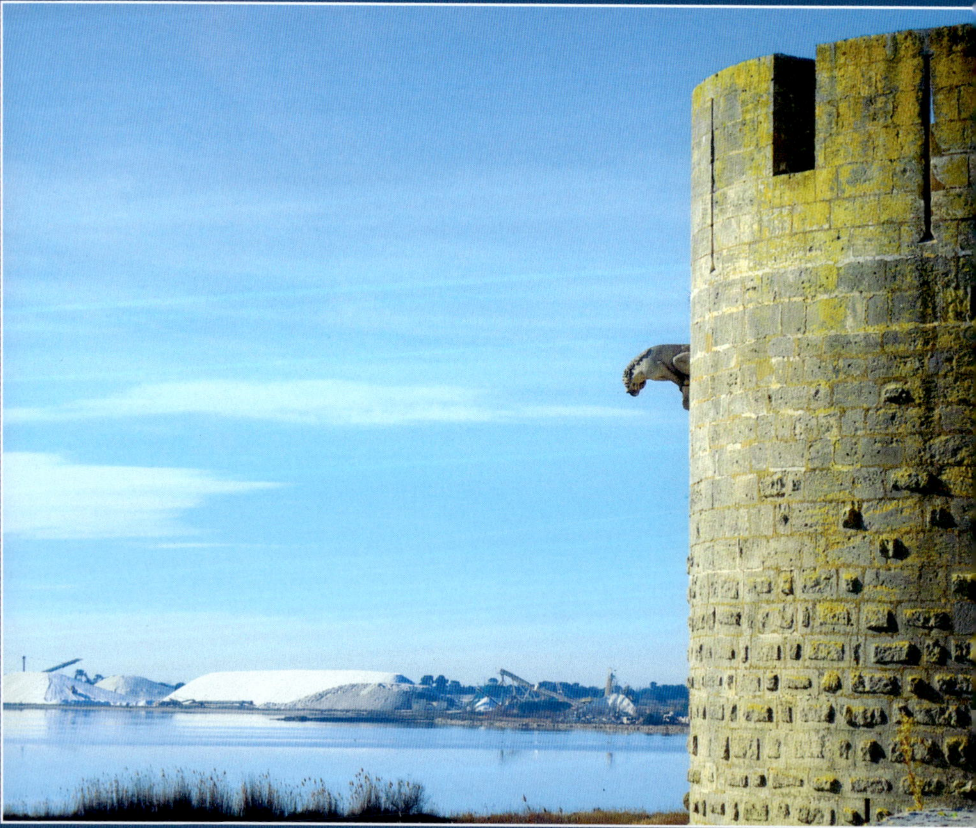

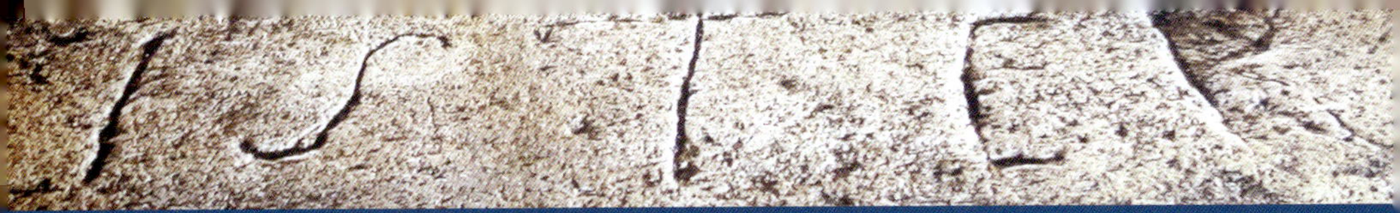

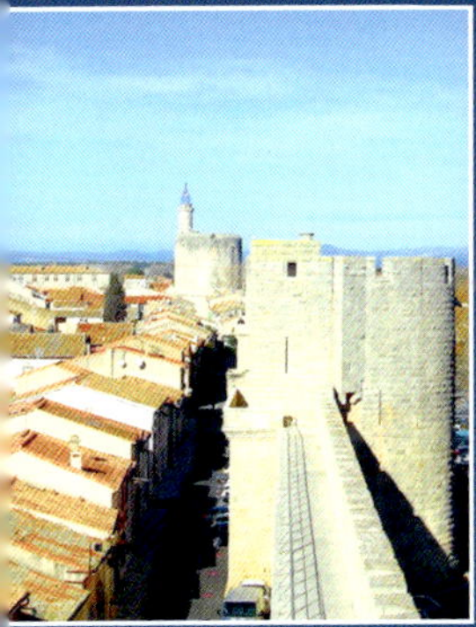

unzählige Cafés, Restaurants und Souvenirgeschäfte prägen die von einer Stadtmauer eingefasste Altstadt. Ein zweites Standbein ist die traditionelle Salzgewinnung in den Salinen. Sie liegen in Sichtweite der Festungsstadt und können in einem einstündigen Rundgang besichtigt werden, inkl. der Besteigung eines Salzberges (siehe großes Foto und nächste Seite). Am Eingang befindet sich eine Boutique mit großer Auswahl an Salzprodukten.

Salin d'Aigues-Mortes
Route du Grau-du-Roi
30220 Aigues-Mortes
Telefon 04 66 73 40 24
Geöffnet vom 30. März bis 13. Nov. täglich von 9.30 bis 18 Uhr (letzter Zugang 16 Uhr).
Eintritt: 8,80 €,
7 bis 13 Jahre 6,70 €,
darunter frei.

Markt in Aigues-Mortes
Mi. und So. 8 bis 13 Uhr
Avenue Frédéric Mistral

Office de Tourisme Aigues-Mortes
Place Saint Louis – BP 23
30220 Aigues-Mortes
Telefon 04 66 53 73 00
www.ot-aiguesmortes.com
Geöffnet: ganzjährig täglich 10 bis 17 Uhr, Juli/Aug. bis 18 Uhr, Nov. bis März nur bis 16 Uhr.
Eintritt zur Stadtmauer: 8 €, unter 26 Jahren frei.

Tour de Constance

Von 1242 bis 1254 wurde unter Ludwig IX. der runde zweistöckige Wehrturm Tour de Constance erbaut. Aigues-Mortes sollte zu einem strategischen Hafen am Mittelmeer verwandelt werden. Über Jahrhunderte diente der Turm aber auch als Gefängnis. Im 14. Jahrhundert für Mitglieder des Templerordens, ab dem 17. Jahrhundert für aufständische **Hugenotten**. Mit der Widerrufung des **Edikts von Nantes** (Oktober 1685) wurden die Tempel der Protestanten zerstört und ihre Prediger des Landes verwiesen. Im **Languedoc**, wo die Religionsverfolgungen besonders unbarmherzig waren, riefen die sogenannten **Kamisarden** zur Revolte auf, ein von beiden Seiten blutig geführter Partisanenkrieg begann.

1730 wurde **Marie Durand**, die Schwester eines hugenottischen Untergrundpredigers, im Alter von 19 Jahren verhaftet; sie hatte eine verbotene protestantische Versammlung in ihrem Haus abgehalten. Zusammen mit etwa 20 weiteren „ketzerischen Frauen" wurde sie im **Tour de Constance** eingekerkert. Während ihrer gesamten Gefangenschaft weigerte sie sich, ihrem Glauben abzuschwören und ermutigte ihre Mitgefangenen zum Durchhalten. Es ist nicht bewiesen, aber man vermutet, dass Marie Durand die Inschrift **Register (= résister, *sich widersetzen*)** in den Rand des im Turm befindlichen Brunnens geritzt hat, siehe Foto ganz oben. **Nach 38 Jahren** unmenschlicher Inhaftierung wurden Marie Durand und einige Mitgefangene am **14. April 1768** freigelassen.

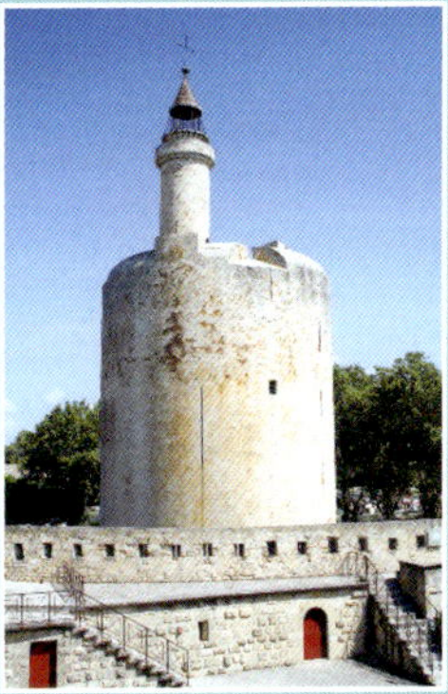

Reis – zwischen Süßwasser und Salzwüste

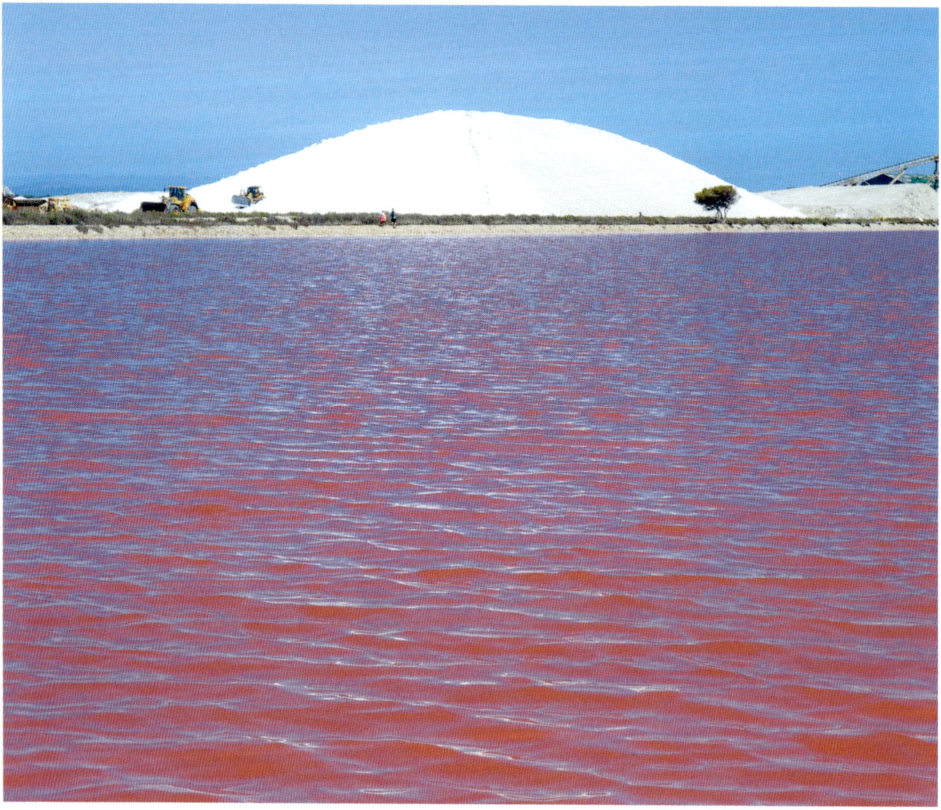

*Die Mikrobe **Halobacterium salinarum** liebt die Extreme: Sie wächst in Salinen und Salzlaken und ist perfekt auf hohe Salzkonzentrationen eingestellt. Ihre Farbstoffe **(Karotinoide)** reichern sich in der Nahrungskette an: Kleine **Salzkrebse** fressen die Mikroben, von denen sich wiederum **Flamingos** ernähren. So kommen die Vögel zu ihrer auffälligen rosaroten Optik.*

Der Reisanbau in der Camargue geht auf **König Henri IV** zurück, der 1593 die ersten Reisfelder anlegen ließ, er suchte eine Beilage für sein **Poule au pot**, seinen geliebten Hühncheneintopf. Aber die eigentliche Geschichte des Reisanbaus startet erst um 1860 mit dem Bau von Deichen zum Schutz vor den zerstörerischen Fluten der Rhône.

Zu Beginn des Zweiten Weltkriegs verschleppt Frankreich **20 000 Zwangsarbeiter** aus seiner Kolonie **Französisch-Indochina** nach Europa. Sie sollen Fran-

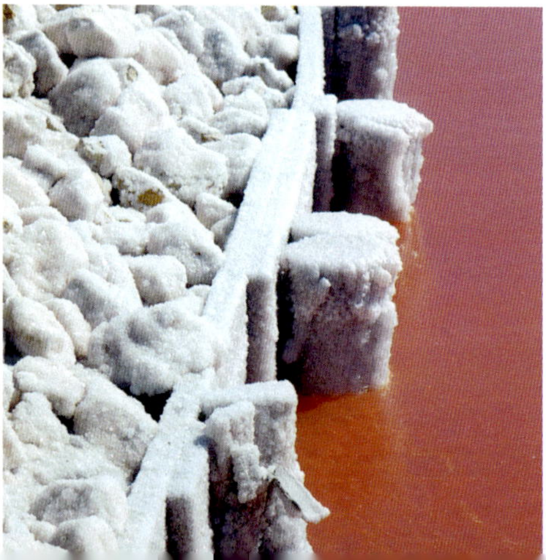

zosen ersetzen, die an der Front kämpfen. Gedacht als billige Arbeitskräfte zur Bekämpfung der Nahrungsmittelknappheit brachten sie aber vor allem das bisher fehlende **Know-how** zum Reisanbau mit. Heute produzieren 160 Betriebe im **nördlichsten Anbaugebiet der Welt** auf 18 000 Hektar jährlich etwa 60 000 Tonnen Reis, was einem Sechstel des französischen Konsums entspricht. Seit dem Jahr 2000 tragen die 22 verschiedenen Sorten Camargue-Reis die geschützte geografische Herkunftsbezeichnung **IGP**.

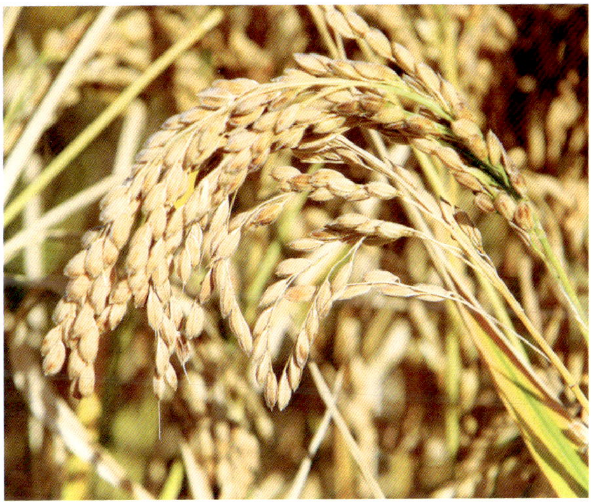

„Der Reis aus der Camargue ist der beste der Welt!"

Jacques Rozière, Reisbauer und Gründer des Maison du Riz

Verglichen mit der asiatischen Reisherstellung ist die Produktion unwirtschaftlich, daher stellt die EU ihre Subventionen hierfür immer wieder in Frage. Aber die **künstliche Bewässerung** der Felder hat einen hohen **ökologischen Nutzen**, sie schützt die Region vor der Versalzung. Die Camargue bildet ein riesiges Becken, in dem normalerweise mehr Wasser verdunstet als zufließt. Die sumpfartigen Reisfelder verhindern dies und führen zu einer Vermischung von Meer- und Süßwasser. *„Würde der Camargue durch den Reisanbau nicht ständig so viel Süßwasser zugeführt, wäre sie eine* ***Salzwüste****"*, so Bauer Jacques Rozière.

La Maison du Riz

Mas de la Vigne
13123 Albaron
Telefon 06 31 03 10 11

Geöffnet täglich außer samstags mit vorheriger Anmeldung 9.30 bis 12.30 Uhr und 14 bis 18 Uhr. Von Nov. bis April nur für Gruppen. Eintritt 4 €, Kinder unter 10 Jahren frei.

Kleines Museum mit **praktischen Vorführungen**, Videos und einem **schönen Rundweg** entlang der Petit Rhône und durch die Reisfelder. In der **Boutique** können die Produkte des Hofes gekauft werden. Vor allem der **schwarze Vollkornreis** mit einem Geschmack nach gerösteten Haselnüssen und Lebkuchen und der etwas knusprige **rote Vollkornreis** mit nussigen Aromen sind sehr zu empfehlen.

Das Maison du Riz wird das ganze Jahr über auch von **Schulklassen** besucht, die auf den Feldern Reis pflanzen und ihn pflegen. Die Schüler können die Entwicklung ihres Anbaus über eine **Webcam** verfolgen. Zum Abschluss des Projekts wird gemeinsam ein **Risotto** gekocht, das aus dem selbst geernteten Reis zubereitet wird.

Saintes-Maries-de-

Saintes-Maries-de-la-Mer hat **2 200 Einwohner** und liegt im Département Bouches-du-Rhône. Der heute vor allem für die **Wallfahrten** der Sinti und Roma bekannte Ort (siehe rechts) wurde erstmals im 4. Jahrhundert als **Sancta Maria de Ratis** erwähnt. Das Stadtbild wird von der imposanten, im 12. Jahrhundert erbauten Kirche **Notre-Dame-de-la-Mer** geprägt. Seinen heutigen Namen nahm das damals noch beschauliche Fischerdorf 1838 an. **Vincent van Gogh** besuchte den Ort im Mai 1888 und machte sich Skizzen zu seinem berühmten Gemälde **Fischerboote am Strand von Les Saintes-Maries**. In den 1960er Jahren avancierte die Region zum Geheimtipp für Aussteiger und Hippies. Der Massentourismus zog nach, die Einwohnerzahl vervierfachte sich, der Ort hat dadurch viel von seinem ursprünglichen Charakter verloren.

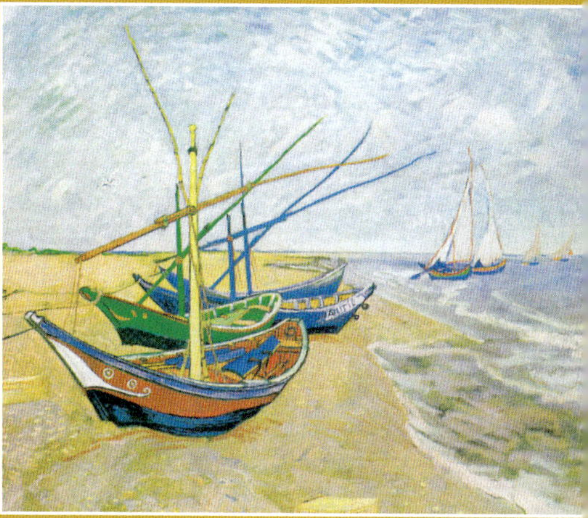

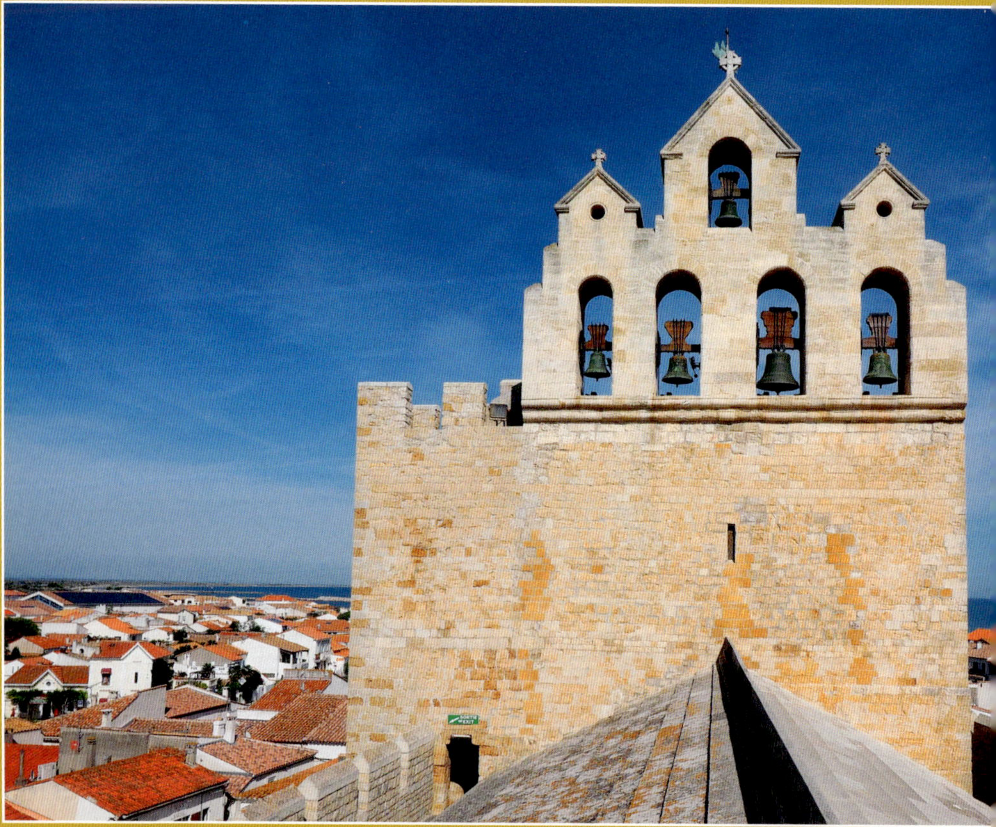

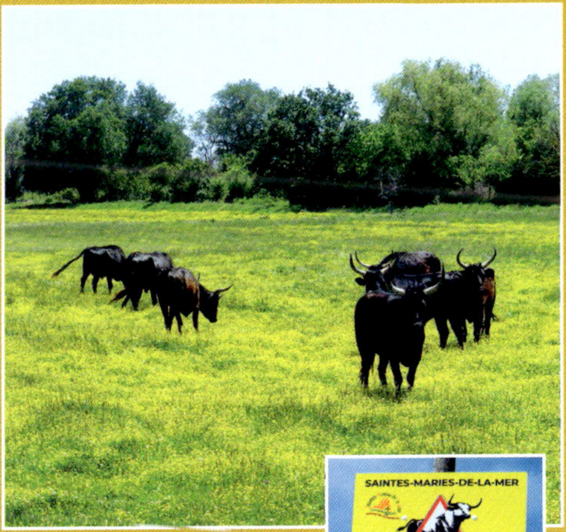

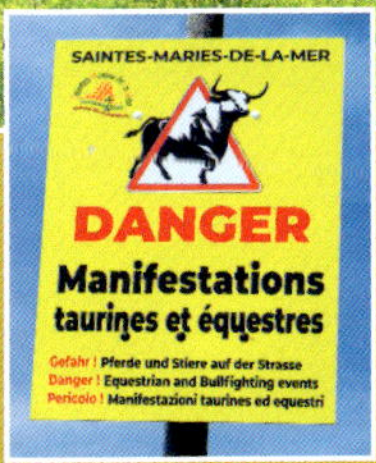

Course Camarguaise
Beim Office de Tourisme befindet sich die Stierkampfarena, ein schmuckloser Zweckbau. Im Wechsel mit der eher unblutigen Variante wird gelegentlich auch die **Corrida** veranstaltet, siehe Seiten 38/39.

Office de Tourisme des Saintes-Maries-de-la-Mer
5 Avenue Van Gogh
13460 Saintes-Maries-de-la-Mer
Telefon 04 90 97 82 55
www.saintesmaries.com
Geöffnet: ganzjährig täglich 9 bis 17 Uhr, Okt. bis 18 Uhr, April, Mai, Juni, Sept. bis 19 Uhr, Juli/Aug. bis 20 Uhr.

Die traditionellen Wallfahrten der Sinti und Roma (Gitans)

Die Wallfahrt nach Saintes-Maries-de-la-Mer ist eine religiöse Veranstaltung und gleichzeitig ein Touristenmagnet. Sie findet jedes Jahr am 24. und 25. Mai in Saintes-Maries-de-la-Mer statt. Sinti und Roma kommen aus allen Teilen Europas und sogar von anderen Kontinenten zusammen, um ihre Heilige, **die Schwarze Sara**, zu verehren. Sara war die Schwarze Dienerin von **Maria Magdalena**, die der Legende nach gemeinsam mit den Heiligen **Maria Kleophae** und **Maria Salome** in einem Boot an der Küste angespült wurde. Die Statue von Sara befindet sich in der Krypta der Notre-Dame-de-la-Mer rechts neben dem Altar und ist mit bunten Gewändern und Schmuckstücken bekleidet. Am 24. Mai wird sie von vier Männern auf den Schultern zum Meer getragen und von den Gläubigen mit Meerwasser bespritzt. Die Prozession wird von Tausenden Menschen begleitet, nach dem Abendgebet feiern sie die ganze Nacht. Der nächste Tag ist den beiden Heiligen gewidmet. Ihre beiden Statuen werden in einer Barke zum Meer getragen. Eine ähnliche Wallfahrt findet im Oktober statt.

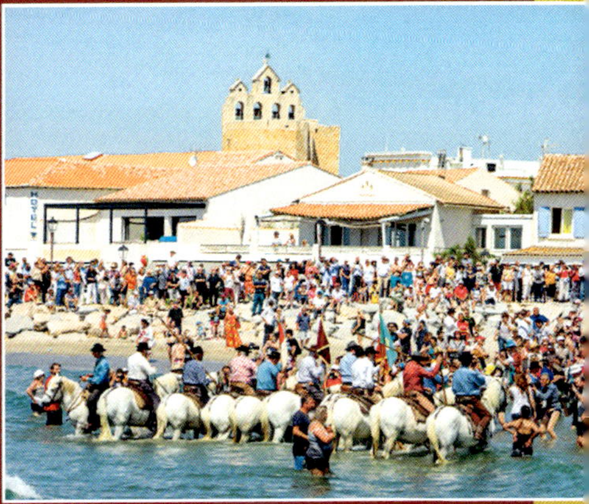

Tour 2 Über den Deich zum Phare de la Gacholle

Zwischen **Saintes-Maries-de-la-Mer** und **Salin-de-Giraud** schirmt der 1859 erbaute, mehr als 40 km lange Deich **Digue à la mer** das **Rhône-Delta** gegen das offene Meer ab. Der Wasseraustausch zwischen dem Meer und den Étangs wird von den **Pertuis**, den Schleusen, reguliert. Das ganze Jahr über kann man See- und Brackwasservögel beobachten: u. a. Möwen, Seeschwalben, Reiher (siehe Foto rechts), Enten, Flamingos, Brachvögel. Abgesehen von einigen versandeten Passagen führt diese sehr lange Tour ohne besondere Schwierigkeiten durch das Herz des **Nationalparks der Camargue** und zeigt wunderschöne wilde Flächen von **Sansouïres**, mit Salzausblühungen bedeckte Schlickböden und Lagunen. *„In der Camargue ist das Wunder so alltäglich, das Unwahrscheinliche so natürlich und die Fata Morgana gehört so sehr zur Ordnung der Dinge, dass es unrealistisch wäre, nicht daran zu glauben"*, **Yvan Audouard**, französischer Journalist und Schriftsteller.

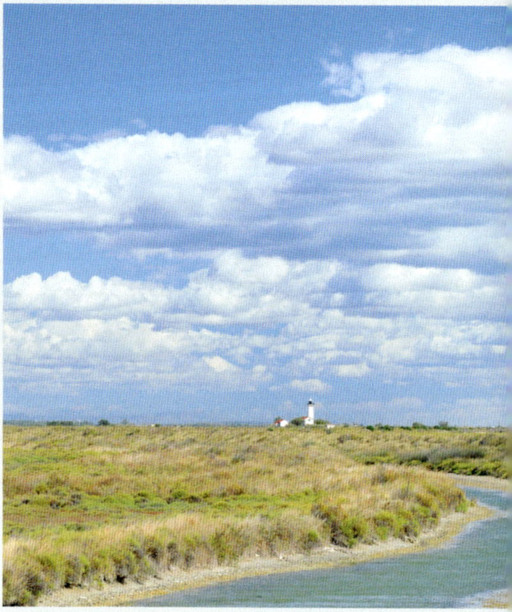

1 43°26'59.03"N 4°25'39.95"E Mit dem **Bus 50** von **Arles** bis **Saintes-Maries-de-la-Mer**, Station **Les Razeteurs** fahren (siehe Seite 10).

Von dort, vorbei an der Kirche zum **Office du Tourisme** laufen. Daneben, bei der **Arena** befindet sich ein großer Parkplatz. Oder bis zum Parkplatz oberhalb des **Plage Est** fahren (43°27'22.24"N 4°26'37.72"E), die Wanderung verkürzt sich dadurch um etwa 4 km. Die **Avenue Commandant Jacques-Yves Cousteau** bis zum Ende nehmen, hier beginnt die kostenpflichtige Zufahrt (5 €) zum Parkplatz.

Zu Fuß geht es vom Office du Tourisme nach links bis zum großen Kreisverkehr und wieder rechts in die **Avenue de la Plage**. Kurz darauf rechts aufwärts auf die Strandpromenade wechseln und dieser, immer am Meer entlang, folgen. Vorbei an Parkplätzen erreicht man den **Plage Est** mit zwei Strandcafés. Nun kommt man über eine Brücke auf den Deich und wandert zwischen Meer und bizzaren Salzlandschaf-

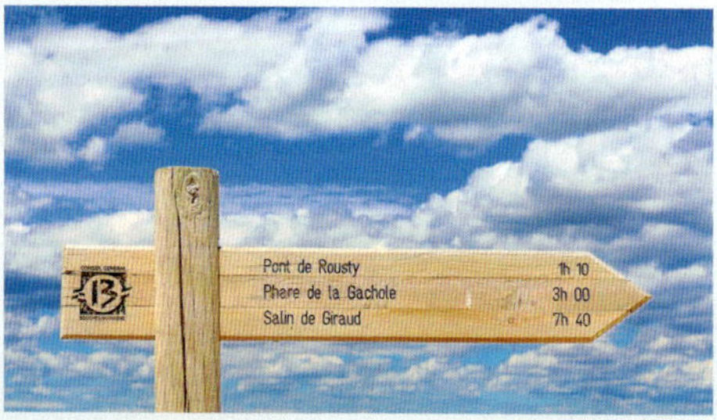

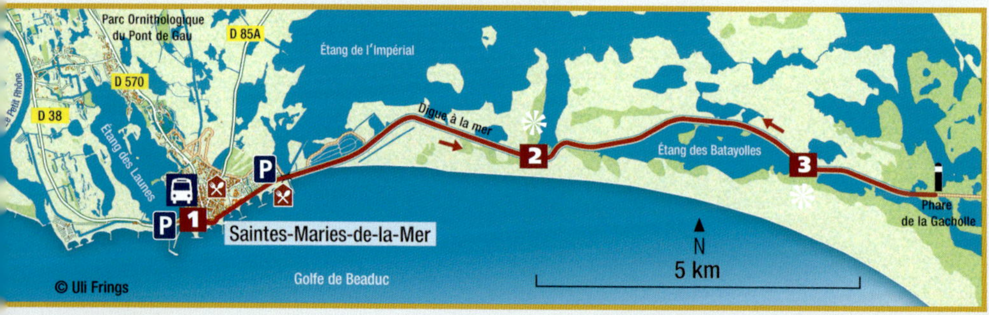

ten **4,5 km** bis zur **Pertuis de Rousty**. Diese Schleuse ist eine der drei Anlagen des **Digue à la mer**, die den Wasserstand im **Camargue-Delta** regulieren. Sie spielen eine wichtige Rolle bei der Erhaltung der Artenvielfalt,

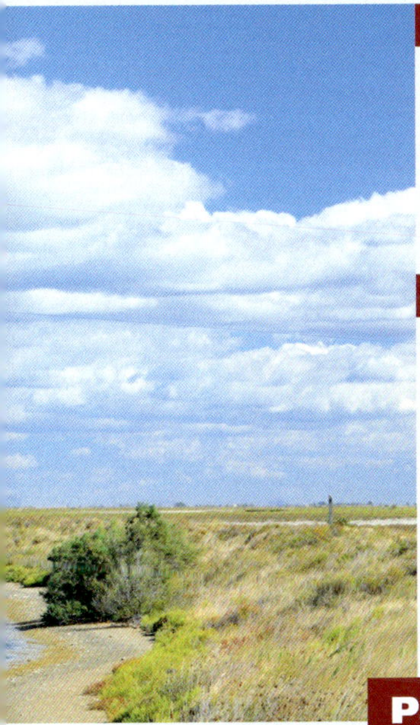

2 Pertuis de Rousty

dienen aber auch der Sicherung bewohnter Gebiete vor Hochwasser. Hier kann man auf dem Weg nach rechts einen **Abstecher zum Strand** unternehmen oder am Meeresufer entlanggehen, bis man bei Punkt 3 wieder auf den Deich wechselt. Weiter geradeaus gelangt man

3 Ehemalige Zollstation

nach **4,5 km** zur ehemaligen Zollstation. Auch hier ist nach rechts ein **Abstecher zum Strand** möglich. Knappe **2 km** weiter erreicht man das heutige Ziel, den 1884 eröffneten 17 m hohen **Phare de la Gacholle** mit einem tollen **Picknickplatz**. An Wochenenden kann man von 11 bis 17 Uhr Mineralwasser kaufen. Auf dem Hinweg kehrt man zurück nach Saintes-Maries-de-la-Mer.

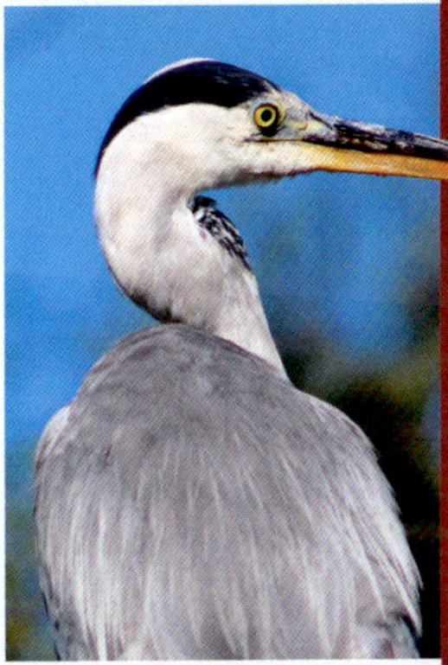

Parc Ornithologique du Pont de Gau

4 km vor Saintes-Marie-de-la-Mer liegt an der D 570 ein sehenswerter Vogelbeobachtungspark. Einige Arten sind ganzjährig anzutreffen, Scharen von Zugvögeln im Frühjahr und Herbst. Ein **1- bis 1,5-stündiger Rundweg** führt rund um mehrere Étangs durch das Sumpfgebiet.
Zugang täglich von April bis Ende September 9 bis 18 Uhr, Oktober bis Ende März 10 bis 17 Uhr. Der Aufenthalt ist bis Sonnenuntergang erlaubt.
Eintritt: 7,50 €, Kinder bis 12 Jahre 5 €, unter 4 Jahren frei.
Infos: www.parcornithologique.com
Telefon 04 90 97 82 62

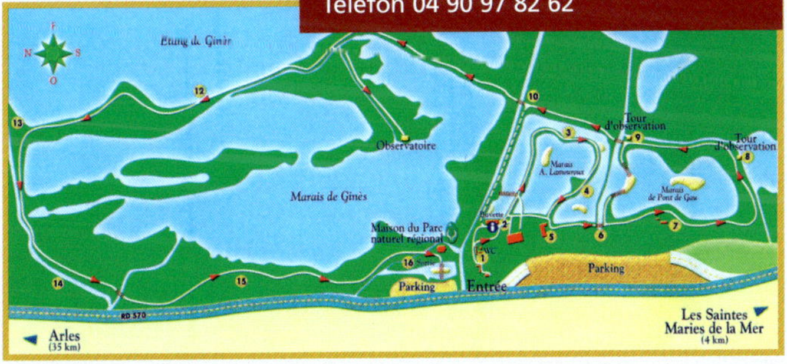

7 Stunden

25 km • 20 HM

Hin und zurück

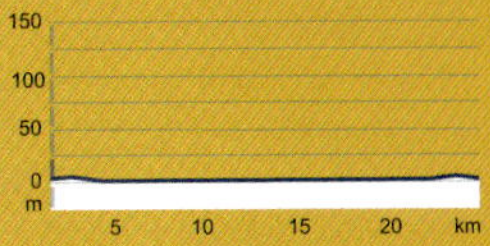

Schwierigkeitsgrad

- **Schwer**, nur aufgrund der Länge.
- **Keine Gelegenheit** Wasser aufzufüllen.
- Mit **Mountainbike** auch gut als **Radtour** geeignet, wegen der Schotterpiste mit etwa **3–4 Stunden** hin und zurück rechnen.
- **Fahradverleih:** www.levelociste.fr oder www.levelosaintois.com
- **Verlängerung** der Tour bis **Salin-de-Giraud** möglich, siehe nächste Seite. Hin und zurück **40 km** zusätzlich.

Wegmarkierung

Keine

Wanderkarten

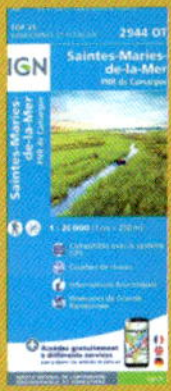

2944 OT Saintes-Maries-de-la-Mer/ PNR de Camargue Topografische Wanderkarte 1:25 000 – GPS EAN/ISBN: 9782758541660

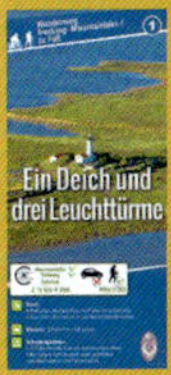

Im Office du Tourisme (5 Avenue Van Gogh) erhält man einen kostenlosen Flyer in deutscher Sprache mit Wanderkarte.

Einkehr

- **Rund um das Office du Tourisme** und in der Altstadt zahllose, meist touristisch geprägte Restaurants und Cafés.

Markt

- **Saintes-Maries-de-la-Mer**
Mo. und Fr. 8 bis 13 Uhr, Place des Gitans.

Tour 3 Camargue pur: Sand, Salz und Flamingos

Der Ort **Salin-de-Giraud** ist schon wegen seiner ruhigen Ausstrahlung und der für Südfrankreich ungewöhnlichen Arbeitersiedlung aus Backstein einen Besuch wert. Dazu die rot-violett schimmernden Salinen, rosa Flamingos, weiße Pferde und ein paradiesischer Strand – mehr Camargue geht nicht.

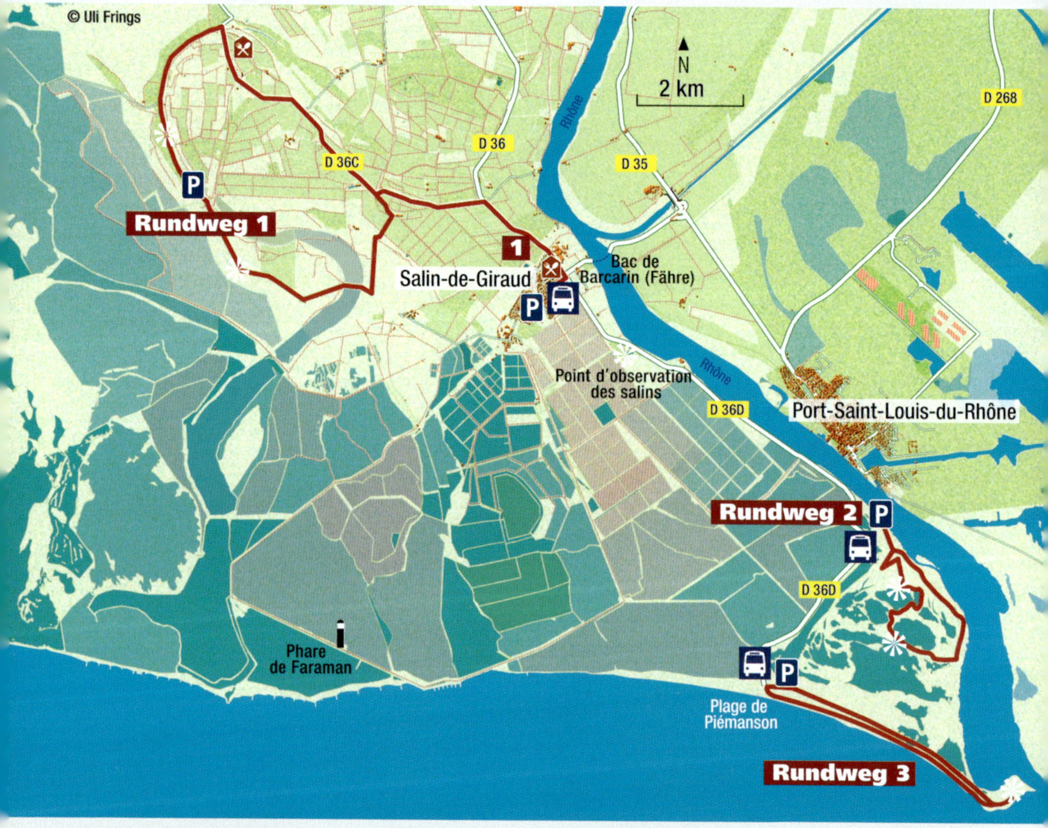

1 43°24'50.74"N 4°44'6.17"E Mit dem **Bus 10** von **Arles** bis nach **Salin-de-Giraud**, Station **Bar des Sports** fahren (siehe Seite 10). Parkplätze befinden sich in unmittelbarer Nähe. Von hier die **Rue de la République** bis zur **Route de la Mer**, dann nach rechts bis zum Fahrradverleih gehen (Räder vorreservieren).

Rundweg 1

23 km, 10 HM
3 Stunden (Rad)

Nun mit dem Mountainbike nach links zurück und geradeaus auf der **D 36** bleiben, bis nach links die **D 36C** abzweigt. Diese etwa **7 km** bis zu ihrem Ende nehmen. Auf dem Weg liegt das nette Gartenrestaurant **Mas Saint Bertrand** (Telefon 04 42 48 80 69) mit Fahradverleih. Nach links auf den **Chemin du Fangassier – VC 135** abbiegen. Eine faszinierende Rundfahrt über Schotterpisten und Deiche durch eine Mischung aus Wattenmeer und Mondlandschaft beginnt. Die Tour ist beliebig verlängerbar und an Abzweigen immer wieder ausgeschildert, trotzdem **unbedingt eine Karte mitnehmen**. Vorsicht bei starkem Wind!

Rundweg 2

8 km, 0 HM
2,5 Stunden

Im Juli/August fährt die Linie 10 weiter bis zum Zugangsweg zur **Domaine de la Palissade**. Oder mit dem Rad Richtung Meer fahren: Es geht entlang der **Salinen** auf einem Fahradweg mit tollem Aussichtspunkt auf

Domaine de la Palissade

Zugang von März bis Mitte Juni und von Mitte September bis Ende Oktober täglich 9 bis 17 Uhr. Mitte Juni bis Mitte September täglich 9 bis 18 Uhr, Februar und November nur mittwochs bis sonntags 9 bis 17 Uhr. Dezember, Januar geschlossen.
Eintritt: 3 €, Kinder bis 12 Jahre frei.
Infos: www.palissade.fr
Telefon 04 42 86 81 28

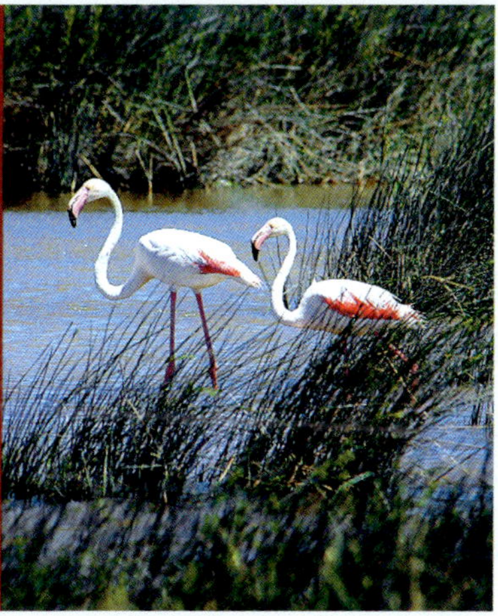

die rötlich schimmernden Verdunstungsbecken (siehe Seiten 30/31). Nach den Salinen führt die schmale **D 36D** bis zu einem unscheinbaren Abzweig **nach links** zur Domaine de la Palissade. Auf einer Piste erreicht man nach 500 m das **Naturkundehaus** (43°22'32.22"N 4°48'36.94"E). Am **Accueil** erhält man eine Karte mit vier verschiedenen Rundwegen von 1,5 bis 8 km Länge, die entlang der Étangs und durch die Sumpflandschaft zu mehreren Vogelbeobachtungsplätzen führen. Die Wege sind gut mit farbigen Pfeilen gekennzeichnet. **Mückenschutz** nicht vergessen!

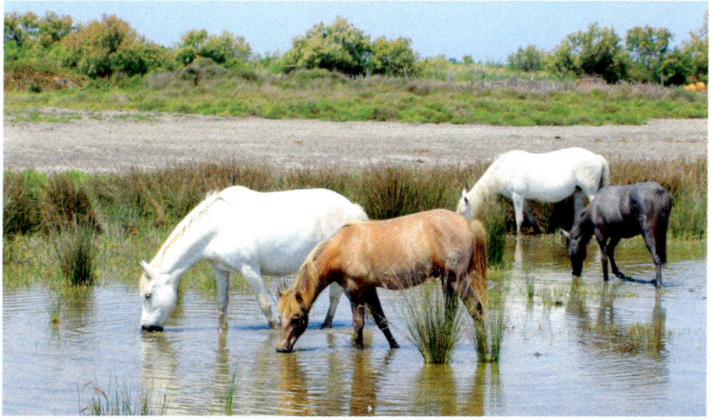

Rundweg 3

10 km, 10 HM
3–4 Stunden hin und zurück

Im Juli/August fährt die Linie 10 weiter bis zum **Plage de Piémanson**. Oder auf der **D 36D** bis zum Strandparkplatz fahren (43°20'55.21"N 4°47'4.02"E). Vom Strand hat man nach rechts Blick bis zum **Phare de la Gacholle** (siehe Seiten 34/35), nach links zur Hügelkette der **Côte Bleue** (siehe Seiten 40–49) und landeinwärts zu den imposanten Kränen der ehemaligen Hafenanlagen von **Port-Saint-Louis-du-Rhône**. Die Wanderung führt nun, nicht immer unanstrengend, über den langen, im Sommer von unzähligen wilden Campern belagerten Sandstrand. Nach etwa 5 km gelangt man zur beeindruckenden Mündung der **Grand Rhône**.

3 Stunden

10 km • 10 HM

Rundweg 3

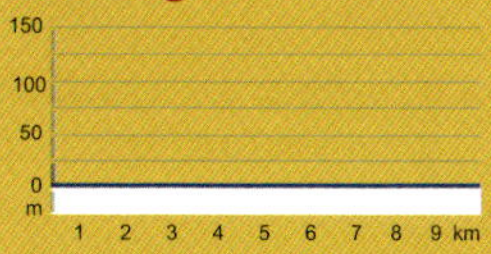

Schwierigkeitsgrad

- **Leicht**
- **Rundweg 1** nur als **Radtour** geeignet (**Mountainbike** erforderlich), wegen der Schotterpiste mit etwa **3 Stunden** rechnen.
- **Rundwege 2 und 3** gut mit dem Fahrrad erreichbar.
- **Fahradverleih: Location Velo Camargue** Route de la Mer (Richtung Plage de Piémanson) Telefon 06 25 14 85 96

Wegmarkierung

Rundweg 2 mit Pfeilen markiert, sonst **keine**.

Wanderkarten

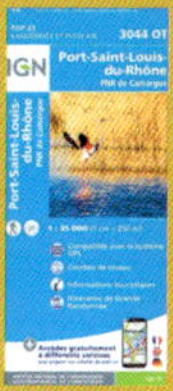

3044 OT
Port-Saint-Louis-du-Rhône/
PNR de Camargue
Topografische Wanderkarte
1:25 000 – GPS
EAN/ISBN: 9782758539681

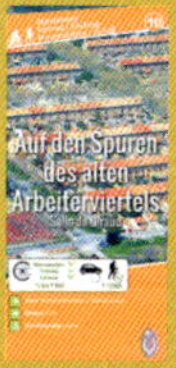

Im Office du Tourisme (1 Bd Pierre Tournayre) erhält man einen kostenlosen Flyer in deutscher Sprache mit Wanderkarte.

Einkehr

- **Bar des Sports**

Boulevard des Arènes, in Giraud am Stadion gelegen
Telefon 07 86 99 85 46
Sehr gute preiswerte Mittagsmenüs, frischer Fisch und Meeresfrüchte.

Markt

- **Salin-de-Giraud**

Fr. 8 bis 13 Uhr,
Place Carle Naudot.

Stierkampf – blutige Traditon vor dem Aus?

In **über 50 Städten** Südfrankreichs wird die umstrittene Tradition des Stierkampfs (**Corrida**) noch ausgeübt und von den Anhängern als Kulturerbe (**Patrimoine**) oder sogar als Kunst gefeiert. Für viele der zeitgenössischen Historiker handelt es sich nicht um eine direkte Übernahme spanischer Bräuche. Die Zivilisationen entwickelten jeweils eigenständige, für ihre Kulturen typische Stierkampfformen.

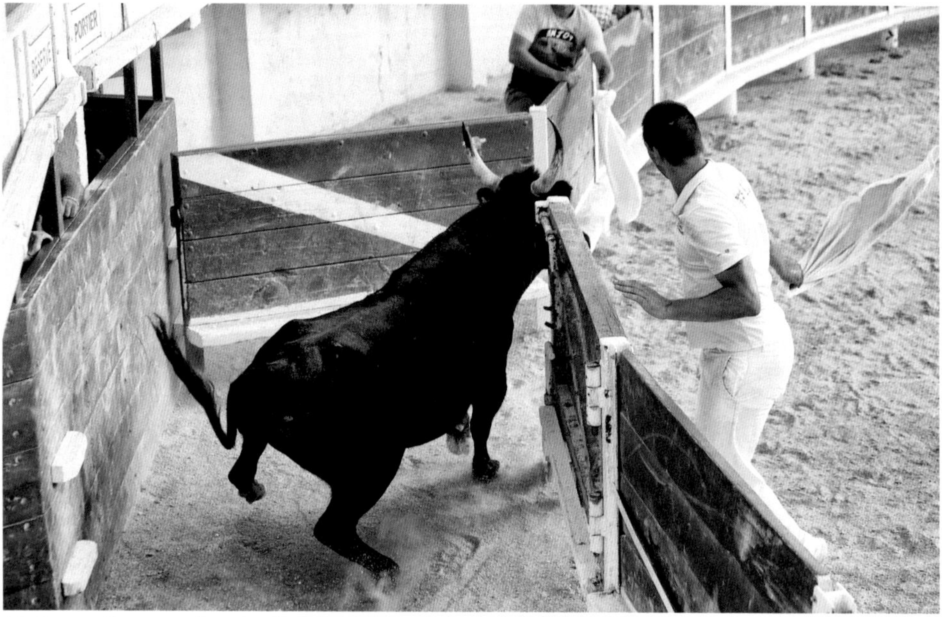

*Die **Course Camarguaise**, eine (meist) unblutige Variante des Stierkampfs.*

Orte, wie u.a. **Nîmes** oder **Arles** mit ihren berühmten und gut erhaltenen **römischen Amphitheatern**, sind die Spektakel zudem ein Touristenmagnet mit hoher wirtschaftlicher Bedeutung.

Die heutige Form des Stierkampfs, die sogenannte **Féria**, bei der ein Mann (Frauen sind als Matador nicht zugelassen) gegen einen Stier kämpft und ihn anschließend tötet, geht auf Francisco Romero in der ersten Hälfte des 18. Jahrhunderts zurück. Die Ursprünge sind jedoch viel älter: Der Kult der „Stierspiele" hatte bereits in der Antike in allen Ländern des Mittelmeerraums einen wichtigen Platz. Nach den Studien der meisten Ab Mitte des 19. Jahrhunderts wurde der Stierkampf in Frankreich langsam salonfähig. 1845 gründete sich als Reaktion der erste französische Tierschutzverein **Société protectrice des animaux**. Mit Erfolg: 1884 wurde das Gesetz zum Schutz von Haustieren auf den Kampfstier erweitert und der Stierkampf damit verboten. Die sogenannten **Aficionados**, die Liebhaber des Stierkampfs, ließen sich davon nicht abschrecken. Der Widerstand nahm z.B. in Nîmes den Charakter einer Revolte an, es gab als Protest ein Stierrennen durch die Stadt (course de la contestation). Es folgte eine lange Zeit der „Halblegalität". Der Stierkampf war offiziell noch **bis 1951 untersagt**, fand aber statt und wurde vom Staat geduldet, zu beliebt war das Schauspiel in Südfrankreich geworden. Auch prominente Freunde der Féria, wie **Frédéric Mistral**, der 1904 den Literaturnobelpreis erhielt, fachten den Widerstand der Bevölkerung an. Weitere Fürsprecher kamen später hinzu, **Pablo Picasso** war begeisterter Zuschauer bei den Corridas und hat diese in unzähligen Bildern verarbeitet. **Ernest Hemingway** sah den Stierkampf als Auseinandersetzung zwischen Leben und Tod, Inspiration für viele seiner Romane.

fester Teil ihrer kulturellen Identität geworden. Ein Kompromiss mag die **Course Camarguaise** sein, eine Stierkampfvariante, bei der der Stier nicht getötet wird. Der **Raseteur** genannte Torero entreißt dem Stier in festgelegter Reihenfolge Attribute (bunte Fäden, Pompons und Tücher), die an den Hörnern und der Stirn befestigt wurden. Die hierzu benutzte Eisenkralle (crochet) führt immer wieder zu schweren Verletzungen der Stiere, oft verlieren sie ihr Augenlicht. Auch die Kastrierung der Stiere vor dem Kampf ohne Betäubung und die anschlie-

„Das ist die Unterstützung eines Massakers, eines finsteren Spektakels."

Julien Bayou, Nationalsekretär der französischen Grünen (EELV)

In der französischen Verfassung ist ausdrücklich jeder „Akt der Grausamkeit" gegen Tiere verboten. Allerdings gibt es eine Ausnahmeklausel für „örtliche Traditionen", die letztmals 2012 vom Verfassungsrat in Paris für Stier- und Hahnenkämpfe in bestimmten Regionen bestätigt wurde. Die militante Tierschützerin **Brigitte Bardot** (siehe auch Seite 109) beschimpfte die Mitglieder des Gremiums daraufhin als „Feiglinge" und schrieb: „Wir leben in einem Land, das ein großes Schlachthaus ist. Grausamkeit und Brutalität in den Rang eines Schauspiels zu erheben, sich daran zu erfreuen, wie Leid zugefügt und getötet wird, ist pervers und zutiefst schockierend."

Die Meinungen dazu gehen auseinander, eine knappe Mehrheit der Franzosen ist in Umfragen mittlerweile für ein Verbot der Stierkämpfe. Andererseits ist es für viele Südfranzosen so, als wollte man ihnen den Pastis verbieten. Die **Féria** ist

ßende Hetzjagd durch die Arena lassen diese offiziell als „Sport" anerkannte Variante Tierschützern sehr bedenklich erscheinen.

Für die Einwohner und Touristen ist die Course Camarguaise ein einziges großes Volksfest. Das Ganze beginnt mit der **Abrivado**, der Ankunft der Stiere in der Stierkampfarena. Dafür wird die Herde von **Gardians** (Hütern) auf bunt geschmückten Pferden von den Weiden getrieben. Die Menschen stehen feiernd am Straßenrand und kanalisieren den Lauf der Stierherde (siehe Foto von einem Warnschild auf Seite 33).

Die als **immaterielles Kulturerbe Frankreichs** eingetragene Course Camarguaise wird weit über die Camargue hinaus veranstaltet, von Avignon bis nach Montpellier und rund um das Rhône-Delta. In einigen Orten, z. B. in Arles, werden wechselnd beide Varianten (Course Camarguaise oder Corrida) vorgeführt.

Côte Bleue

Alte Schmugglerpfade, Eisenbahnviadukte und türkisfarbenes Wasser – westlich von Marseille liegt die vom Tourismus noch kaum entdeckte *blaue Küste* Frankreichs.

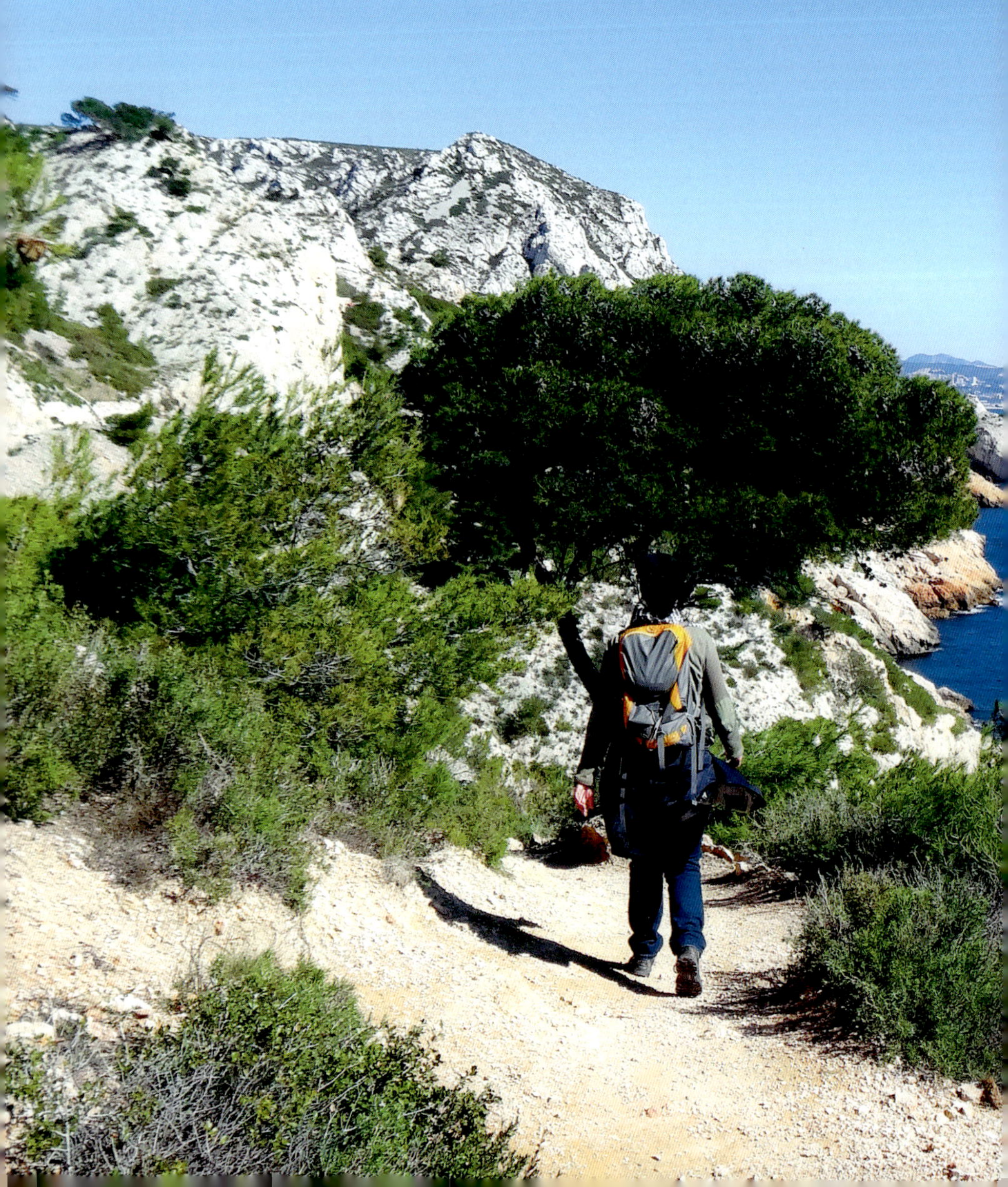

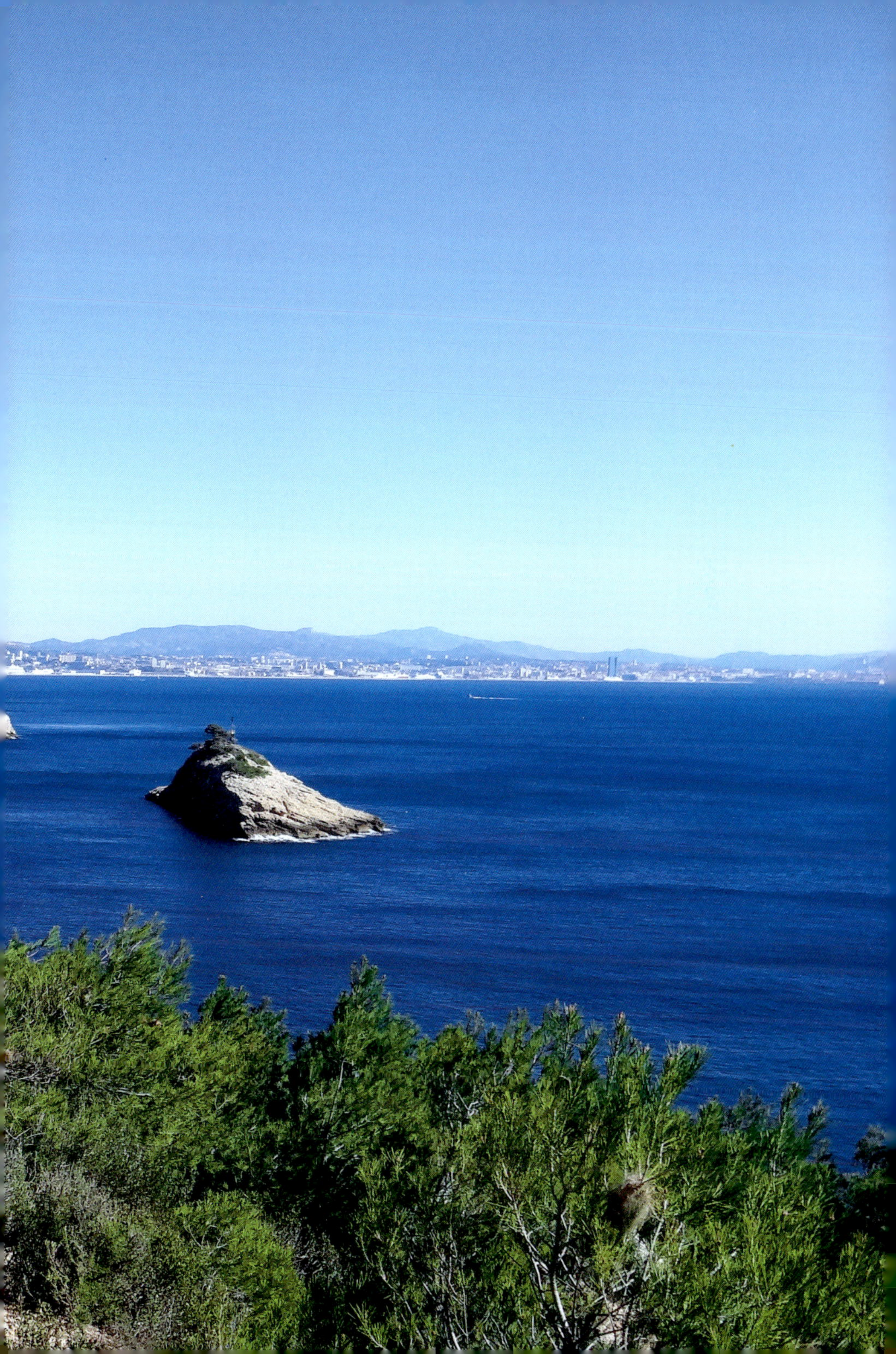

Martigues

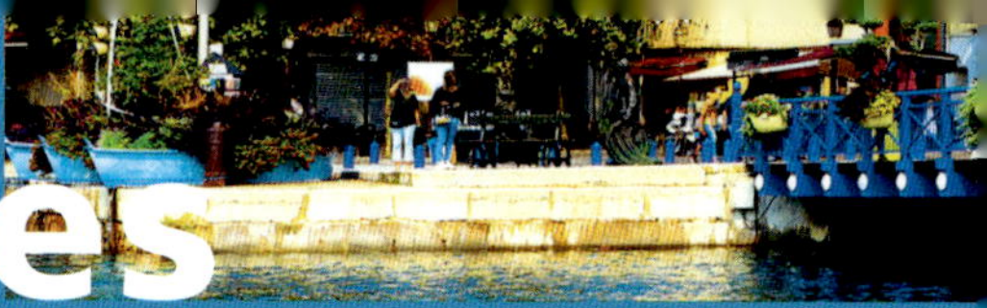

Martigues ist mit fast **50 000 Einwohnern** die viertgrößte Gemeinde des Départements Bouches-du-Rhône und verfügt über den größten **Fischereihafen** der Provence. Mitten durch den Ort verläuft der **Canal de Caronte**, der das offene Meer am **Golfe de Fos-sur-Mer** mit dem Binnensee **Étang de Berre** verbindet. Vor der Industrialisierung war Martigues ein idyllisches Fischerdorf, auch liebevoll **Venedig der Provence** genannt. Heute kann man noch ein wenig davon im von kleinen Kanälen durchzogenen historischen Stadtkern erahnen. Der Ausbau der Region rund um **Port-de-Bouc**, **Fos-sur-Mer** und den **Étang de Berre** zum ***Ruhrgebiet Frankreichs*** erforderte die Verbreiterung des Canal de Caronte. Vom ehemaligen Fischerviertel mit seinen bunten Häusern ist noch der romantische **Quai Brescon** (siehe Foto rechts) erhalten, im Volksmund **Miroir des Oiseaux** genannt.

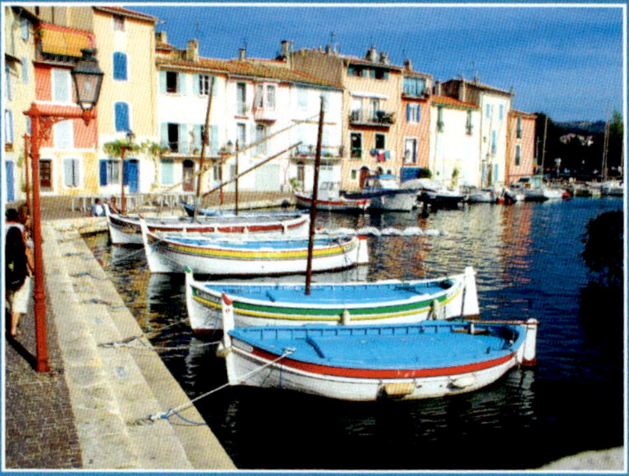

Von **Martigues** bis **L'Estaque** zieht sich die **Côte Bleue** mit ihrem besonderen Flair und dem Licht des Südens, das Künstler wie u. a. **Braque**, **Dufy**, **van Gogh** und **Cézanne** magisch angezogen hat (siehe Seiten 50/51).

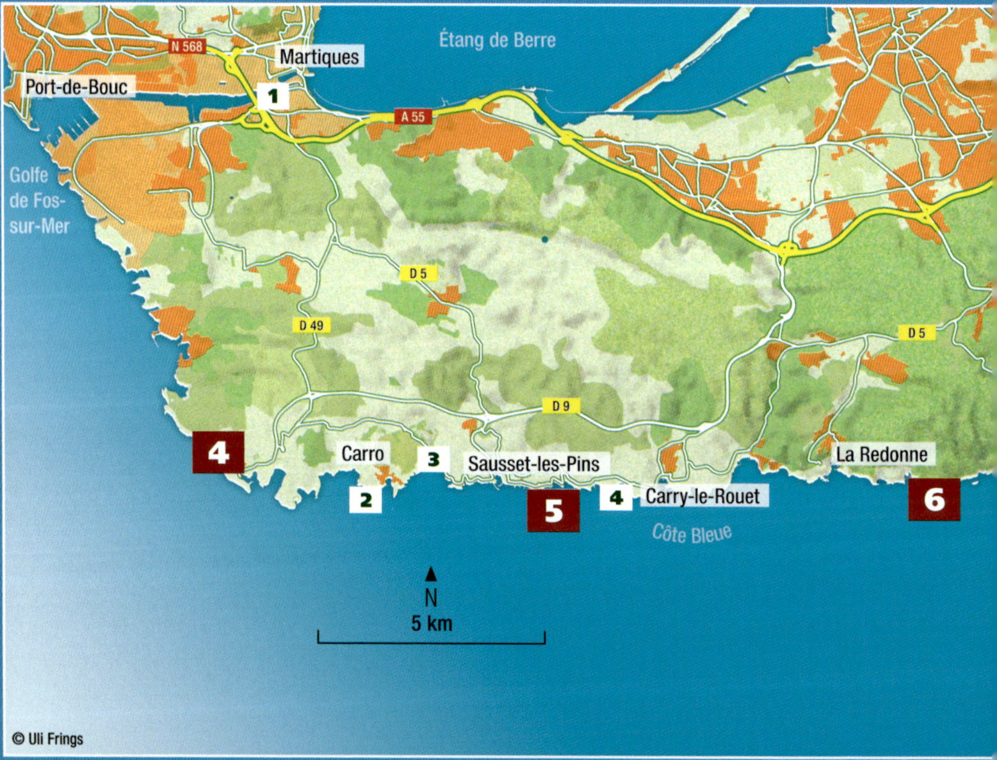

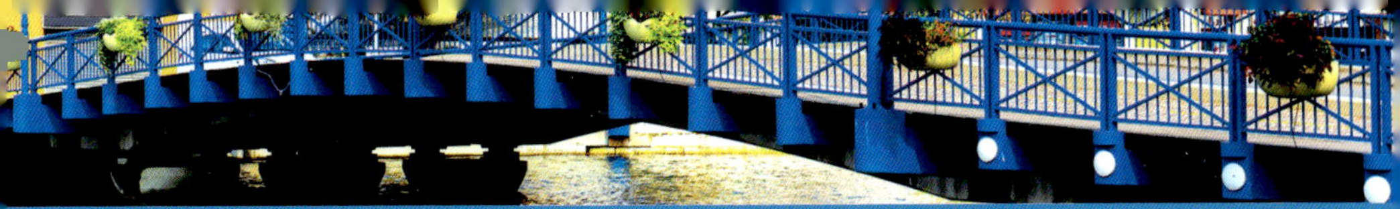

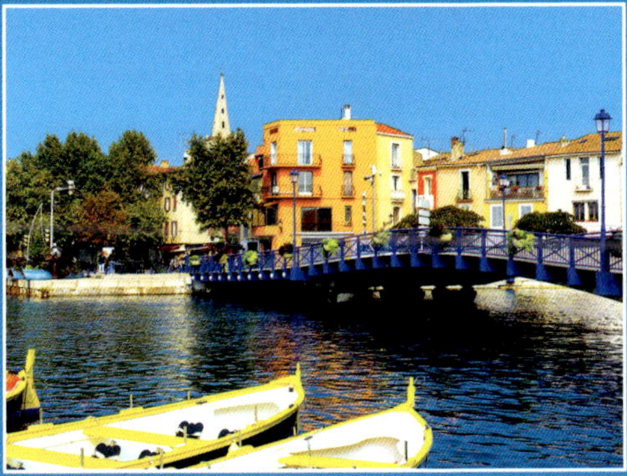

Office de Tourisme de Martigues
Rond-Point de l'Hôtel-de-Ville
Telefon 04 42 42 31 10
Geöffnet: ganzjährig Mo. bis Sa. 9 bis 12 Uhr und 13.30 bis 17 Uhr.

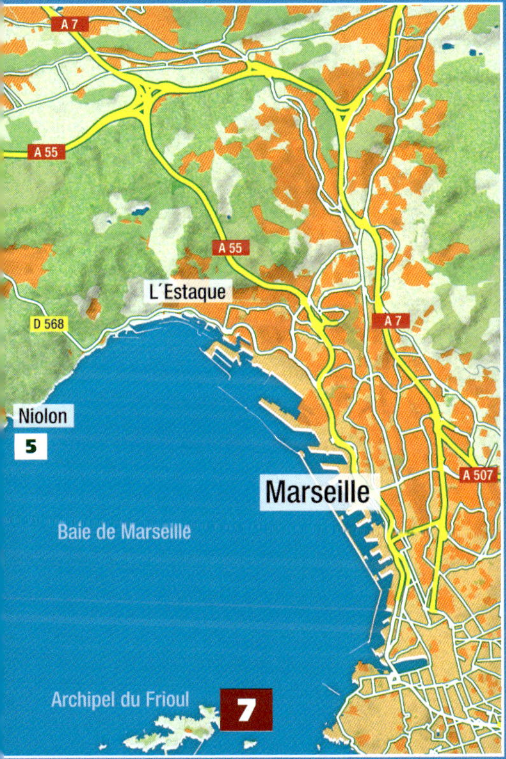

Restaurants an der Côte Bleue

1 Le Miroir
Quai Brescon
13500 Martigues
Telefon 04 42 80 50 45
Traumhafte Lage direkt am Wasser bei den Fischerbooten (siehe Foto ganz links), u.a. hervorragende Muschelgerichte. Aus einem Blog: „Si vous êtes de passage à Martigues et que vous recherchez le meilleur restaurant, ne cherchez plus !"

2 Côte et Mer
Rue des Ragues
13500 Carro
Telefon 04 42 40 16 13
Sehr schön am Hafen von Carro gelegen, freundlicher Service, fangfrischer Fisch, was will man mehr?!

3 Le Thalassa
Chemin du Verdon
13500 Carro
Telefon 04 42 42 85 34
Eine Überraschung: Von einem Strandrestaurant an einer im Sommer extrem touristischen Bucht würde man keine so gute Qualität erwarten. Freundlicher Service, wunderbarer gegrillter Tintenfisch.

4 La Cale
51 Avenue Draio de la Mar
13620 Carry-le-Rouet
Telefon 04 42 45 03 29
Aus einem Blog: „Vor Jahren haben wir La Cale durch Zufall entdeckt und waren auch heute wieder begeistert von der Küche und dem Service. Über die Aussicht muss man sowieso keine Worte verlieren."

5 La Pergola
13 Chemin de la Pergola
13740 Niolon
Telefon 07 87 96 56 11
Wunderschön am Hafen von Niolon mit Blick auf Marseille gelegen, hervorragendes Fischangebot, die *Gambas au pastis* waren fantastisch.

Tour 4 Von Martigues nach Sausset-les-Pins

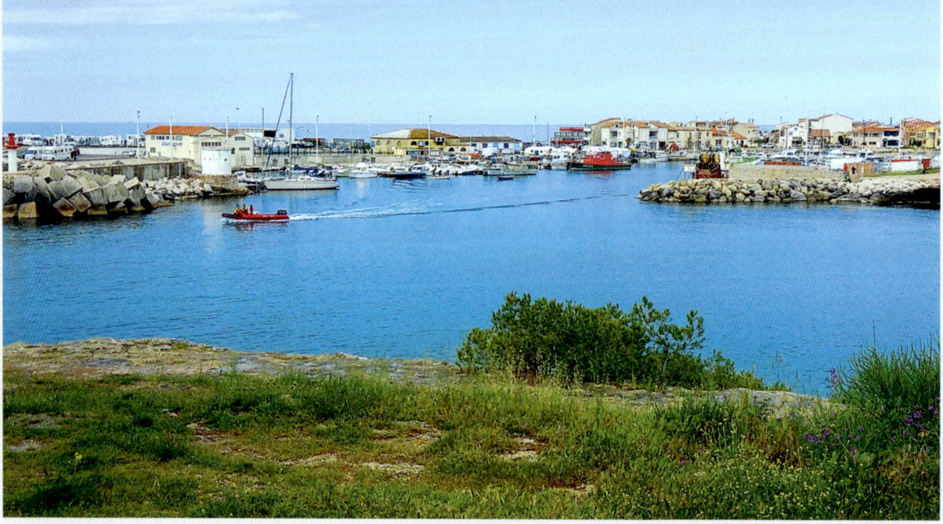

Wenn man am **Hafen von Laurons** ankommt, dominieren zunächst die Kamine des Gaskraftwerks. In der Ferne sieht man **Frankreichs größten Industriekomplex** bei **Fos-sur-Mer**, in den 60er Jahren als Zeichen des **wirtschaftlichen Aufbruchs** gefeiert. Heute angesichts des Klimawandels und enormer ökologischer und gesundheitlicher Gefahren sicher ein Auslaufmodell.
Die Wanderung startet zum Glück mit Blick in die Gegenrichtung und schon bald erschließt sich einem die Schönheit der Côte Bleue.

1 43°21'11.86"N 5°1'24.87"E

Mit dem **Bus 23** vom Bahnhof in Martigues bis zur Endstation **Le Port des Laurons** fahren (siehe Seite 11). Am Ende des Hafenbeckens befinden sich Parkplätze.
Von dort den Strand entlanggehen und am Ende in einem Kreisverkehr nach links in den **Chemin de Bonnieu** abbiegen. Diesen kurz darauf geradeaus auf einem Schotterweg verlassen. Man folgt nun auf der gesamten Wanderung der **weiß-roten Markierung**. Nach 100 m rechts auf einen schmalen Pfad abzweigen, der Weg-

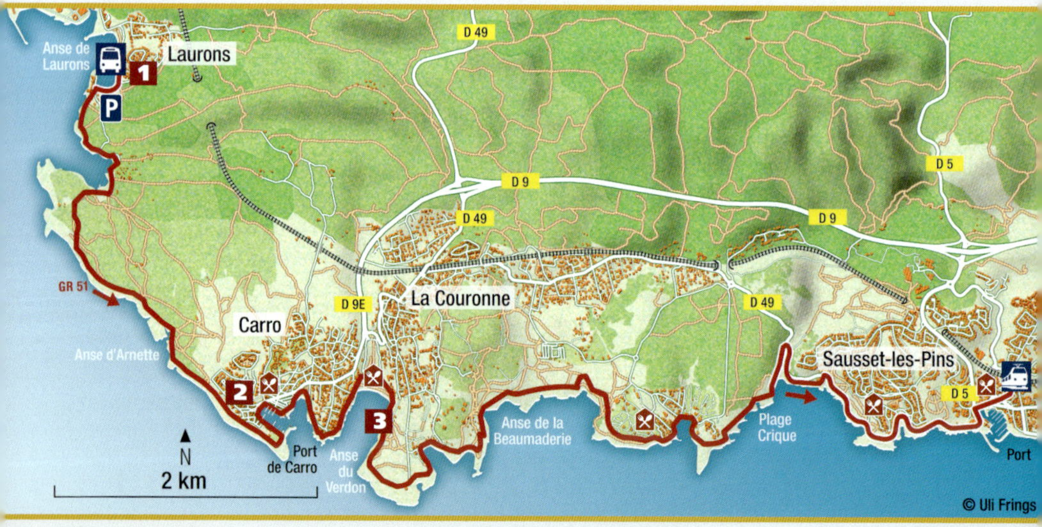

weiser **Boucle Côte Bleue** ist nur aus der Gegenrichtung zu lesen. Man hält sich immer küstennah, die Markierung ist selten zu finden. Man kann sich aber oft an der ehemaligen **blauen Markierung** orientieren. 500 m weiter erreicht man eine kleine Straße, der man geradeaus folgt. Am **Plage Naturiste** weiter auf der Straße bleiben, die bald in einen Schotterweg übergeht. Es folgt ein Parkplatz, hinter der Absperrung geht es mehr als **2 km** entlang der kargen felsigen Küste bis zum **Hafen von Carro**. Vorbei an dem Restaurant **Côte et Mer** wandert man einmal ganz um das Hafenbecken herum und gelangt zur nächsten Bucht. Man verlässt die Straße nach rechts und folgt am Ende des Strandes rechts dem Pfad in den kleinen Kiefernwald unterhalb der Straße. Nach 500 m zieht sich der Weg nach links wieder hoch zu einer kleinen Straße. Bald darauf, am Ende der Straße steigt man über eine Treppe hinab zum sehr beliebten **Plage du Verdon**. Hier befinden sich mehrere Strandcafés und das Restaurant **Le Thalassa**. Am Ende des Strandes **nicht** geradeaus die Treppe ansteigen, sondern rechts fast an der Wasserlinie entlang halten. Eine Treppe nach links nicht nehmen, sondern über einige Stufen absteigen und weiter nah am Ufer bleiben. Nach etwa 300 m gelangt man zu einer Betontreppe, die man nach links ansteigt; oben angelangt läuft man rechts **Richtung Leuchtturm**. Man erreicht einen Parkplatz, an dessen Ende man nach rechts einen unscheinbaren, aber **weiß-rot** und **blau** markierten Pfad nimmt. Direkt darauf scharf rechts in einen verwachsenen Pfad einbiegen. Der Wegverlauf ist hier nicht immer ganz klar, aber wenn man sich küstennah hält, nicht zu verfehlen. Der Weg führt oberhalb des Strandes entlang, am Ende die Treppen nur ein kurzes Stück hinauf und dann rechts abbiegen. Zur nächsten Bucht hinunter und bis zur Treppe am Ende des Strandes laufen. Diese ansteigen und oben auf dem Pfad nach links etwa 1 km der Küstenlinie folgen. An einem Stein, deutlich mit **GR 51** gekennzeichnet, scharf links halten und in einem Bogen am nächsten Strand entlanggehen. Leicht links einen unscheinbaren Pfad aufwärts nehmen (die Markierung ist nicht zu finden). Oben angelangt, der Ausschilderung **Sausset-les-Pins 4,8 km** folgen. Vorbei an einer kleinen Kapelle führt der Weg unterhalb eines Campingplatzes zur nächsten Bucht, in die man über eine Treppe absteigt. Am Ende des Strandes scharf rechts auf einem schmalen Pfad am Wasser lang und dann einige Stufen ansteigen. Oberhalb der Klippen bleiben und an einem Abzweig scharf links halten. Mit **Traumblicken auf Marseille** führt der Pfad zunächst an einer kleinen Bucht vorbei und später zur **Anse de Boumandariel**, in die man über eine Treppe auf der rechten Seite absteigt. Der markierte Weg verläuft nun neben der Straße und führt auf der anderen Seite im spitzen Winkel zurück. Über den Strand kann man **abkürzen**, auf der gegenüberliegenden Seite befindet sich ein kurzer gerölliger Pfad hoch zur Straße. Zunächst auf der alten Straße, später auf einer Holzpromenade zieht es sich **noch 2 km** bis **Sausset-les-Pins**.

2 Einkehrmöglichkeit

3 Am Ufer entlang

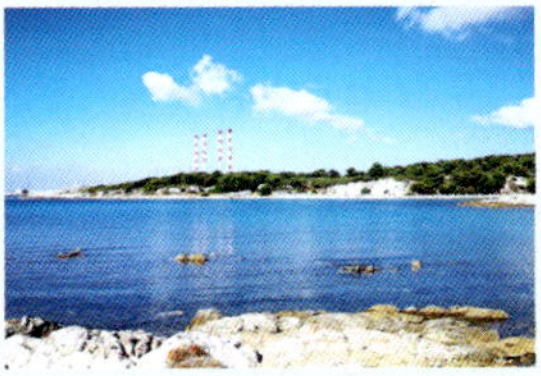

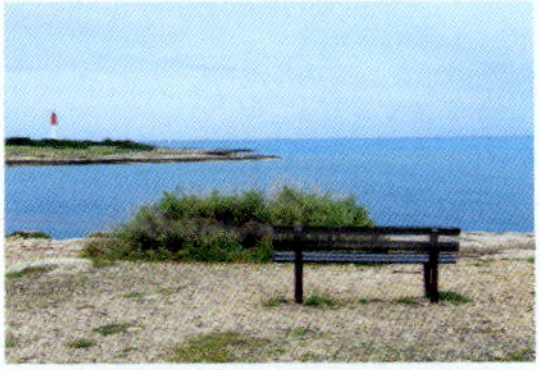

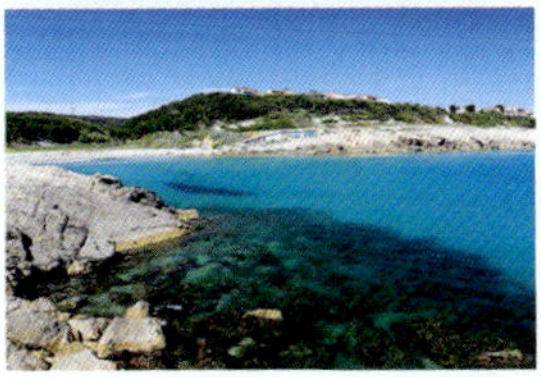

4 Stunden
15 km • 60 HM

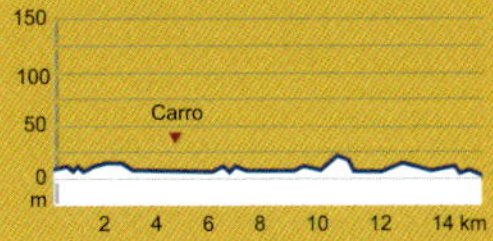

Schwierigkeitsgrad
▶ **Leicht**

Wegmarkierung
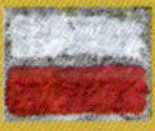
Durchgängig **weiß-rot** für den **GR 51**, den **Grand Sentier de la Côte Bleue**, markiert, allerdings teilweise schwer zu finden.

Wanderkarte
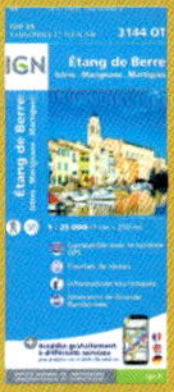
3144 OT
Étang-de-Berre/ Istres/Marignane/ Martigues
Topografische Wanderkarte
1:25 000 – GPS
EAN/ISBN: 9782758539773

Einkehr
▶ **Côte et Mer**
Rue des Ragues
13500 Carro
Telefon 04 42 40 16 13
Man sitzt fantastisch am Hafen von Carro. Fangfrischer gegrillter Fisch, Coquillages (Muschelplatten) und eine hervorragende „Mini"-Bouillabaisse für 30 €.

▶ **Le Thalassa**
Chemin du Verdon
13500 Carro
Telefon 04 42 42 85 34
Restaurant an sehr touristischem Strand, trotzdem freundlicher Service, gute Salate, wunderbarer gegrillter Tintenfisch.

Märkte
▶ **La Couronne-Carro**
Mi. und Sa. 7.30 bis 13 Uhr
Place du Marché de La Couronne, Rue Olivier Griscelli.

▶ **Marché aux Poissons**
Täglich 8.30 bis 12Uhr, am Hafen von Carro,
Place Joseph Fasciola.

Tour 5 Von Sausset-les-Pins nach La Redonne

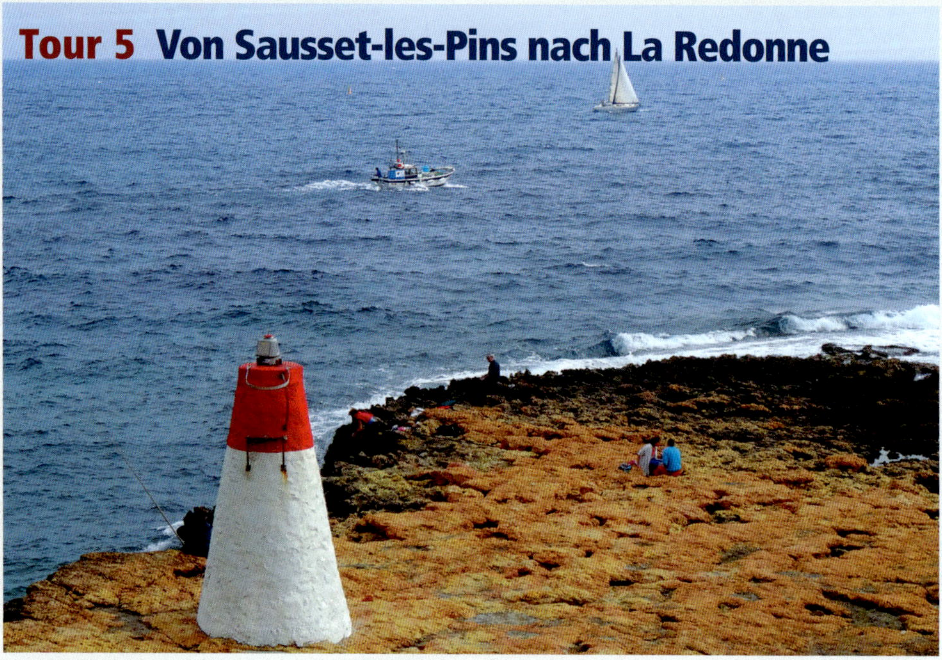

Ab **Sausset-les-Pins** und **Carry- le-Rouet** enden langsam die flachen Sandstrände der Camargue. Die Küste wird zunehmend felsiger und die ersten **Falaises** (Steilfelsen) beginnen.

1 43°19'57.78"N 5° 6'35.92"E Von Marseille oder Martigues den **Petit Train de la Côte Bleue** bis **Sausset-les-Pins** nehmen. Vom Bahnhof (hier befinden sich auch Parkplätze) startet man nach links und folgt dann rechts dem **Boulevard Charles Roux**, später dem **Boulevard Armin Audibert** bis bis zur Uferpromenade. Stadtauswärts führt, jetzt **weiß-rot** markiert, die **Avenue du Général Leclerc** 1 km am Meer entlang, bis sie in die **Promenade de la Corniche** übergeht und sich nach links leicht aufwärtszieht. Auf dieser weitere 600 m bis zu einer Querstraße, der **Avenue de l'Europe**, gehen. Nach rechts noch 500 m neben der viel befahrenen Durchgangsstraße **D 5** laufen, bis rechts der Abzweig zur Küste erreicht wird, zusätzlich **blau** markiert. Über 1 km wandert man nun entlang der Küstenlinie, bis einige

2 Einkehrmöglichkeit Stufen hinab zur traumhaften **Calanque de la Tuilière** mit dem **Restaurant La Cale** (siehe Seite 43) führen. Diese an Mistral-Tagen bei Surfern sehr beliebte Bucht verdankt ihren Namen den unzähligen früher an der Côte Bleue angesiedelten **Ziegeleien** (tuile = Dachziegel). Am Ende des Strandes rechts

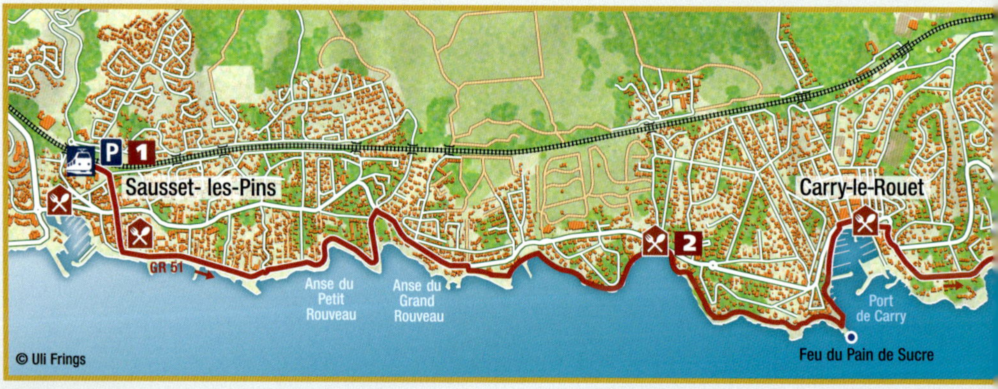

weiter am Ufersaum halten, der Weg ist jetzt zusätzlich als **Parcours de Santé** (Trimm-dich-Pfad) ausgeschildert. Bis **Carry-le-Rouet** geht es nun 1 km auf gut befestigtem Weg, bis man nach links am Hafen entlang in den Ort gelangt. Ein Abstecher nach rechts führt zum kleinen Leuchtturm **Feu du Pain de Sucre** (siehe Foto links), ein toller **Picknickplatz**. An der Stirnseite des Hafenbeckens links, **noch vor dem Restaurant L'Amiral**, die Gasse **Rue Jérôme Chapuis** über Treppenstufen zur **Route Bleue** ansteigen. 100 m nach rechts und dann rechts in die **Avenue Gérard Montus** abbiegen. Oberhalb der **Calanque du Cap Rousset** rechts neben dem Tor auf den Fußgängerweg der **Allée de Barqueroute** wechseln. Diese geht später geradeaus in die **Allée des Marines** über. Nach 1 km, kurz vor Ende der Privatstraße, links einen Pfad hinauf zur Durchgangsstraße **Route Bleue** nehmen. 350 m später hinter einer kleinen Brücke rechts über eine Holztreppe absteigen und der Straße hinunter zum **Plage du Rouet** folgen. Vorbei an den vielen Cafés und Restaurants am Ende des Strandes die Straße geradeaus nehmen und dann leicht links den **Chemin des Eaux Salées** ansteigen. 150 m weiter links in einen Pfad abzweigen, der zur Bahnlinie ansteigt und oberhalb einer Ferienanlage verläuft. Nach etwa 300 m über Stufen zur **Calanque des Eaux Salées** hinunter und am Ende des wunderschönen Strandes mit großen Kieseln (siehe Foto oben) die Treppe hochgehen. Unter dem **Eisenbahnviadukt** hindurch gelangt man über den Fußgängerweg (Passage Piétons) nach 200 m zum **Chemin de la Calanque du Puits**. An einer Querstraße scharf rechts abwärtsgehen und links in die Sackgasse **Chemin de la Redonne** abbiegen. Nach fast 500 m über Stufen absteigen, rechts halten und kurz darauf leicht links einen Pfad nehmen. Die erreichte Straße führt in den Ort **La Redonne** hinein, links oben liegt der Bahnhof, rechts unten das Hafenbecken.

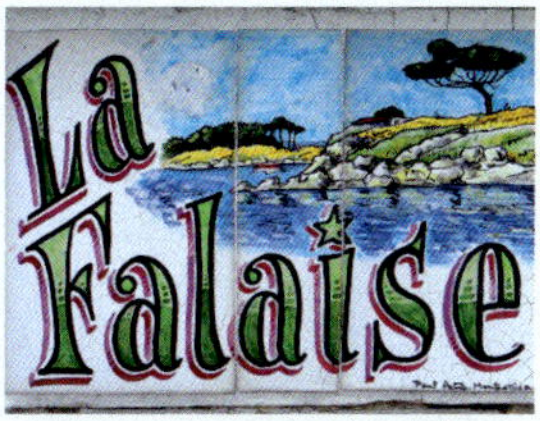

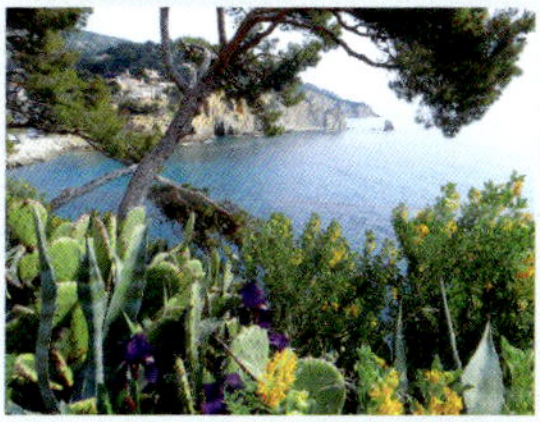

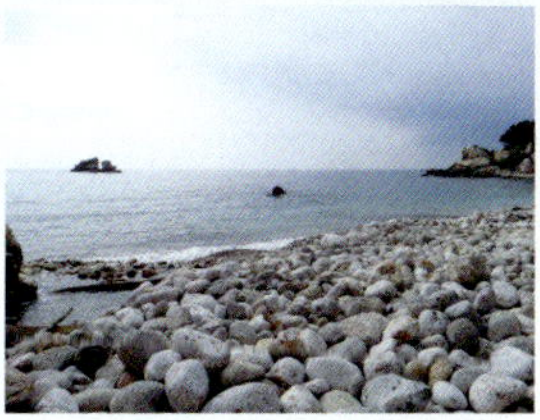

3 Schwimmen und Einkehr

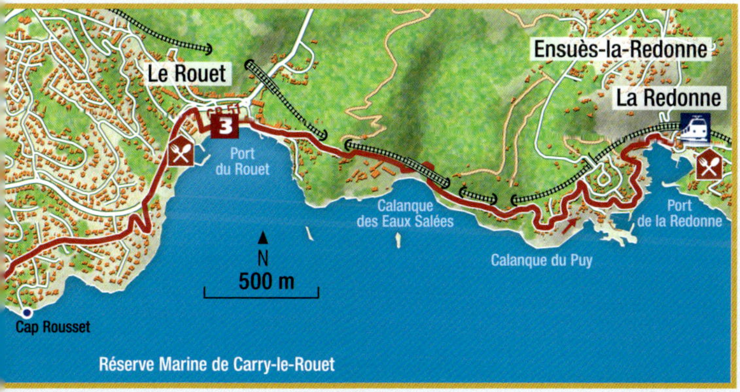

3,5 Stunden
11 km • 305 HM

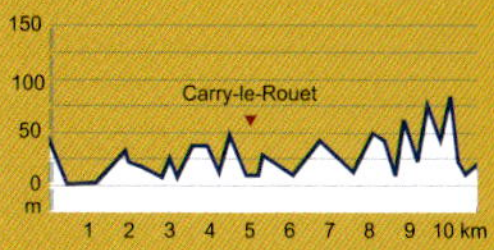

Schwierigkeitsgrad

▶ **Leicht**

▶ Sehr viele **Straßenabschnitte**, aber einige schöne Buchten und Wegabschnitte entlang der Küste.

▶ In **Le Rouet** langer Sandstrand mit Einkehr.

Wegmarkierung

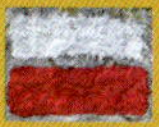

Durchgängig **weiß-rot** für den **GR 51**, den **Grand Sentier de la Côte Bleue**, markiert.

Wanderkarte

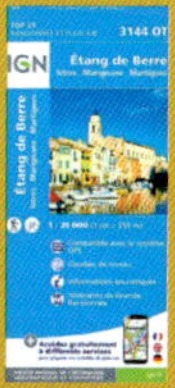

3144 OT
Étang-de-Berre/ Istres/Marignane/ Martigues
Topografische Wanderkarte
1:25 000 – GPS
EAN/ISBN: 9782758539773

Feste

▶ **L'Oursinade**

Großes **Seeigelfest** in **Carry-le-Rouet**. Seit 1960 werden jedes Jahr an den ersten drei Sonntagen im Februar verschiedenste Sorten „Oursins" (auch „Châtaigne des Mers" genannt), normalerweise roh, verkostet.

Märkte

▶ **Sausset-les-Pins**

So. 8 bis 13 Uhr, Aire des Girelles.

Do. 7 bis 12 Uhr am Hafen, Route de la Couronne, auch mit einigen Ständen der Fischer.

▶ **Carry-le-Rouet**

Di. und Fr. 8 bis 13 Uhr, Place du Marché.

Tour 6 Wilder Küstenpfad nach Niolon

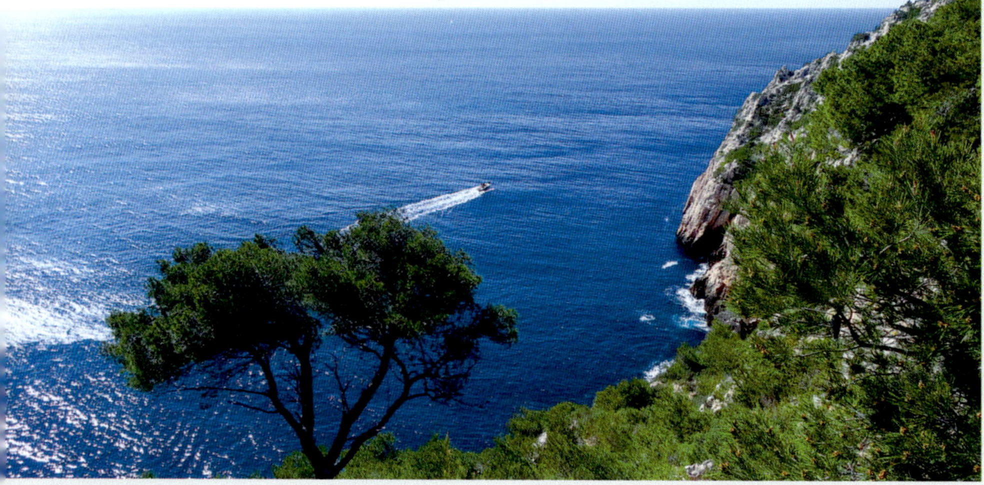

Wunderschöner alter Zollpfad entlang der Küstenlinie mit weiten Blicken auf Marseille und die Calanques.

1 43°20'0.67"N 5°11'58.16"E Von Marseille oder Martigues den **Petit Train de la Côte Bleue** bis **Ensuès-la-Redonne** nehmen. Vom Bahnhof (hier oder am Hafenbecken befinden sich Parkplätze) startet man nach rechts die Straße abwärts. Es geht unterhalb des Eisenbahnviadukts hindurch bis zu einem Wanderwegweiser. Man folgt der Ausschilderung **Méjean 50 Min.** nach links zum Hafen. Am Hafenbecken entlang und rechts in die Sackgasse, wieder **Richtung Méjean** ausgeschildert, geht es nun kräftig aufwärts. Auf der Höhe mit tollen Ausblicken folgt man der Straße nach links. Am Ende der Straße nimmt man geradeaus den schmalen Pfad. Er führt unterhalb der Häuser entlang und anschließend nach rechts über Treppenstufen abwärts. In einer kleinen Bucht erreicht man eine Betonrampe, hier ein kurzes Stück nach links und dann den zunächst etwas unscheinbaren Pfad nach rechts steil ansteigen und oberhalb der Küste etwa 600 m bis zu einer Straße wandern. Hier **nach links** die Markierung verlassen, da der weitere Küstenweg durch **Steinschlag** blockiert ist. Man erreicht die Straße entlang der Bahnlinie und geht diese rechts abwärts und

2 Markierung verlassen

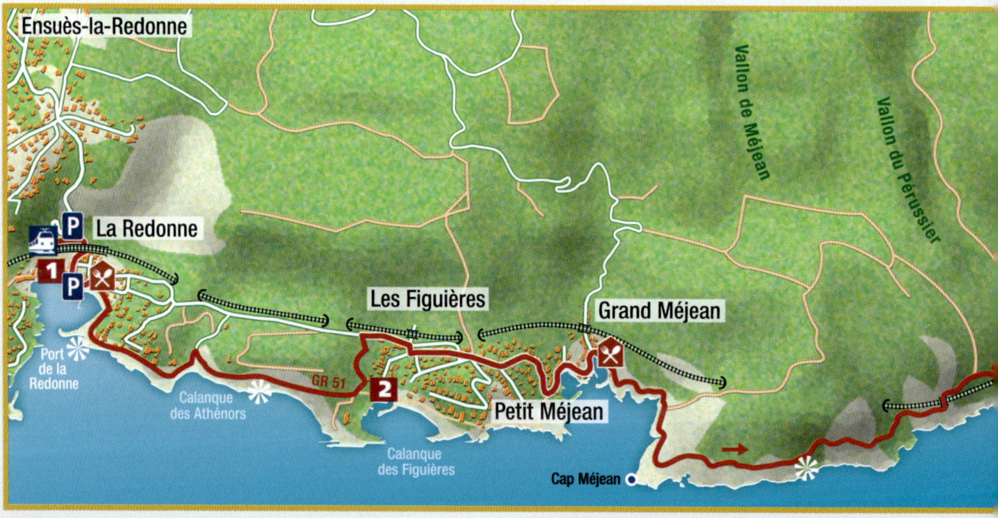

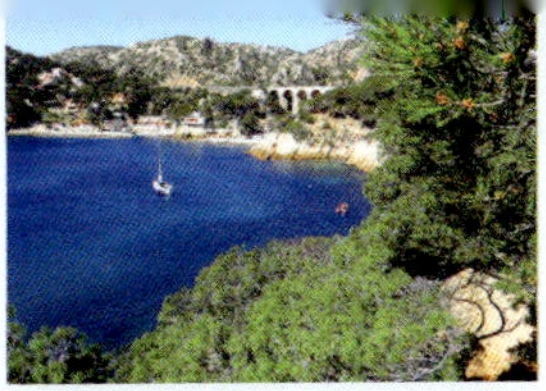

steigt nach einem Abzweig wieder an. Hinter einer Rechtskurve links abbiegen und noch um Kurven herum über **Petit Méjean** bis zum Hafen von **Grand Méjean** der Straße folgen. Vorbei am Restaurant **Le Mange Tout** geradeaus der Ausschilderung **Niolon** folgen. Man wandert nun mit traumhaften Ausblicken 2 km auf dem hier sehr gut gesicherten Küstenpfad. Über eine Brücke geht es später über die Eisenbahnlinie und einige hundert Meter an ihr entlang. Oberhalb eines Taleinschnittes führt der Weg rechts schmal und steil hinunter. Sicherer ist es, links den 50 m langen Tunnel zu nehmen. Den schwierigeren Teil dieser Wanderung kann man nun nach links aufwärts **umgehen**: nach 1 km beim ersten Steinmännchen rechts auf einem unscheinbaren Pfad kräftig ansteigen.

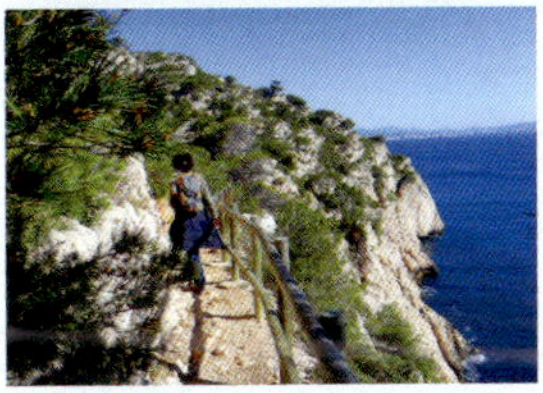

3 Tunnel und Umgehung

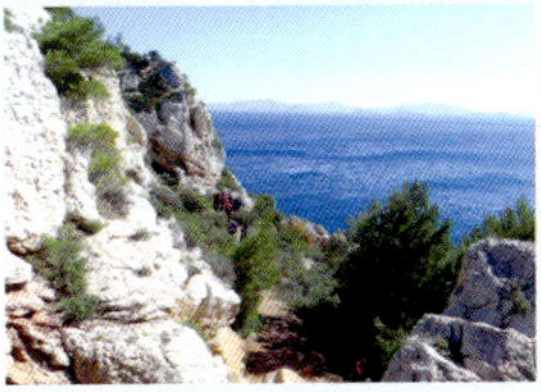

4

Ohne Umgehung gelangt man nach rechts abwärts zur wundervollen Badebucht **Calanque de l'Érevine**. Der Weg führt etwas oberhalb 2,5 km ungesichert und gelegentlich recht nah an der Steilküste entlang bis **Niolon**. Hinter einem Viadukt (Foto) erreicht man nach rechts eine Straße. Diese geradeaus, am Abzweig in den Ort vorbei, zum Bahnhof von Niolon nehmen. Die Züge zurück fahren etwa alle zwei Stunden.

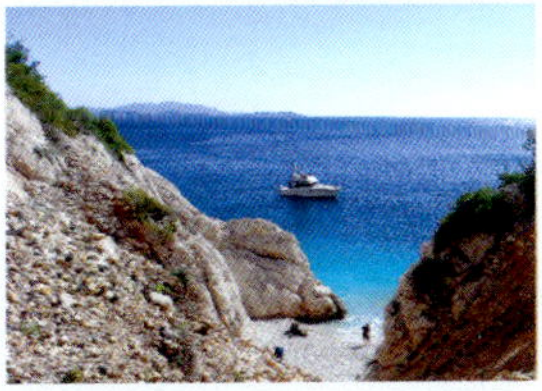

5 Ausgesetzte Stellen

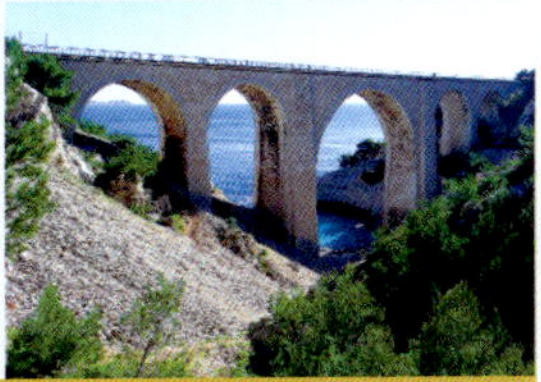

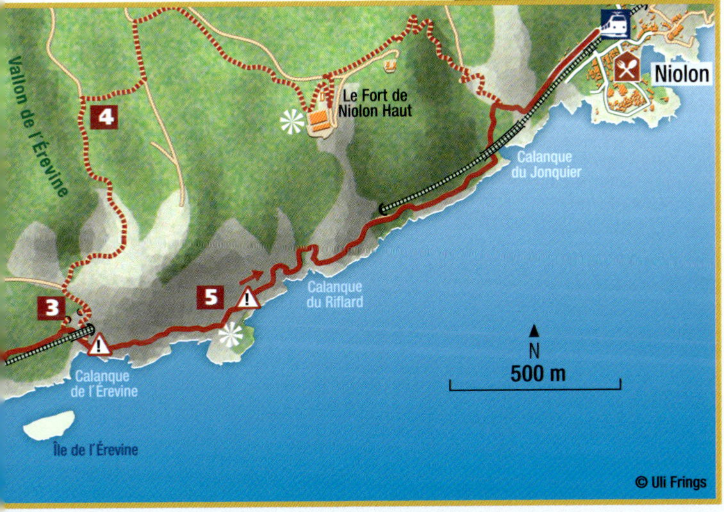

3,5 Stunden

7,5 km • 210 HM

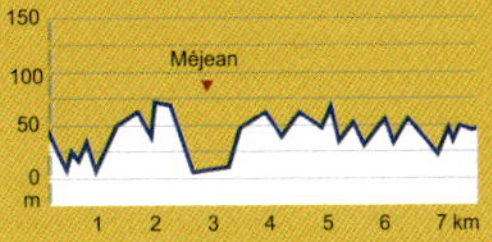

Schwierigkeitsgrad

- **Mittelschwer bis schwer**
- Bis Punkt **3** nur **mittelschwer** (gut gesicherte Wege, siehe Foto links), ab dort keine Sicherungen mehr, einige leicht **ausgesetzte Stellen**.
- Etwas Trittsicherheit und Schwindelfreiheit erforderlich!

Wegmarkierung

Außer einer Umgehung bei Punkt **2** **bis Méjean weiß-rot** für den **GR 51**, den **Grand Sentier de la Côte Bleue**, markiert.

Wanderkarten

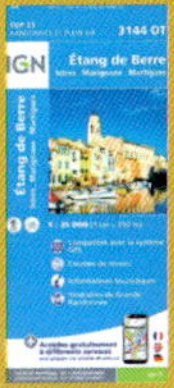

3144 OT
Étang-de-Berre/
Istres/Marignane/
Martigues
Topografische
Wanderkarte
1:25 000 – GPS
EAN/ISBN:
9782758539773
und

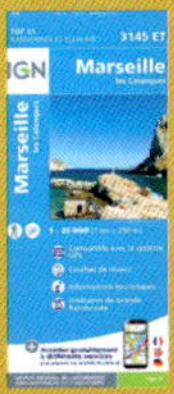

3145 ET
Marseille/
Les Calanques
Topografische
Wanderkarte
1:25 000 – GPS
EAN/ISBN:
9782758539780

Einkehr

- **Le Mange Tout**
8 Chemin du Tire Cul
13820 Ensuès-la-Redonne
Telefon 04 42 45 91 68
Nach 3 km Wanderung in Grand Méjean gelegen.
- **Restaurant La Pergola**
13 Chemin de la Pergola
Calanque de Niolon
13740 Le Rove
Telefon 04 91 46 90 28
Schöne Terrasse am Hafen.

L'Estaque – die Wiege der modernen Malerei

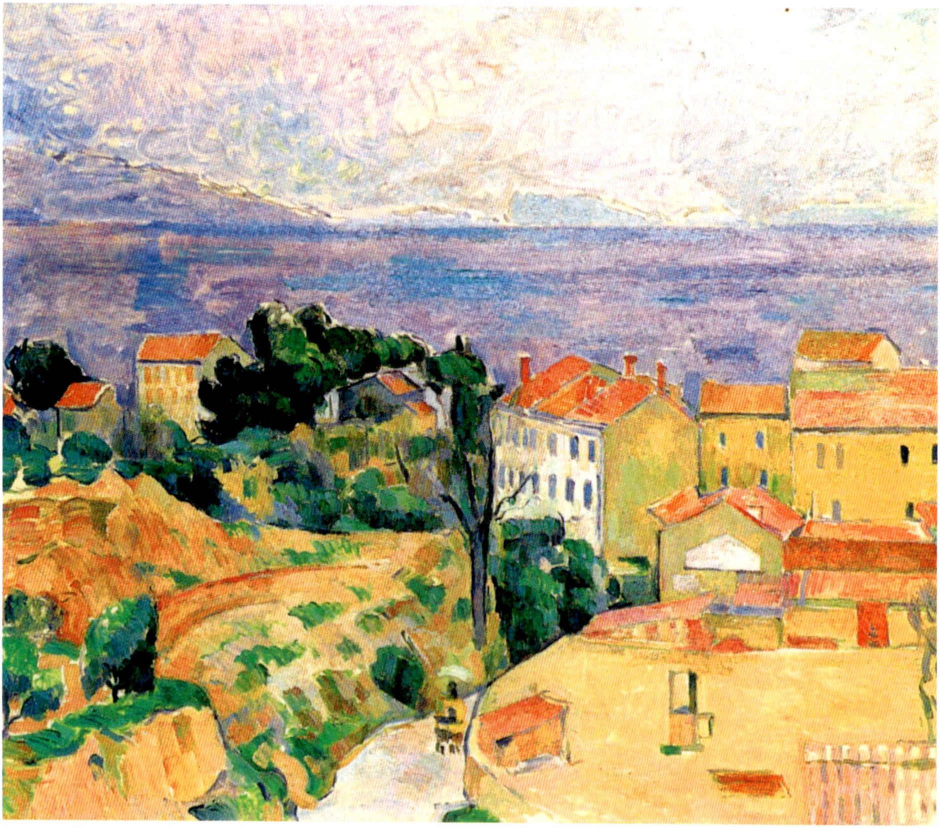

Vue sur l'Estaque (Blick auf L'Estaque). *Gemälde von* ***Paul Cézanne****, zwischen 1882 und 1883, Öl auf Leinwand. Cézanne, der gebürtige Provenzale, war seiner Heimat sehr verbunden. Viele seiner Motive, die sein gesamtes Werk durchziehen, stammen aus dieser Gegend. Die beiden wichtigsten sind der* ***Mont Saint-Victoire*** *bei Aix-en-Provence und die* ***Bucht von Marseille****.*

An der nördlichen Stadtgrenze von Marseille, zu Füßen der vor dem Mistral schützenden Hügelkette Nerthe liegt der kleine Hafen von L'Estaque (auf Provenzalisch „Vertäuung"). Früher war L'Estaque vor allem für seine **Dachziegel** bekannt, die hier gebrannt und dann über den Hafen von Marseille in alle Welt exportiert wurden. Für Kunstliebhaber ist L'Estaque heute jedoch die Wiege der modernen Malerei.
Anfang des 20. Jahrhunderts kam man gerne nach L'Estaque, um in den Restaurants und Hotels am Hafen Seeigel, Panisse und Sardinen

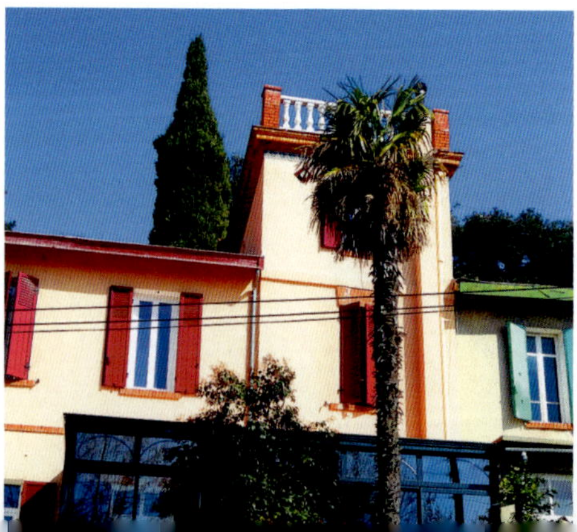

zu genießen. In dieser Zeit entstanden zahlreiche Bastiden und Villen (z. B. Château Fallet, Villa la Palestine), wahre Prachtbauten, die gleich neben den kleinen traditionellen Häusern der Arbeiter errichtet wurden, die in den Dachziegelfabriken arbeiteten.

Die französische Mittelmeerküste hat von Collioure bis Menton zahlreiche berühmte Maler angelockt, aber L'Estaque übte einen besonderen Reiz auf sie aus. Von 1860–1920 kamen zehn renommierte Künstler hierher.

Impressionismus, Fauvismus, Kubismus: Der Name von L'Estaque ist eng mit diesen drei Stilen verbunden, die richtungsweisend für die heutige Malerei waren. Die Aussicht auf den Golf von Marseille zog **Cézanne** und **Braque**, aber auch **Derain**, **Dufy**, **Marquet**, **Friesz**, **Macke**, **Renoir**, **Guigou** und **Monticelli** geradezu magisch an.

Das wohl bekannteste Bild ist **Häuser in L'Estaque** (französischer Originaltitel *Maisons à l'Estaque*) des Malers **Georges Braque** aus dem Jahr 1908. Das Bild zeigt einen Blick auf Häuser ohne Einzelheiten wie etwa Fenster oder Türen. Die Häuser sind stark vereinfacht. Es ist das erste Bild, das als **kubistisch** bezeichnet wurde.

1946 wurde L'Estaque eingemeindet und gehört seitdem zum **16. Arrondissement** von Marseille. Der Ort hat heute viel von seinem Charme verloren, der die Künstler offensichtlich so angezogen hat. Aber wenn man dem **Chemin des Peintres** folgt, kann man an der ein oder anderen Stelle noch etwas davon spüren. Am kleinen Kirchplatz, mit freiem Blick über die Bucht von Marseille, versteht man, warum Cézanne gerne hier gewohnt hat.

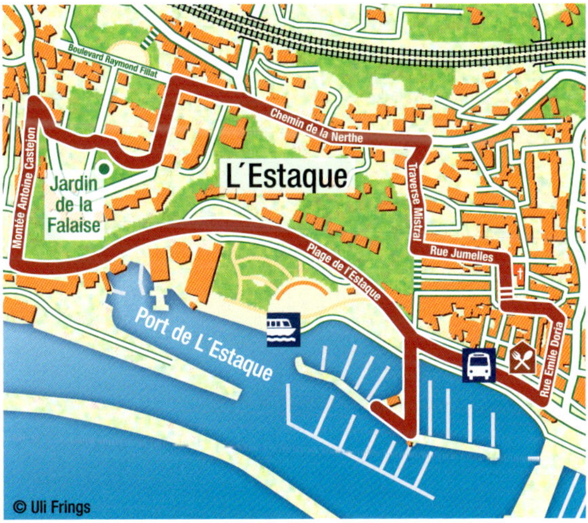

***Chemin des Peintres**, der Weg der Maler. Ein Rundgang mit acht Etappen, die jeweils mit Erläuterungstafeln versehen sind.*

Anfahrt: Mit **Metro Linie 2** oder **Tram 2** bis Station **Joliette** fahren und von dort in einer halben Stunde mit **Bus 35** nach L'Estaque. Oder mit dem **Navette maritime** vom **Vieux Port** in 40 Minuten zum **Hafen von L'Estaque** (siehe Seite 13).

Panisses

Reibekuchen einmal anders: In der Provence stellt man sie nicht aus Kartoffeln, sondern aus **Kichererbsen** her und sie werden **Panisses** genannt, köstlich. Die besten gibt es in L'Estaque nicht weit vom Hafen an den „Panisses-Buden" **Chez Freddy** oder **Chez Magali**.

Rezept

250 g Kichererbsenmehl
1 TL grobes Meersalz
1 EL Olivenöl
1 gebutterte Kastenform von 20 cm Länge
2 EL gehackter Rosmarin (nach Belieben)
Fleur de Sel

500 ml Wasser mit dem Olivenöl und dem Salz aufkochen. Das Kichererbsenmehl mit weiteren 500 ml kaltem Wasser verrühren, bis es klümpchenfrei ist. Die beiden Flüssigkeiten bei mittlerer Hitze etwa zehn Minuten zu puddingartiger Konsistenz verkochen und dabei ständig mit einem Holzlöffel rühren. Nach Belieben Rosmarin untermischen. In die gebutterte Form füllen. Mit einem feuchten Tuch bedecken und für mindestens drei Stunden im Kühlschrank ruhen lassen. In ca. 1 cm dicke Scheiben schneiden. Danach in reichlich Pflanzenöl oder einem Öl-Butter-Gemisch braten, bis sie goldbraun sind. Mit Fleur de Sel bestreuen und servieren.

Marseille

Die zweitgrößte Stadt Frankreichs ist nicht immer einfach, aber:
„Woher man auch kommt, in Marseille fühlt man sich zu Hause“,
Jean-Claude Izzo.

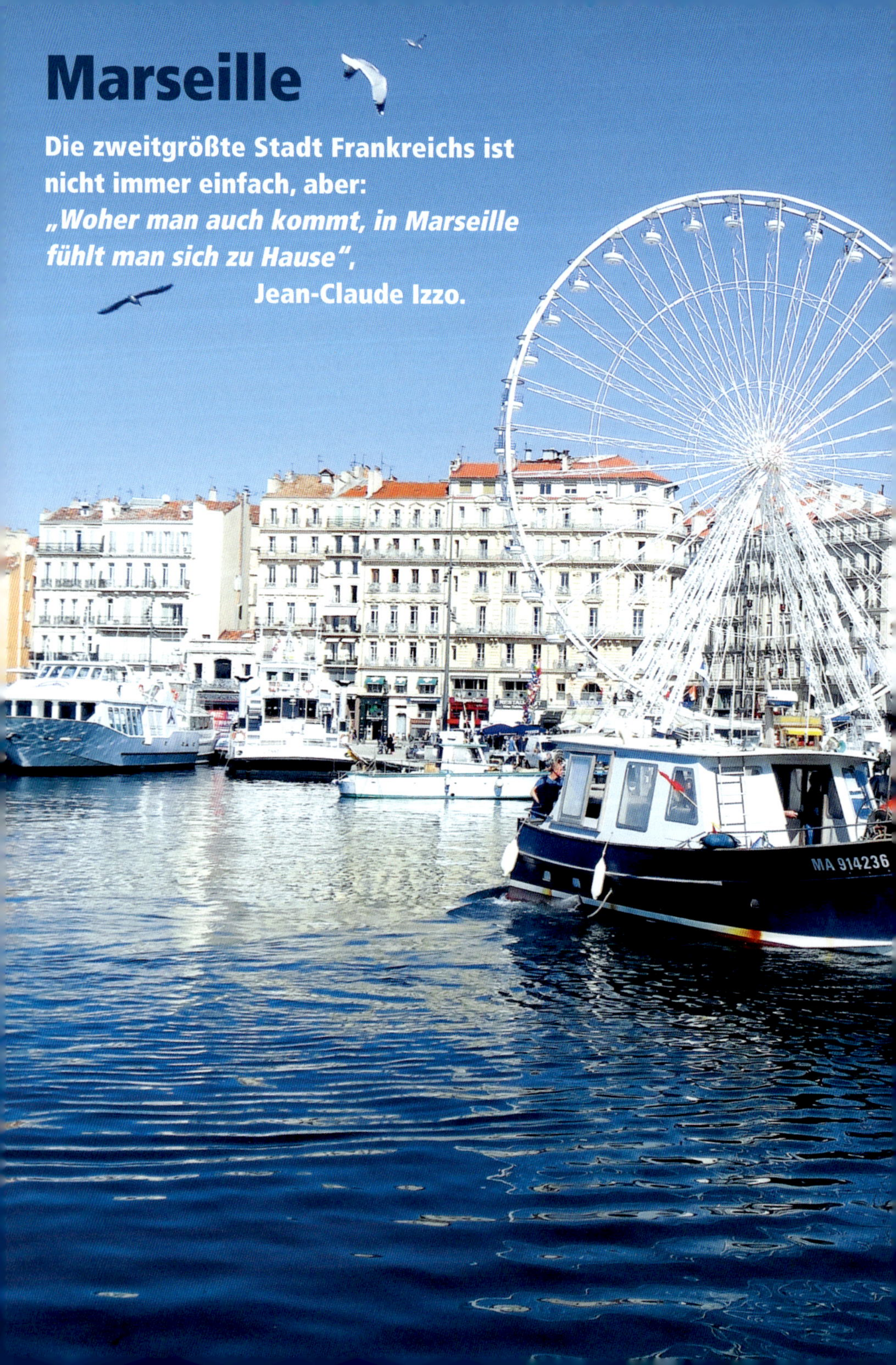

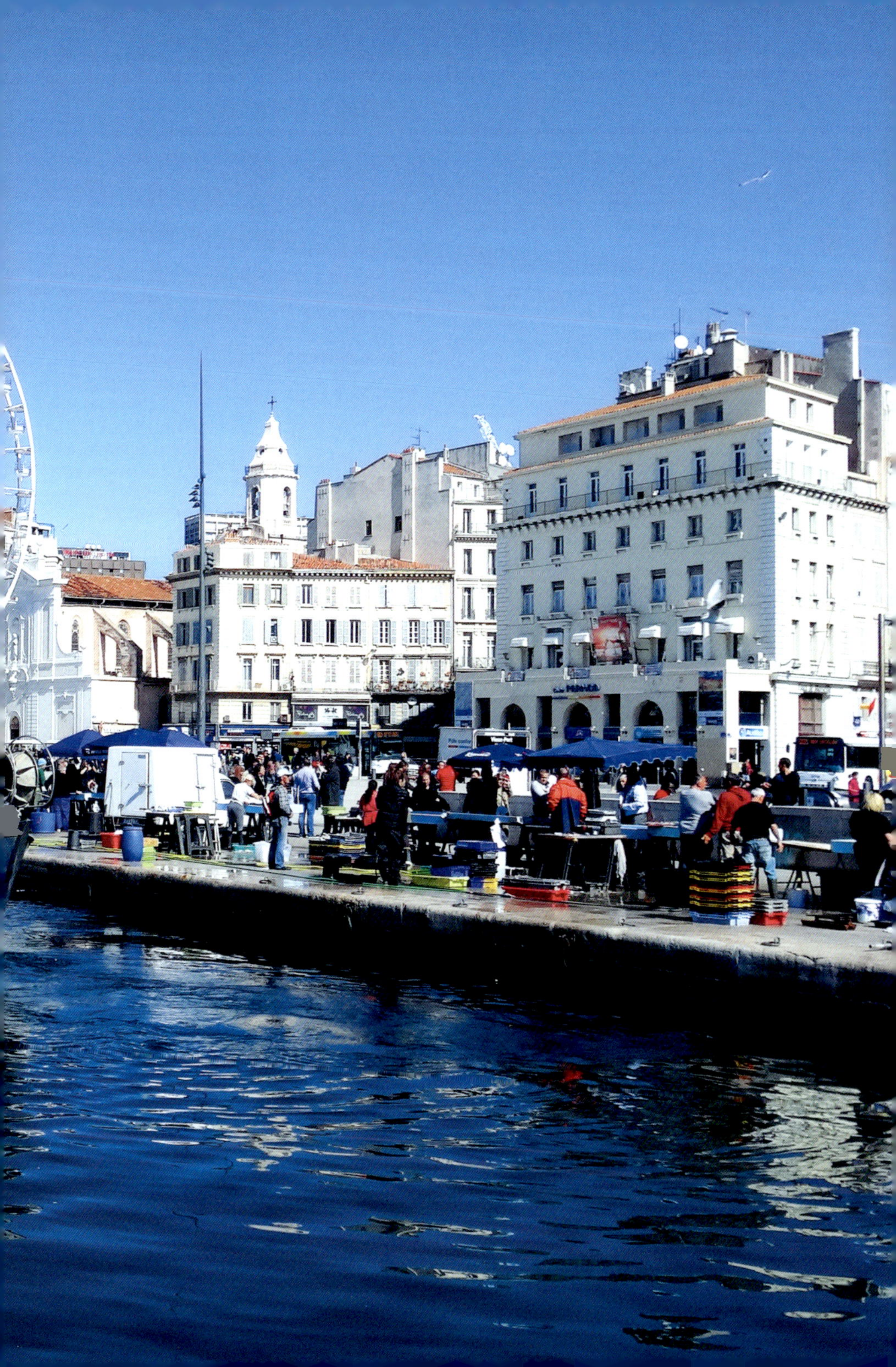

Marseille – die älteste Stadt Frankreichs

Vor **2 600 Jahren** kamen Griechen aus Kleinasien, um die Mittelmeerküste zu erkunden. Nach dem Gründungsmythos von Marseille landeten sie genau an dem Tag an der Küste des heutigen Marseilles, als der keltische **König Nann** einen Gatten für seine Tochter Gyptis suchte. **Gyptis** wählte überraschenderweise **Protis**, den Anführer der griechischen Neuankömmlinge. Es wurde geheiratet und Griechen und Kelten gründeten die Siedlung **Massalia**.

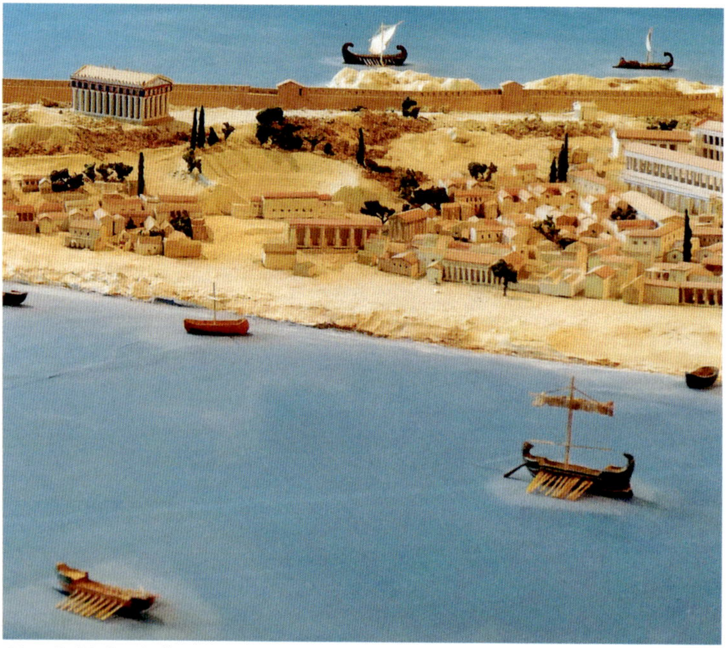

Die griechische Siedlung am Vieux Port, dem heutigen Stadtteil Panier.

Der Name Massalia besteht aus zwei Wortteilen: **Mas** ist die aus dem **Okzitanischen** (auch Provenzalisch genannt) stammende Bezeichnung für ein Bauernhaus, **salia** ist auf den Keltenstamm der **Salier** zurückzuführen.

Schnell wuchs die Bevölkerung Massalias an und die Griechen bauten ein weites Seehandelsnetz auf. Im 4. Jahrhundert vor unserer Zeitrechnung war Massalia bereits eine bedeutende und damit auch umkämpfte Handelsstadt. Ein Jahrhundert später verbündete sich Marseille mit Rom gegen die Karthager. Die eigentliche Romanisierung setzte aber erst mit der Eroberung von Marseille durch **Julius Cäsar 49 v. u. Z.** ein. Nach ihrem Sieg zerstörten die Römer die Flotte der Stadt und beschlagnahmten alle städtischen Besitzungen, ein enormer Rückschlag für die blühende Handelsstadt. Durch Bauten wie die Stadtmauer oder die Hafenanlagen prägten die Römer das Stadtbild. Das Christentum wurde unter **Kaiser Konstantin** im 4. Jahrhundert offizielle Religion. Marseille wuchs bis zum Ende der Antike zu einem der wichtigsten Mittelmeerhäfen an.

Im **11. Jahrhundert** gehörte Marseille zum Heiligen Römischen Reich Deutscher Nation. Der Handel florierte und Marseille verwaltete sich unabhängig von der Obrigkeit praktisch selbst. Für kurze Zeit, von 1216 bis 1218, war das Stadtgebiet sogar eine eigenständige Republik. Am Ende des **15. Jahrhunderts** kam die Provence durch Erbfolge unter die Herrschaft der französischen Krone. Hier zeigte sich der – auch später immer wieder aufflammende – Widerstandsgeist der **Marseillais**, die sich gegen die ungewohnte Allmacht des französischen Königs zur Wehr setzten. Dieser bestrafte die Widerspenstigen und verlegte den Standort der Kriegsflotte von Marseille nach Toulon.

1660 wurde die Stadt dann von **Ludwig XIV.** unterworfen. Die zwei von ihm erbauten Festungen, **Fort Saint-Nicolas** im Süden und **Fort Saint-Jean** im Norden des Vieux Port, sollten nicht nur die Hafeneinfahrt schützen, sondern ebenso die Bevölkerung einschüchtern. Im Jahr **1720** lösten syrische Seeleute durch die infizierte Ladung des Schiffs „Le Grand Saint Antoine" die letzte große **Pestepidemie** aus. 50 000 Menschen, fast die Hälfte der Bevölkerung, kamen durch den „Schwarzen Tod" ums Leben.

Die **revolutionäre Stimmung** in Frankreich erfasste auch die Marseillais. **1789** gab es für kurze Zeit eine illegale autonome Stadtregierung, **1790** nahmen Aufständische die verhassten Forts ein, von der Bevölkerung als „Fall der Marseiller Bastillen" gefeiert. **1792** griff Marseille aktiv in den Kampf gegen die Monarchie ein (siehe unten rechts).

1793 ließ die Begeisterung für die Revolution nach und Marseille nahm am Aufstand der Föderalisten gegen die Macht des Pariser Konvents teil. Schnell schlugen Regierungstruppen diesen nieder und führten eine Schreckensherrschaft durch Kommissare des Konvents ein. Marseille bezahlte seinen wiederholten Widerstandsgeist mit der Degradierung zur **Stadt ohne Namen**.

Die Zentralisierung Frankreichs schritt immer weiter voran. Marseille konnte jedoch seine überragende wirtschaftliche Stellung als wichtigster Hafen im westlichen Mittelmeer und größter Hafen Frankreichs behaupten. Treibende Faktoren hierzu waren die **Kolonisation Nordafrikas** und die **Eröffnung des Suez-Kanals 1869**.

Zu Beginn des neuen Jahrhunderts erlebte der Passagierverkehr einen enormen Zuwachs. Für die meisten Menschen war Marseille nur ein Zwischenstopp auf dem hoffnungsvollen Weg nach Süd- oder Nordamerika. Alle Neuankömmlinge mussten auf der **Île Ratonneau** (siehe Seiten 62/63) zum Schutz von Marseille mehrere Tage in **Quarantäne**. Marseille entwickelte sich aber auch zur **Stadt der Einwanderer**. Es gab viel harte, schlecht bezahlte Arbeit im Hafen, in den Ölmühlen, Seifen- und Zuckerfabriken, Ziegeleien und Gießereien. **1914** stellten **Italiener** mit über 100 000 Bewohnern 25 % der Bevölkerung. Das Arbeiterviertel **Belle de Mai** nannte man italienische Stadt. Aus den Kolonien wurden ebenfalls immer mehr Arbeitskräfte angeworben.

Doch dann kam der **Erste Weltkrieg**, Marseille entwickelte sich über Nacht zur Drehscheibe der Kolonialtruppen. Viele Hunderttausend Algerier, Asiaten und Afrikaner aus den französischen Kolonien lernten als Soldaten erstmals „ihr" französisches „Mutterland" kennen. Marseille wurde immer mehr der Schmelztiegel verschiedenster Kulturen, Völker und Religionen. **1922** kamen noch 40 000 Armenier dazu, die vor dem Völkermord in ihrer Heimat fliehen mussten.

Marseille zog auch Intellektuelle und Künstler magisch an. **Kurt Tucholsky, Joseph Roth, Walter Benjamin** waren geradezu „berauscht" von der multikulturellen Einwandererstadt mit ihrem verruchten Hafenviertel.

Im Zweiten Weltkrieg war nach der Kapitulation Frankreichs **1940** Marseille unter die Verwaltung des **Vichy-Regimes** gestellt. Im November **1942** durchbrachen die Nazis die Vichy-Linie und besetzten mit Marseille den letzten freien Hafen, über den bis dahin noch viele Exilanten fliehen konnten. **1943** sprengten die deutschen Besatzer das Hafenviertel mit fast 2 000 Gebäuden und deportierten die Einwohner in Lager. Es galt den Faschisten als ein Hort der Résistance und als Versteck von Juden und Kommunisten. Am **28. August 1944** unterlag nach einwöchigem Kampf die deutsche Wehrmacht den Alliierten, unterstützt von zahlreichen Résistance-Kämpfern.

1962, nach dem Ende des brutal geführten Algerienkriegs, ließen sich Zehntausende Algerienfranzosen (**Pieds-Noirs**) in Marseille nieder.

Der **Hafen** hat nach dem Zweiten Weltkrieg stark an Bedeutung verloren, aber das Stadterneuerungsprojekt **Euromediterrannée** soll Marseille alte Wirtschaftskraft zurückgeben. Das **Kulturhauptstadtjahr 2013** war hierzu ein hervorragender Anfang.

Marseillaise

Die Marseillaise wurde von **Claude Joseph Rouget de Lisle** in der Nacht des 26. April 1792 anlässlich der Kriegserklärung an Österreich im elsässischen Straßburg verfasst. Sie hatte zunächst den Titel *Chant de guerre pour l'armée du Rhin.*

Am 2. Juli 1792 zogen 517 freiwillige Marseiller Soldaten nach Paris, um dort die Revolutionäre gegen Intrigen der Monarchisten zu verteidigen. Auf ihrem einmonatigen Fußmarsch sangen sie das Lied von Rouget de Lisle als neue Hymne der Revolution, sodass es in Paris das **Lied der Marseiller** genannt wurde. Am 14. Juli 1795 wurde dann die Marseillaise zur **französischen Nationalhymne** erklärt.

Vieux Port

Der Vieux Port (alter Hafen) ist der älteste Hafen von Marseille und das historische und kulturelle Zentrum der Stadt. 1660 wurde unter Ludwig XIV. die Erweiterung der Stadt Richtung Süden angeordnet und er ließ zum Schutz der Hafenzufahrt zwei Festungen errichten, **Fort Saint-Nicolas** im Süden und **Fort Saint-Jean** im Norden. Der Hafen war bis zur Mitte des 19. Jahrhunderts noch für den Handel im Mittelmeer und mit den französischen Kolonien geöffnet und bildete so auch das wirtschaftliche Zentrum. Dann verlagerte sich das Hafengewerbe allmählich weiter nördlich zum jetzigen **Marseille Europort**. Heute wird der Hafen in erster Linie von Hobbyskippern, Ausflugsbooten und den wenigen, glücklicherweise noch aktiven Fischern genutzt. Jeden Morgen ist der **Fischmarkt** an der verkehrsberuhigten Hafenfront mit dem neuen (alten) Namen **Quai de la Fraternité** eine der Sehenswürdigkeiten in Marseille. Stararchitekt Norman Foster ist es gelungen, den Vieux Port anlässlich des Kulturhauptstadtjahres 2013 um eine weitere großartige Attraktion zu bereichern: die **Ombrière**. Dieses mehr als 1 000 m^2 große verspiegelte Schattendach auf schlanken Säulen fasziniert wirklich jeden Besucher. ***„Der Hafen ist als Raum sehr stark"***, betont Norman Fosters Chefdesigner Spencer de Grey in einem Interview. *„Wir wollten nichts*

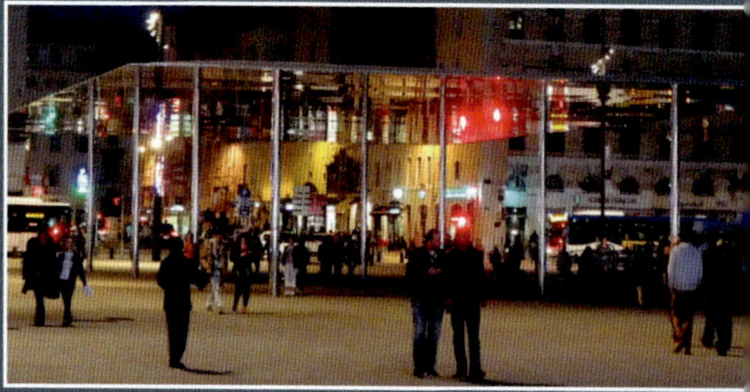

errichten, das visuell aufdringlich wäre. Die Konstruktion hat einen großen, transformierenden Effekt, wenn man sich ihr nähert. Sobald man sich entfernt, verliert sie sich vor dem Hintergrund."

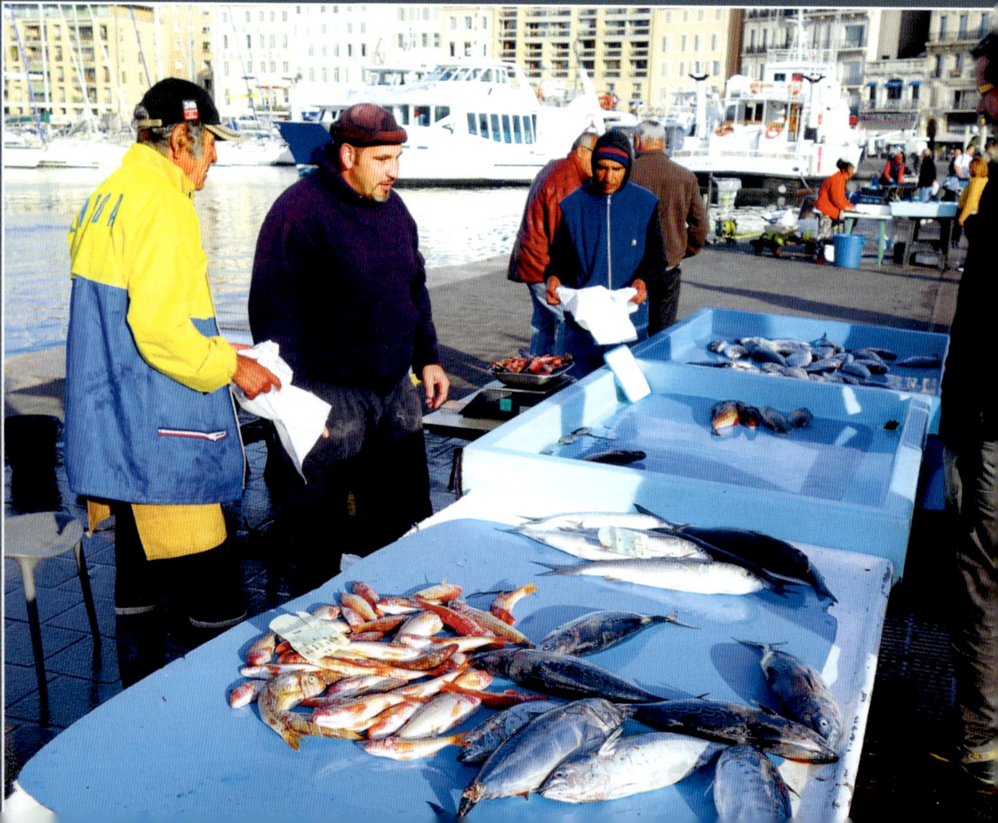

Fähren und Ausflugsboote

Frioul If Express vom Vieux Port mehrmals täglich (nach Saison) zur **Île d'If** und zum **Port du Frioul**. Weitere Infos Seite 63.

Ausflüge zu den Calanques und nach Cassis:
Croisières Marseille Calanques
Auskunft und Reservierung: 04 91 58 50 58
www.croisieres-marseille-calanques.com

Fährverbindung nach L'Estaque und Pointe Rouge siehe Seite 13.

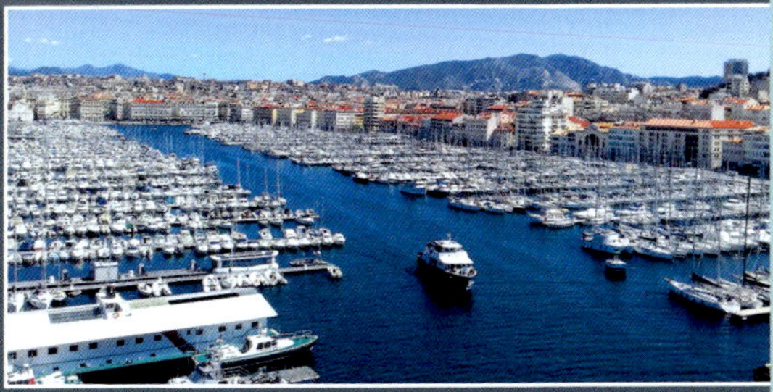

Bouillabaisse

Die Marseiller Fischsuppe war ursprünglich ein einfaches Gericht der Fischer zur Resteverwertung ihres Fangs. Das Rezept wurde aber immer weiter verfeinert, sodass eine „vraie" Bouillabaisse heute eine teure Delikatesse ist. Für den Fond werden keine Fischreste mehr ausgekocht, sondern kleine Felsenfische verwendet. Dazu kommen dann mindestens vier Sorten Fisch, u. a. Seeteufel, Drachenkopf, Knurrhahn, Petersfisch und evtl. auch Languste. Der Fisch und die eigentliche Suppe werden getrennt serviert. Dazu gibt es Croûtons, die mit Knoblauchmayonnaise (Rouille oder Aïoli) eingestrichen werden. Eine „echte" Bouillabaisse wird im Restaurant ab 50 € serviert.

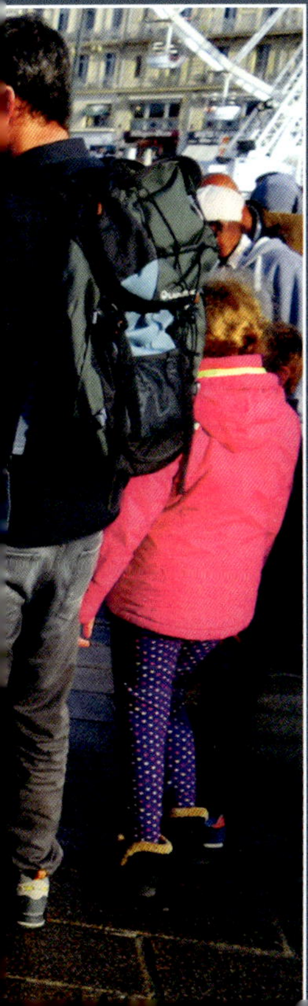

Mein Tipp: In den preiswerten Menüs der Restaurants am Hafen ist oft eine kleine Bouillabaisse enthalten, natürlich nicht mit den teuersten Fischen, aber trotzdem lecker!

Restaurants am Vieux Port

Rund um den Hafen finden sich unzählige Restaurants, die vielfach ein sehr preiswertes 3-Gang-Menü für um die 25 € anbieten. Aber Vorsicht: Dieser offensichtlich untereinander abgesprochene „Kampfpreis" wird mit den Getränken wieder reingeholt. Wenn man gerne eine gute Flasche Wein zum Essen trinkt, bezahlt man am Schluss oft mehr als anderswo. Ein paar Tipps abseits der Restaurantmeile:

L'Oliveraie
10 Place aux Huiles, 13001 Marseille
Telefon 04 91 33 34 41
Sehr gute, abwechslungsreiche französische Küche mit einer kreolischen Note. Im Menüpreis von 35 € ist bereits ein halber Liter Wein je Person enthalten.

Bar de la Marine
15 Quai de Rive Neuve, 13007 Marseille
Telefon 04 91 54 95 42
Diese Bar kennt ganz Marseille: In der 1936 verfilmten Trilogie **Marius, Fanny et César** von **Marcel Pagnol** spielt die Bar de la Marine eine wichtige Rolle. Dass es sich um eine rein fiktive Bar handelte, kümmert heute niemanden. Beliebter Treffpunkt mit sehr guten kleinen Gerichten, z. B. ein fantastisches Thunfisch-Carpaccio.

Restaurant Le Souk
98 Quai du Port, 13002 Marseille
Telefon 04 91 91 29 29
Eine schöne Abwechslung am Hafen: gute nordafrikanische Küche, Couscous, Tajine.

Au Bout du Quai
1 Avenue Saint-Jean, 13002 Marseille
Telefon 04 91 99 53 36
„Au top, quel régal. Si vous voulez éviter les attrapes touristes du vieux port, c'est là qu'il faut venir... Un super accueil et service en prime. Bravo...", aus einem Blog-Eintrag. Schon fast am MuCEM liegt diese kulinarische Überraschung. Viel Fisch und Meeresfrüchte, Bouillabaisse auf Vorbestellung.

... und nach dem Essen:
Bar Unic
11 Cours Jean Ballard, 13001 Marseille
Telefon 04 91 33 45 84
Schräg, alternativ, gutes Bier, coole Musik.

Die wichtigsten Museen in Marseille im Überblick

MuCEM, Musée des Civilisations de l'Europe et de la Méditerranée
1 Esplanade du J4
13002 Marseille
Telefon 04 84 35 13 13
Das Museum der Zivilisationen Europas und des Mittelmeers (MuCEM) hat die Kultur des gesamten Mittelmeerraums zum Thema. Ergänzt wird die Dauerausstellung durch wechselnde Themenausstellungen.
Geöffnet täglich ab 10 Uhr, außer dienstags, Eintritt: 11 €, Familienticket 18 €. Die Tickets sind am selben Tag für einen Eintritt in alle Ausstellungsbereiche des **J4** und des **Fort Saint-Jean** gültig. Der **Zugang zu den Außenbereichen** und Gärten des MuCEM (J4 und Fort Saint-Jean) ist während der Öffnungszeiten des Museums **frei und kostenlos**. Es lohnt sowohl im MuCEM einmal spiralförmig ganz herumzugehen als auch rund um das Fort Saint-Jean die Uferpromenade zu nutzen.
Bus 49, 60 und 82 bis **Littoral Major** oder **Fort Saint-Jean**.

Musée d'Histoire de Marseille
2 Rue Henri-Barbusse
13001 Marseille
Telefon 04 91 55 36 00
Geöffnet Di. bis So. 9 bis 18 Uhr,
montags und feiertags geschlossen, außer Oster- und Pfingstmontag. Eintritt 6 €.
Das seit 1983 bestehende historische Stadtmuseum von Marseille wurde nach umfangreichen Renovierungs- und Umbauarbeiten anlässlich des Kulturhauptstadtjahres 2013 wiedereröffnet. Es ist eines der größten historischen Museen in Frankreich und Europa. 2 600 Jahre Geschichte werden anhand von über 4 000 Exponaten, vielen Modellen, Videos und Installationen spannend erzählt. Von der ersten Besiedlung durch die Griechen bis heute führt die Ausstellung abwechslungsreich durch die Stadtgeschichte.
Métro-Linie 1 bis **Vieux Port**.

Freier Eintritt

Alle **städtischen Museen** bieten **am ersten Sonntag im Monat** freien Eintritt. Über die hier genannten Ermäßigungen hinaus gibt es viele **Sonderkonditionen**, z. B. für Studenten, Menschen mit Behinderung, ältere Menschen: **Fragen Sie einfach an der Kasse!**

Musée Regards de Provence
Avenue Vaudoyer
13002 Marseille
Telefon 04 96 17 40 40
Geöffnet Di. bis So. 10 bis 18 Uhr, montags geschlossen. Eintritt 6,50 €.
Dauer- und Wechselausstellungen. Sammlung der Stiftung Fondation de Provence, u. a. mit Werken von Matisse, Picasso und Le Corbusier. Moderne und zeitgenössische Kunst sowie Ausstellungen zur Geschichte der Sanitärstation.
Bus 49, 60 und 82 bis **Littoral Major** oder **Fort Saint-Jean**.

MAC, Musée d'Art Contemporain de Marseille
69 Avenue de Haïfa
13008 Marseille
Telefon 04 13 94 83 50
Derzeit wegen Renovierungsarbeiten geschlossen, die Wiedereröffnung ist für 2023 geplant.
Besonders gut vertreten sind die **Nouveaux Réalistes** mit Werken von Arman, Christo, César, Spoerri, Niki de Saint-Phalle und von Tinguely. Ein bemerkenswertes Exponat ist **La D. S.**, ein „modifizierter" **Citroën DS** des mexikanischen Konzeptkünstlers **Gabriel Orozco**.
Bus 23 und 45 bis **Haïfa-Marie-Louise.**

Musée Cantini
19 Rue Grignan
13006 Marseille
Telefon 04 13 94 83 30
Geöffnet Di. bis So. 9 bis 18 Uhr,
montags und feiertags geschlossen, außer Oster- und Pfingstmontag. Eintritt 6 €.
Der Bildhauer **Jules Cantini**, der auch die Kopie des **David** von Michelangelo (zu sehen am Strand Prado) geschaffen hat, vermachte

das Haus der Stadt Marseille. Seit 1945 besitzt das Museum eine bemerkenswerte Kunstsammlung: Matisse, Cézanne, Kandinsky, Picasso, Giacometti, Miró, Bacon und Man Ray sind vertreten.
Métro-Linie 1 bis **Estrangin/Préfecture**.

FRAC, Fonds Régional d'Art Contemporain PACA
20 Boulevard de Dunkerque
13002 Marseille
Telefon 04 91 91 27 55
Geöffnet Mi. bis Sa. 12 bis 19 Uhr,
So. 14 bis 18 Uhr, montags und dienstags geschlossen. Eintritt 5 €, So. Eintritt frei.
Museum des frankreichweiten Netzwerks von über 20 Kulturzentren, die sich dem Sammeln regionaler moderner Kunst widmen.
Métro-Linie 2 bis **Joliette**.

La Vieille Charité
2 Rue de la Charité
13002 Marseille
Telefon 04 91 14 58 80
Mehrere Museen und **Wechselausstellungen**, geöffnet Di. bis So. 9.30 bis 18 Uhr, montags und feiertags geschlossen, außer Oster- und Pfingstmontag. Eintritt 6 €.

Musée d'Archéologie Méditerranéenne
mit Sammlungen zu allen mediterranen Kulturepochen der Antike.

MAAOA, Musée d'Arts Africains, Océaniens et Amérindiens
Masken, Statuen, Schmuck und rituelle Gegenstände aus Afrika, Nordamerika, Südamerika und Ozeanien.
Métro-Linie 2 bis **Joliette** (von dort 10 Min. zu Fuß).

La Tour – Panorama
Friche la Belle de Mai
Eingang 1 (nur für Fußgänger): 41 Rue Jobin
Eingang 2 (Parkplätze): 12 Rue François Simon
13003 Marseille
Telefon 04 95 04 95 95
Geöffnet Mi. bis Fr. 14 bis 19 Uhr, Sa. und So. 13 bis 19 Uhr. Eintritt 5 €.
Sehenswerte Ausstellungshalle auf dem Dach der ehemaligen Tabakfabrik.
Wechselausstellungen zu Architektur, Fotografie und moderner Kunst.
Bus 49 und 52 bis **Belle de Mai La Friche**.

Château de la Buzine – Maison des Cinématographies de la Méditerranée
56 Traverse de la Buzine
13011 Marseille
Telefon 04 91 45 27 60
Geöffnet Di. bis So. 10 bis 18 Uhr, im Sommer auch montags.
Eintritt 7,70 €, Kinder unter 6 Jahren frei.
Marcel Pagnol, der berühmte Sohn der Stadt, kaufte das Château de la Buzine 1941 und wollte es in eine „Stätte des Kinos" verwandeln. Nach umfangreichen Renovierungsarbeiten ist es als **Filmmuseum** für die Öffentlichkeit zugänglich.
Bus 50 bis Centre Commercial **La Valentine**, weiter mit **Bus 51** bis **Château de la Buzine** (Linie 51 fährt nicht an Sonn- und Feiertagen).

Musée des Beaux-Arts
Palais Longchamp
13004 Marseille
Telefon 04 91 14 59 35
Geöffnet Di. bis So. 9 bis 18 Uhr,
montags und feiertags geschlossen, außer Oster- und Pfingstmontag. Eintritt 6 €.
Das älteste Museum der Stadt zeigt im Palais Longchamp über 200 Gemälde und Skulpturen des 17. bis 19. Jahrhunderts.
Nebenan befindet sich das frisch renovierte **Naturkundemuseum**, Telefon 04 91 14 59 50.
Metro-Linie 1 und **Tram-Linie 2**
bis **Cinq Avenues/Longchamp**.

Musée des Docks Romains
28 Place Vivaux
13002 Marseille
Telefon 04 91 55 36 00
Das Museum zeigt Reste der ehemaligen römischen Hafenanlagen, geöffnet Di. bis So. 9 bis 18 Uhr, Eintritt frei.
Métro-Linie 1 bis **Vieux Port**.

Villa Méditerranée
Esplanade du J4
13002 Marseille
Telefon 04 91 31 23 12
1:1-Nachbildung der **Grotte Cosquer** (siehe Seiten 74/75), geöffnet täglich April bis Sept. 9 bis 21 Uhr, Sept. bis Mitte Nov. 9.30 bis 19.30 Uhr, sonst 10 bis 18.30 Uhr, Eintritt 16 €.
Bus 49, 60 und 82 bis **Littoral Major** oder **Fort Saint-Jean**.

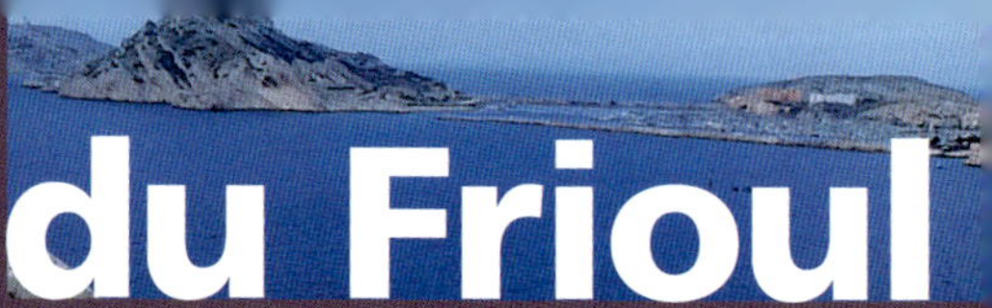

Archipel du Frioul

Die Frioul-Inseln liegen etwa vier Kilometer westlich von Marseille im Mittelmeer. Die Inselgruppe besteht aus vier Inseln mit 200 ha Fläche, auf der heute ca. 100 Einwohner vor allem im 1974 erbauten Retortendorf **Port du Frioul** leben. Im Jahr 2002 wurden die Inselgruppe und die umliegenden Gewässer zum **Parc Maritime des Îles du Frioul** und damit zu einem Naturschutzgebiet erklärt. Insgesamt kann man über 200 verschiedene Pflanzenarten finden, die perfekt an das raue, vom Mistral dominierte Klima angepasst sind. Gleichzeitig sind die Inseln ein Rückzugsgebiet für zahlreiche Seevogelarten, wie zum Beispiel die Weißkopfmöwe.

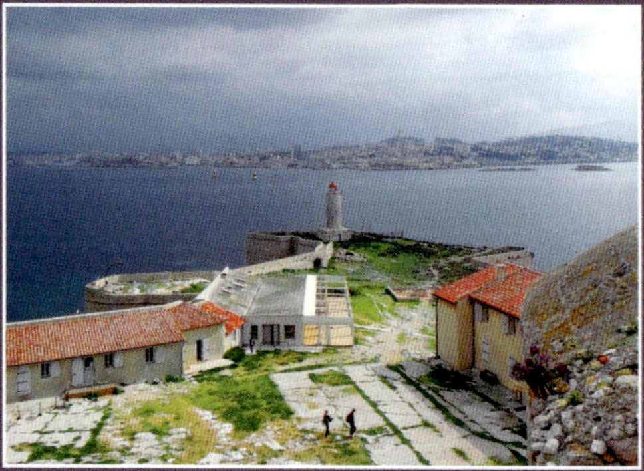

Die beiden größten Inseln **Pomègues** und **Ratonneau** sind durch den Damm **Digues de Berry** verbunden. Der 1822 bis 1824 erbaute Damm bildete ein Quarantänebecken, um zusammen mit dem Krankenhaus Caroline die Gefahr einer neuerlichen Seuche abzuwehren, wie sie 100 Jahre zuvor in Form der Pest über Marseille gekommen war.

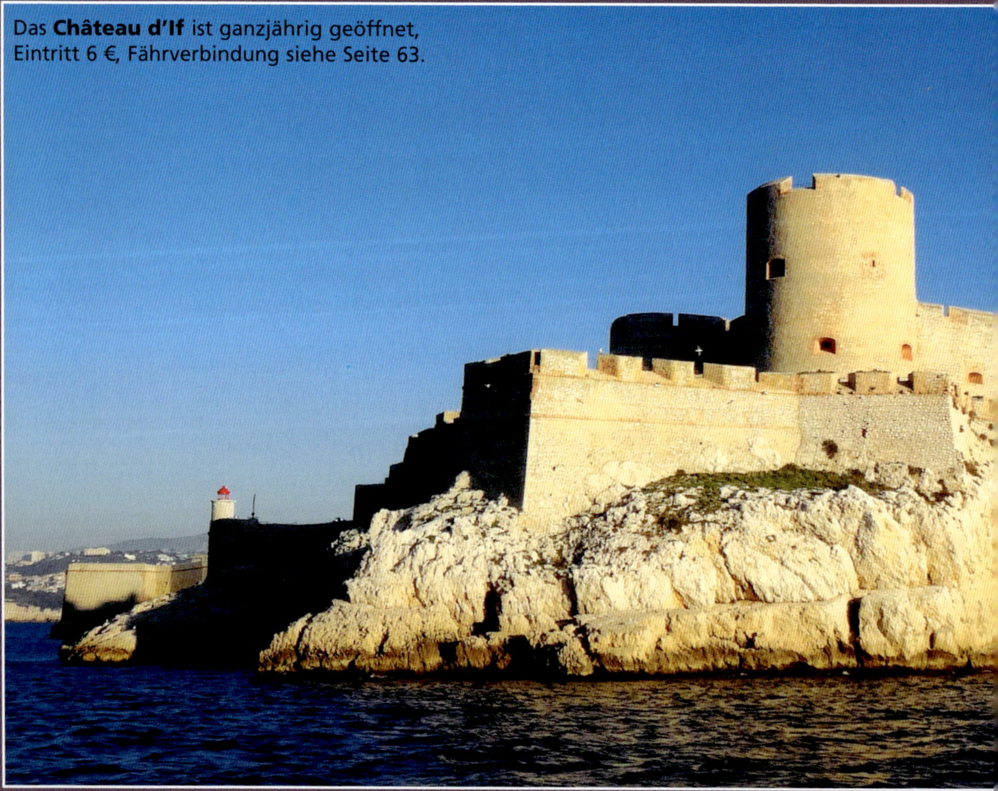

Das **Château d'If** ist ganzjährig geöffnet, Eintritt 6 €, Fährverbindung siehe Seite 63.

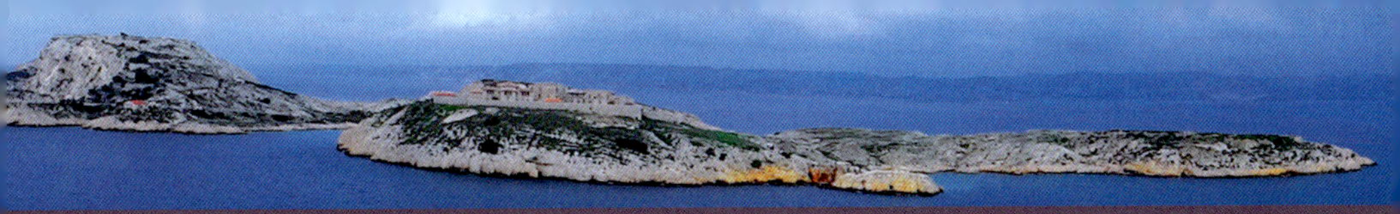

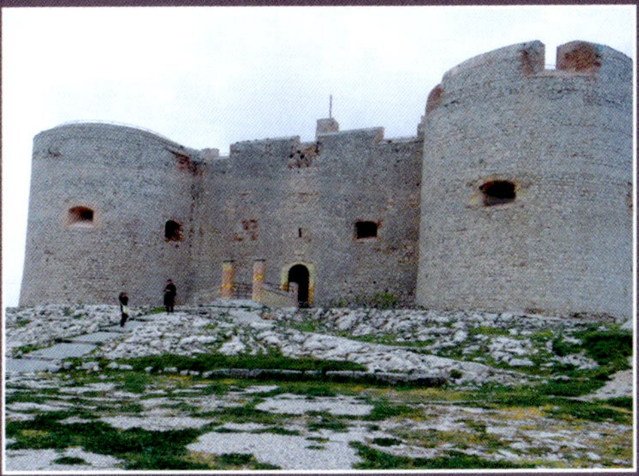

Am berühmtesten ist aber die **Île d'If** mit der zwischen 1524 und 1531 zur Verteidigung Marseilles erbauten Festungsanlage **Château d'If**. Die geografische Lage eignete sich nicht nur hervorragend zur Abwehr von Feinden, sondern auch als Gefängnisinsel. 1580 war **Ritter Anselm**, wegen Verschwörung gegen die Monarchie, vermutlich der erste Gefangene. Viele weitere sollten folgen: Nach der Aufhebung des **Edikts von Nantes** saßen während zwei Jahrhunderten fast **3 500 Protestanten** im Château d'If hinter Gittern. Die Haft- und hygienischen Bedingungen waren elendig, Flucht wegen der gefährlichen Strömungen im Meer vor Marseille unmöglich. Kaum einer überlebte die Gefangenschaft.

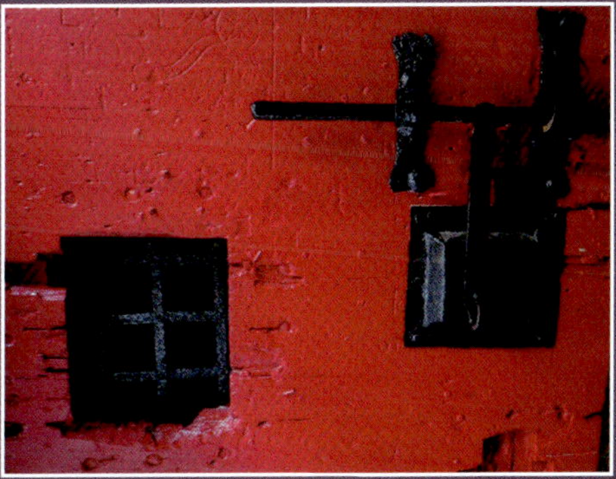

Der 1844 von Alexandre Dumas veröffentlichte Mantel- und Degenroman **Der Graf von Monte Christo** errang Weltruhm und mit ihm das **Château d'If.** Es handelt sich zwar um eine rein fiktive Geschichte, in der der Titelheld Edmond Dantès in den Kerkern von If einsaß, die zahlreichen Besucher kommen jedoch vor allem, um seine Zelle zu besichtigen.

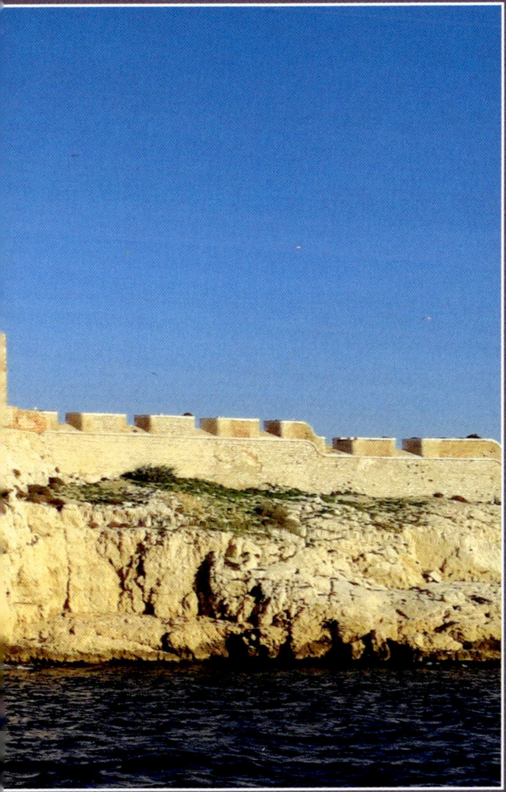

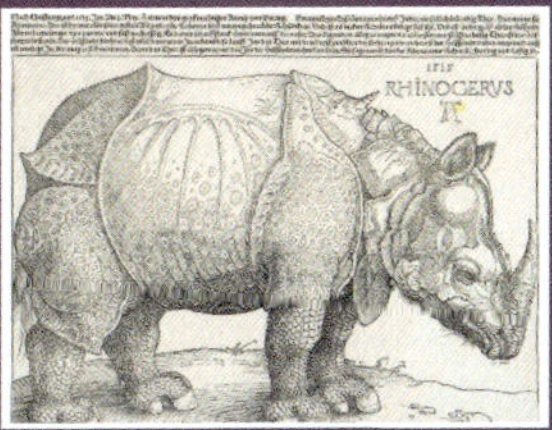

Eine wahre Geschichte: 1516 machte das Nashorn **Rhineau** auf seiner Reise zu **Papst Leo X.** nach Rom auf der **Île d'If** Zwischenstation. Auf der Weiterfahrt kam das Tier bei einem Schiffbruch vor der ligurischen Küste ums Leben, wurde an Land geschwemmt und später ausgestopft. **Albrecht Dürer** fertigte nach einer Skizze des Tieres den berühmten Holzschnitt **Rhinocerus**.

Tour 7, 1. Teil Île Ratonneau – zum Cap de Croix

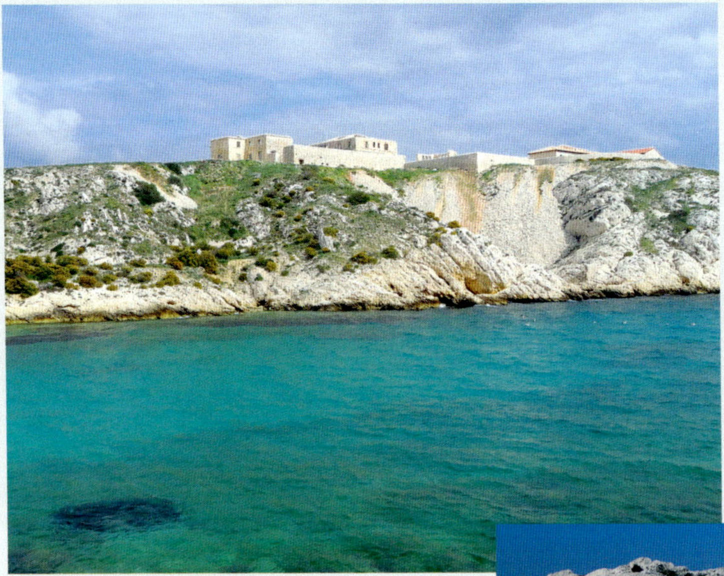

Der Ausflug zum **Archipel du Frioul** ist ein absolutes Highlight eines Marseille-Besuchs. Je weiter man sich von der etwas bizarr anmutenden Häuserkulisse des Port du Frioul mit seinen touristischen Angeboten entfernt, desto mehr bekommt man ein echtes „Inselgefühl". Und ganz vorne an den Caps umschwirren einen nur noch die Möwen.

Auf der linken Seite des **Vieux Port** starten die Boote zur **Île d'If** und zum **Port du Frioul**. Die Expressfähre benötigt nur gut 30 Minuten bis zum Archipel du Frioul.

Vom Fähranleger auf der Insel **Ratonneau** folgt man rechts der kleinen Straße immer am Meer entlang. Man hat bald weite Blicke auf Marseille und die Île d'If. **Nach 1,5 km** erreicht man Stufen, die nach rechts abwärts zur **Calanque de Saint-Estève** führen. Hier findet man einen der schönsten Strände der Inseln. Nach links gelangt man zum Badehaus mit Umkleidekabinen und zum Café. Ideal für einen Badeausflug mit Kindern: Die Bucht wird von Anfang Juni bis Anfang September von 9.30 bis 19 Uhr von Rettungsschwimmern überwacht. Man wandert nun vor dem Badehaus bergauf und auf dem erreichten Fahrweg nach rechts hoch bis zum ehemaligen Krankenhaus **Hôpital Caroline**.

1 Fernblicke

2 Schwimmstelle

Nach links geht es nun mit tollen Fernblicken abwärts Richtung **Cap de Croix**. Geradeaus gelangt man durch eine ehemalige Bunkeranlage auf einem Abschnitt ohne klar erkennbaren Weg hinunter zum **Cap**. Umschwirrt von unzähligen, zur Brutzeit oft aggressiven Möwen führt der Pfad rechts oberhalb des Bunkers aufwärts zurück zum **Hôpital Caroline** und hinunter zur **Calanque de Saint-Estève**. Unten

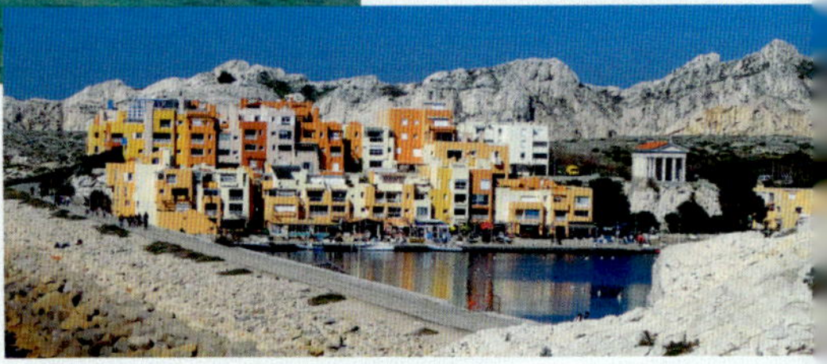

zweigt scharf rechts ein Schotterweg ab, ausgeschildert zum **Fort Ratonneau**, den man bis auf die Höhe zu einer Bunker- und Festungsanlage nimmt. Die Ruine ist in weiten Teilen frei zugänglich, man sollte aber sicherheitshalber auf dem Pfad bleiben. An einer Wegkreuzung nach rechts, weiter leicht ansteigend kommt man zu den Resten der Stahlbetonkonstruktion, die als Mahnmal in Kreuzform ste-

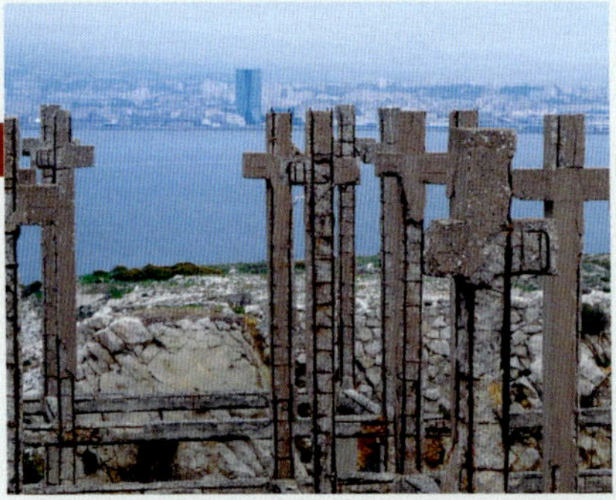

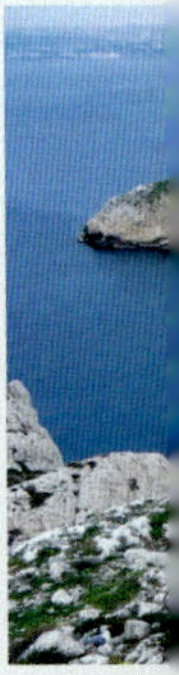

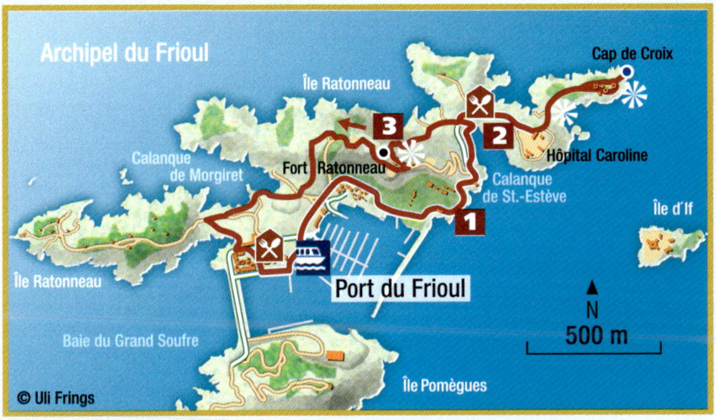

3 Antikriegsdenkmal

hen blieb. Man umrundet dieses gespenstische Szenario und erreicht eine Treppe abwärts. Zunächst nach links und dann nach rechts gelangt man zu einem Pfad, der hinunterführt. An einem Abzweig rechts Richtung **Calanque de Morgiret** gehen. Der Weg zieht sich auf die Höhe, danach links hinunter und rechts herum zum Strand der Calanque. Am Ende des Strands den breiteren Weg geradeaus leicht ansteigen. An zwei Abzweigen vorbei, bis links mit Blick auf den **Port du Frioul** und den Damm **Digues de Berry** ein schmaler Pfad abzweigt. Vor den Häusern links und dann rechts geht es zu einer Kapelle in Form eines griechischen Tempels, die der zerstörten Kapelle im Hôpital Caroline nachempfunden ist. Nach rechts steigt man die Treppen zum Hafen ab.

*Die 1818 erschienene Erzählung **Der tolle Invalide auf dem Fort Ratonneau** gehört heute zu **Achim von Arnims** bekanntesten Werken. Für sein Stück nutzte Arnim als Quelle ein Ereignis, das sich in Marseille tatsächlich ereignet hat: Ein Kriegsinvalider hatte sich auf dem Fort Ratonneau eingeschlossen und drohte damit, die Stadt zu beschießen. Soldaten hatten den Mann überwältigt und ins Irrenhaus abgeführt. Die von Arnim daraufhin entwickelte Liebesgeschichte endet mit dem Satz: „Liebe treibt den Teufel aus."*

***Unten links:** Die Reste des durch das Bombardement der Alliierten zerstörten **Fort Ratonneau** bilden heute ein bizarres und beeindruckendes Antikriegsdenkmal.*
***Unten Mitte und rechts:** Das 1828 eröffnete Krankenhaus **Hôpital Caroline** diente zunächst der Behandlung von Gelbfieber, um Marseille vor einer Epidemie zu schützen. Später wurde es von der Armee als Zwischenstation für die in den nordafrikanischen Kolonien eingesetzten Soldaten genutzt. Heute finden dort gelegentlich Ausstellungen und andere kulturelle Veranstaltungen statt.*

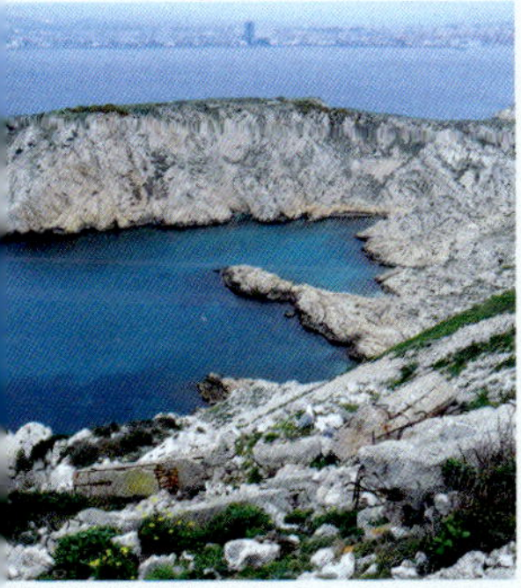

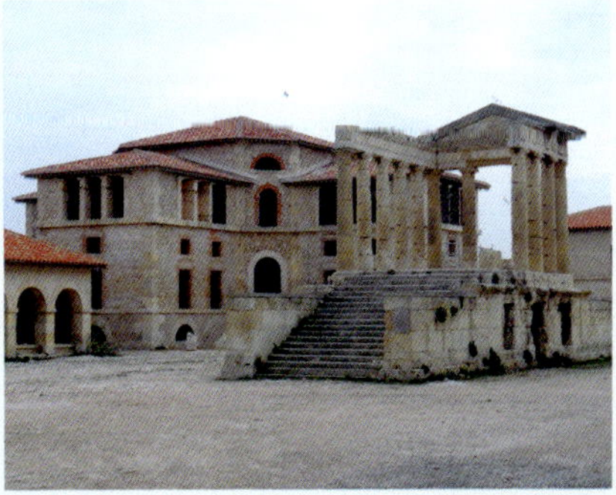

2 Stunden

7 km • 175 HM

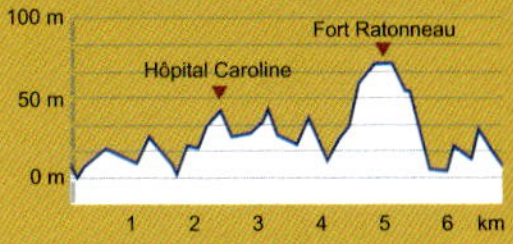

Schwierigkeitsgrad

▶ **Leicht**, das letzte Stück zum Cap **mittelschwer**.

▶ Für die letzte Passage zum Cap ist etwas **Trittsicherheit** erforderlich!

▶ Kein Schatten unterwegs.

▶ Möglichst unter der Woche laufen, da an Wochenenden und zu Ferienzeiten sehr gut besucht.

Wegmarkierung

Ohne Markierung.

Wanderkarte

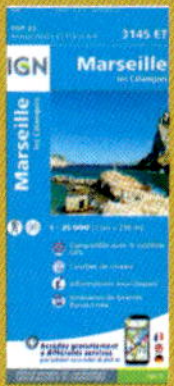

3145 ET Marseille/ Les Calanques Topografische Wanderkarte 1:25 000 – GPS EAN/ISBN: 9782758539780

Einkehr

▶ Mehrere **Restaurants und Cafés** am Port du Frioul, eher touristisch. Cafè/Restaurant an der **Calanque de Saint-Estève**, geöffnet Juni bis September.

Fährverbindung

▶ **Frioul If Express** vom Vieux Port mehrmals täglich (nach Saison) zur **Île d'If** und zum **Port du Frioul**. **Infos und Abfahrtszeiten:** www.lebateau-frioul-if.fr/ oder Telefon 04 91 22 41 22 **Preise:** Hin- und Rückfahrt Île d'If und Port du Frioul 16,20 €, nur eins von beiden Zielen 11,10 €. **Achtung:** Besonders an schönen Tagen **für die Rückfahrt frühzeitig anstellen**, das Boot fährt ab, wenn die zulässige Personenanzahl erreicht ist.

Tour 7, 2. Teil Île Pomègues – zum Cap Caveaux

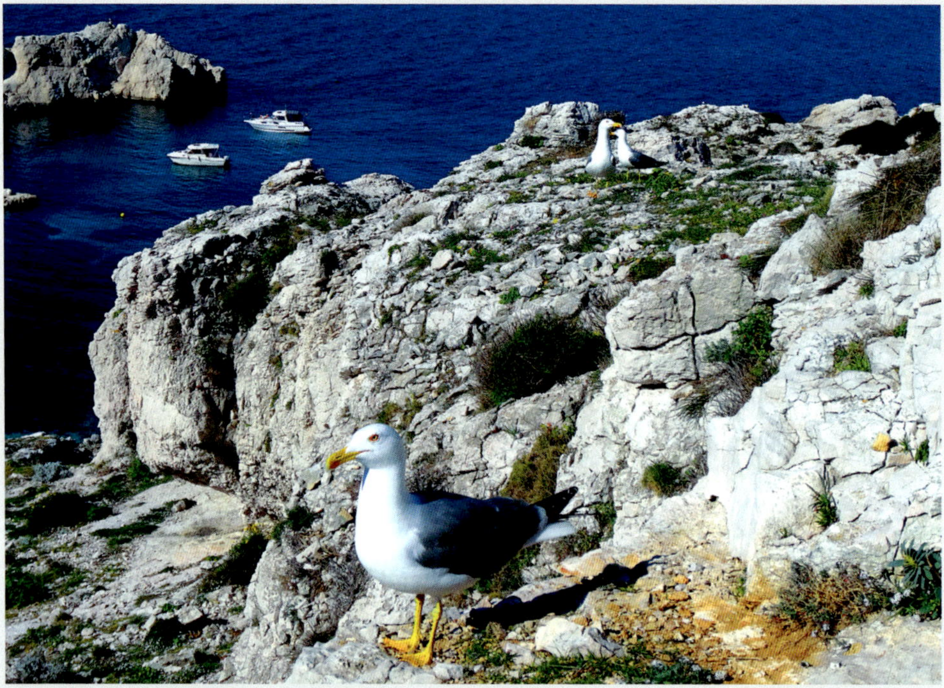

Vom Port du Frioul geht es geradeaus entlang des Quais mit seinen unzähligen Bars und Restaurants. Am Ende des Hafenbeckens ein Stück nach rechts und dann links über den Verbindungsdamm der beiden Inseln **Ratonneau** und **Pomègues** laufen. Nach rechts aufwärts und an der Hinweistafel vorbei immer dem breiten Schotterweg Richtung Inselspitze folgen. Es lohnen Abstecher zu den vielen ausgeschilderten **Calanques** mit hervorragenden **Schwimmstellen**. Viele Bauwerke auf der Insel zeugen von einer bewegten militärischen Vergangenheit. Zumeist im 19. Jahrhundert erbaut, wurden sie von den Nazis im Zweiten Weltkrieg zu Stellungen gegen die Alliierten erweitert.

1 Einkehrmöglichkeiten

2 Bunkeranlage

Nach 3 km gelangt man zur größten der Anlagen von Pomègues, der **Batterie de Caveaux**. Vor dem Betreten wird wegen Einsturzgefahr gewarnt, man nimmt besser den Weg links an den Gebäuden vorbei. Es folgt der sicher schönste Abschnitt der Wanderung Richtung Inselspitze. Und der einsamste, ein ideales **Brutgebiet für die Möwen**. Aber Vorsicht: Wenn es um die Verteidigung ihrer Jungen geht, verstehen sie keinen Spaß. Nach einem Felseinschnitt mit Hinweistafel zum in der Ferne liegenden Leuchtturm links zu einer ehemaligen Gefechtsstellung ansteigen. Hier sieht man bereits das **Cap Caveaux** mit einer Treppe, die zum Signallicht für die Schifffahrt ansteigt. Ab hier führt zunächst kein Weg mehr zum Cap. Man geht ein Stück nach links und dann geradeaus abwärts über den Fels, mit

3 Ab hier ohne Weg!

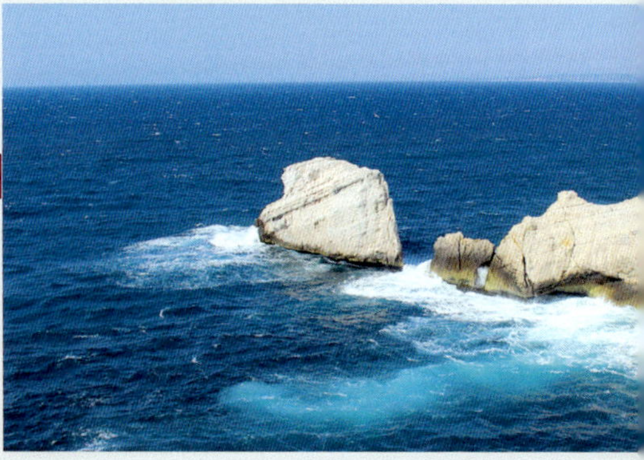

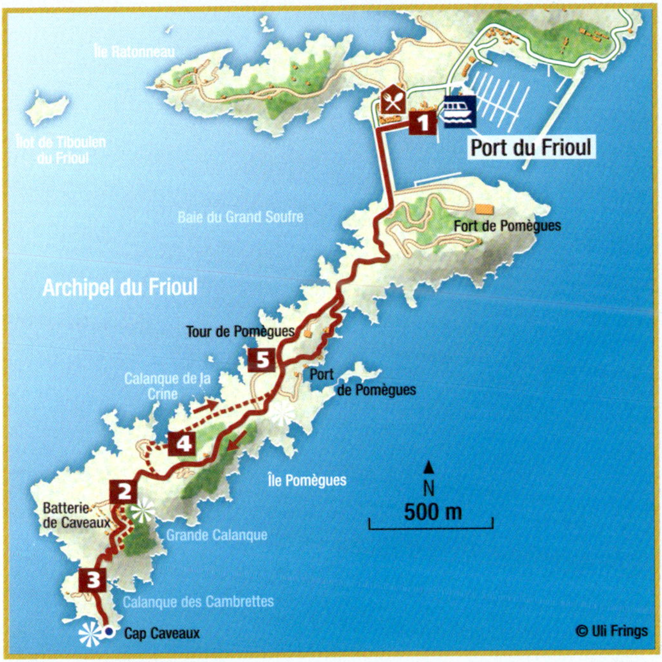

kleinen Kletterpassagen, bis zum Beginn der Stufen. Dieser Abschnitt erfordert **etwas Trittsicherheit**, ist aber nicht wirklich gefährlich. Man nimmt die Treppe (mit Geländer, in gutem Zustand) hinauf und steht fast ganz vorne am **Cap Caveaux**, wundervoll! Auf dem gleichen Weg geht es zurück, nach der Batterie de Caveaux folgt bald ein Abzweig nach links, ausgeschildert zur **Calanque de la Crine**.

4 Kletterpassage!

Hier kann man einen schönen Pfad entlang mehrerer kleiner Calanques mit Badestellen zurück nehmen. Die Calanque de la Crine muss allerdings an einer Engstelle umklettert werden, nicht ganz einfach! Wieder auf dem breiteren Weg zweigt nach **200 m rechts** ein schmaler Pfad zum **Port de Pomègues** ab. Mit Blick auf die **Bio-Fischfarm** führt ein Schotterweg hinter der ehemaligen Hafenmeisterei zurück zum Hinweg.

5 Abzweig zur Fischfarm

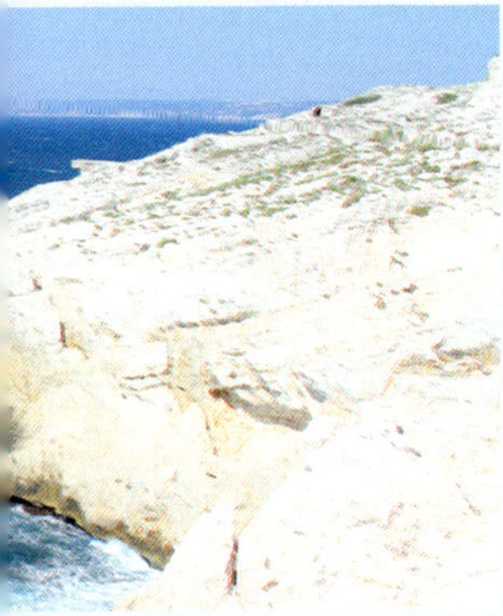

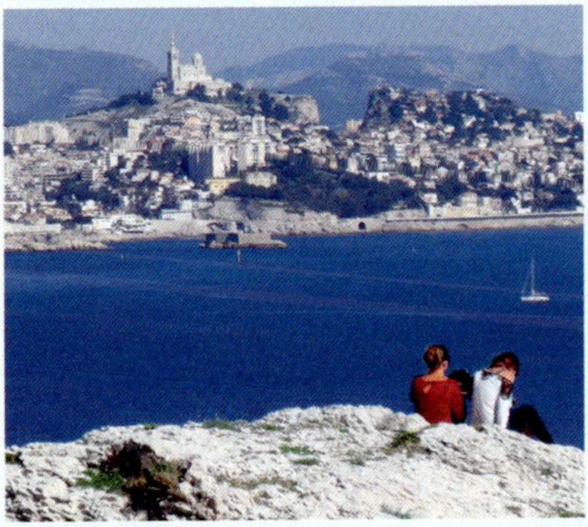

2 Stunden
7 km • 175 HM

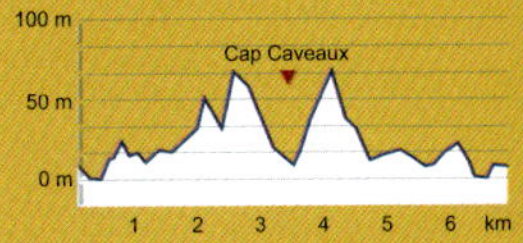

Schwierigkeitsgrad

- **Leicht,** ab Punkt **3** und bei Punkt **4** **schwerer.**
- Für die Passage zum Cap und die Umgehung der Calanque de la Crine etwas **Trittsicherheit und Schwindelfreiheit** erforderlich!
- Naturschutzgebiet: **Keine Pflanzen pflücken!**
- Das **letzte Stück zu den beiden Caps** ist im Frühjahr wegen der dort **brütenden** (und dann aggressiven) **Möwen** nicht zu empfehlen.

Wegmarkierung

Ohne Markierung.

Wanderkarte

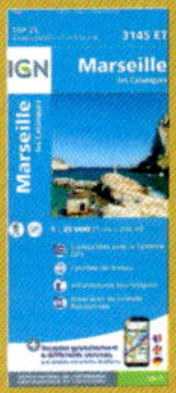

3145 ET
Marseille/
Les Calanques
Topografische
Wanderkarte
1:25 000 – GPS
EAN/ISBN:
9782758539780

Einkehr

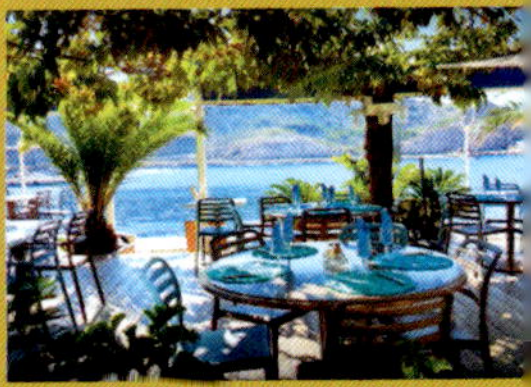

- **Restaurant La Grillade**
Quai d'Honneur – Le Frioul
13007 Marseille
Telefon 04 91 59 07 07
Schöner schattiger Platz unter Bäumen, sehr nette Bedienung. Hervorragender frischer **Loup de Mer** (Wolfsbarsch) aus der **Bio-Aquakultur** im Port de Pomègues.

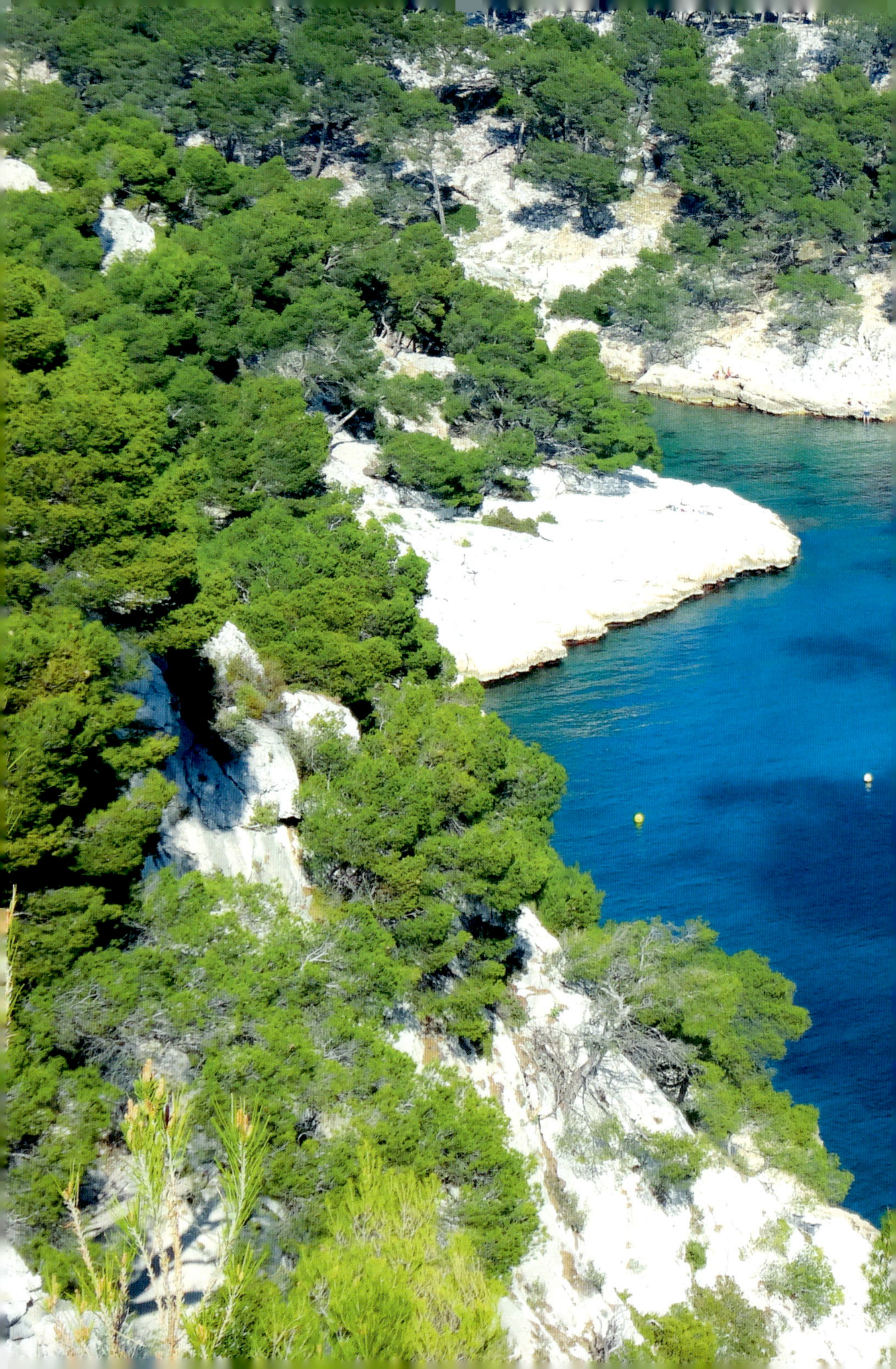

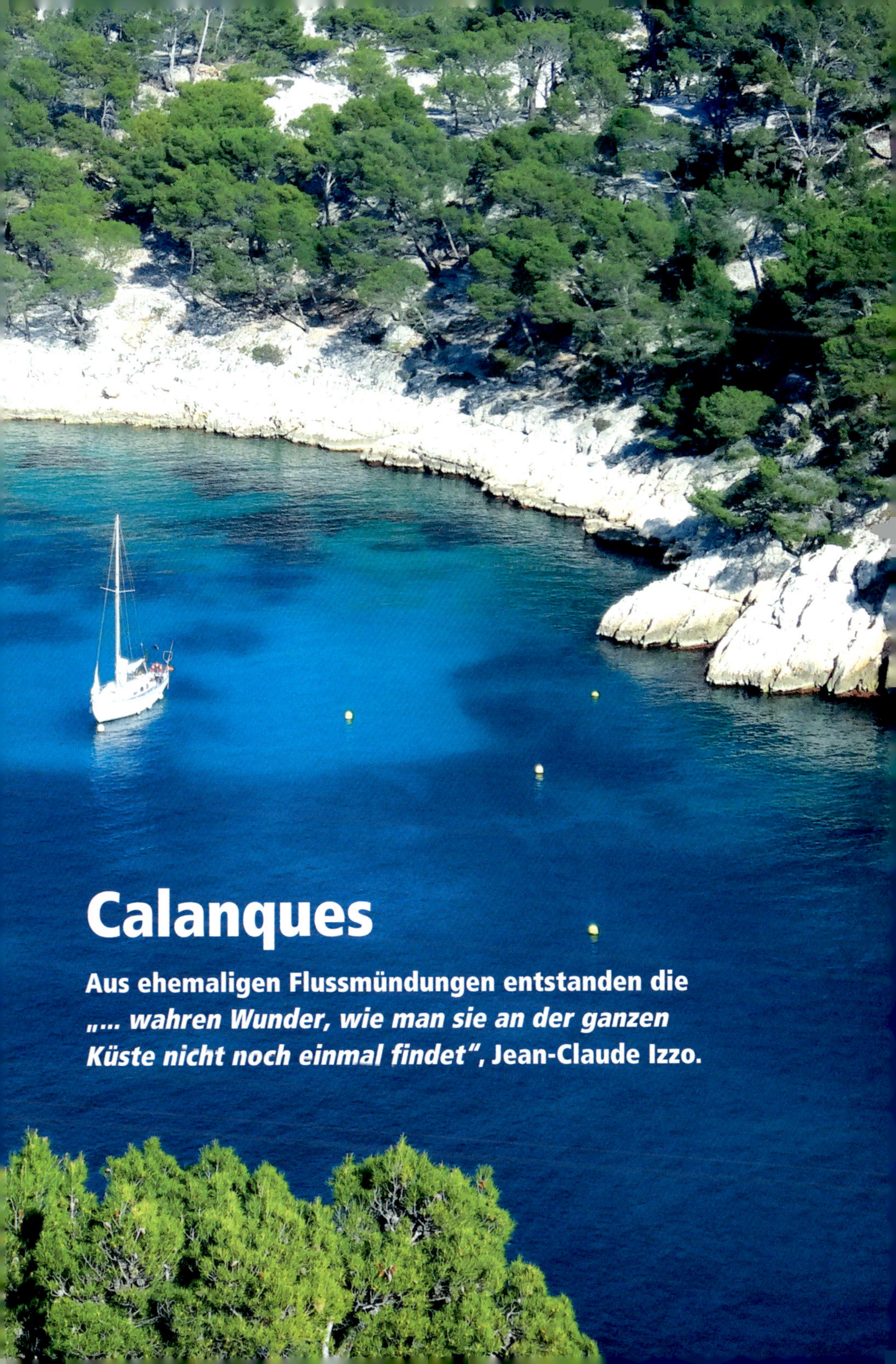

Calanques

Aus ehemaligen Flussmündungen entstanden die *„… wahren Wunder, wie man sie an der ganzen Küste nicht noch einmal findet“*, Jean-Claude Izzo.

Die Calanques – Wanderparadies vor den Toren Marseilles

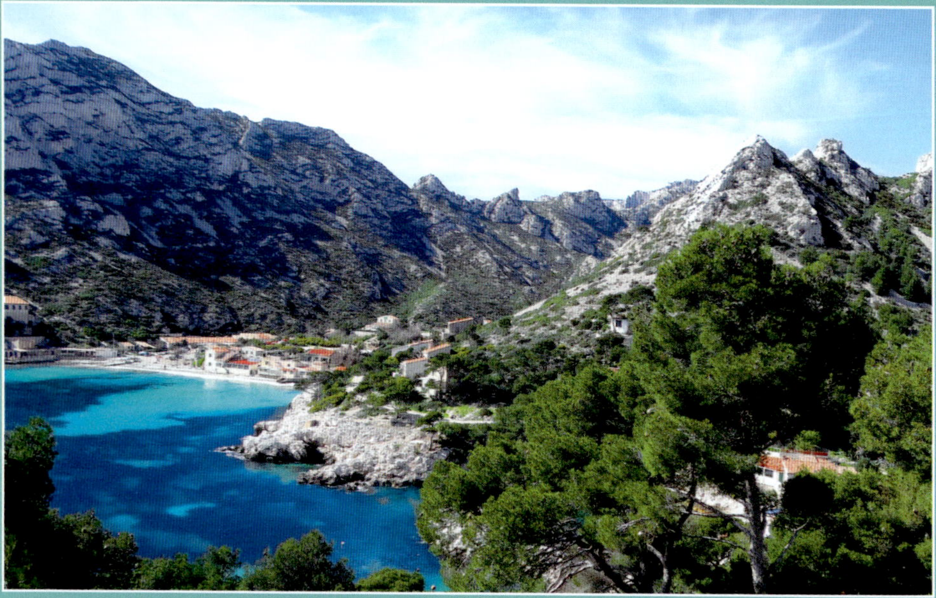

Die Calanques zwischen Marseille und Cassis sind bis zu 300 m hohe Kalksteinklippen an der Mittelmeerküste mit teilweise fjordartigen, tief ins Land hineinragenden Einschnitten. Auf einer Länge von 20 km entstand in der letzten Eiszeit, die vor ca. 12 000 Jahren endete, diese einzigartige Landschaft mit beeindruckenden Felsformationen und fantastischen Buchten mit türkisblauem Meerwasser. Neben einer artenreichen Flora mit über 900 Pflanzenarten beheimaten die Calanques auch seltene und bemerkenswerte Vogelarten (z. B. Bonelli-

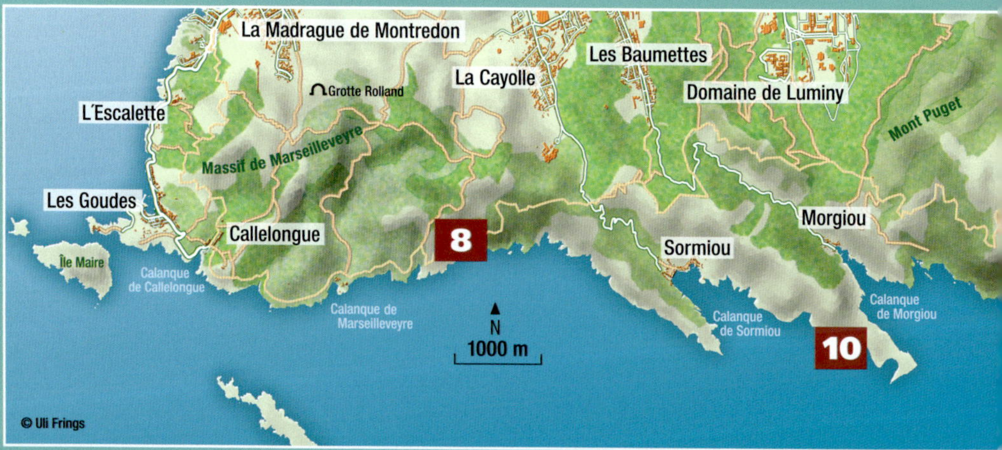

Adler), die an den steilen Felsen und Klippen nisten. Daher sind die Calanques zwischen Marseille und Cassis 2012 zum **Parc national des Calanques** erklärt worden. Als Nationalpark unterliegt das Gebiet nun besonderen, sehr strengen Schutzvorschriften (siehe hierzu auch rechts die Sicherheitshinweise).

Zahlreiche Wanderwege durchziehen die Calanques, u. a. kann man auf dem rot-weiß markierten **GR 98-51** von Marseille bis nach Cassis wandern (siehe Seiten 70–73). Es gibt viele verschiedenartige Routen und Schwierigkeitsstufen. Allerdings wird man hier, wegen der sehr geröllligen Wege und teils hohen Stufen im Kalkstein, **keine einfachen Wege** finden. Die folgenden Wanderungen sind als **mittelschwer bis schwer** klassifiziert. Diese Touren beinhalten die ein oder andere schwierigere Passage, erfordern immer Trittsicherheit, stellen aber keine überdurchschnittlichen Ansprüche an Kondition oder Schwindelfreiheit. Auf Gefahren, wie ausgesetzte Stellen oder Klettereinlagen, wird gesondert hingewiesen. In den Calanques gibt es unzählige Wege mit derartigen Schwierigkeiten. Also, **etwas Vorsicht, wenn man auf eigene Faust loszieht,** auch auf gut markierten Wegen kommen oft unerwartet schlecht oder gar nicht gesicherte Passagen.

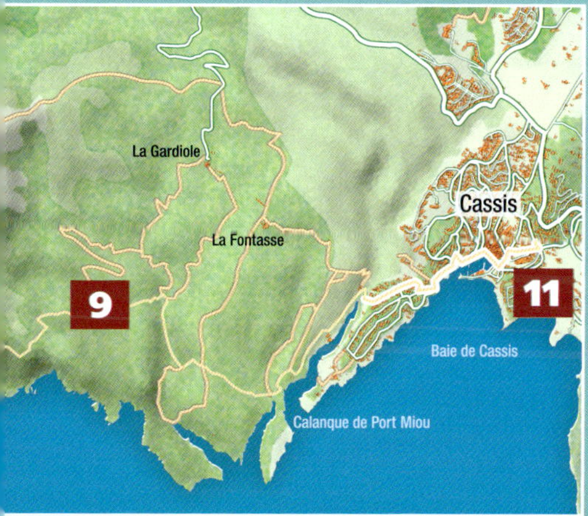

Sicherheitshinweise

von der Website des Deutschen Generalkonsulats Marseille (10 Place de la Joliette, Les Docks, Telefon 04 91 16 75 20)

Da von Juli bis September **große Waldbrandgefahr** besteht, empfiehlt es sich am Abend nach 18 Uhr unter der Nummer **08 11 20 13 13** (0,06 € aus dem französischen Festnetz) anzurufen, um die aktuellen Sperrungen zu erfragen. Die aktuellen Regelungen sind unter dieser Telefonnummer in verschiedenen Sprachen abrufbar. **Teilweise werden die Wege ganz gesperrt** oder nur von 6 bis 11 Uhr vormittags geöffnet. Wird man zu einem späteren Zeitpunkt dort von der Polizei aufgefunden, so kann dies eine hohe Geldstrafe von über 100 € zur Folge haben. Auch zum Wohl Ihrer eigenen Sicherheit raten wir, den Regelungen der örtlichen Behörden stets Folge zu leisten.

Bevor man sich auf den Weg macht, sollte man außerdem die Wanderroute festlegen und die Ausrüstung an Strecke und Dauer der Wanderung anpassen.

Die Wanderungen sind nicht zu unterschätzen: Die Wege sind steinig, im Sommer wird es sehr heiß und trocken und der Wind bläst oft stark. Rucksack, Wanderschuhe, Schutzkleidung gegen Kälte, Wind und Regen, falls das Wetter umschlägt, gehören zu jeder Wanderung. Zudem sollte man unbedingt **ausreichend Wasser** (mindestens 1,5 Liter/Person), **Proviant**, eine Kopfbedeckung, Sonnenbrille und **Sonnencreme** mitnehmen. Vorsicht ist an Geröllhängen geboten, da dort **Absturzgefahr** bestehen kann.

Tipp: Kostenlose App u. a. mit aktuellen Berichten zu Sperrungen von Wanderwegen: **MyProvence Balade** (im App-Store oder Google-Play-Store erhältlich).

Tour 8 GR 98-51 von Callelongue nach Luminy

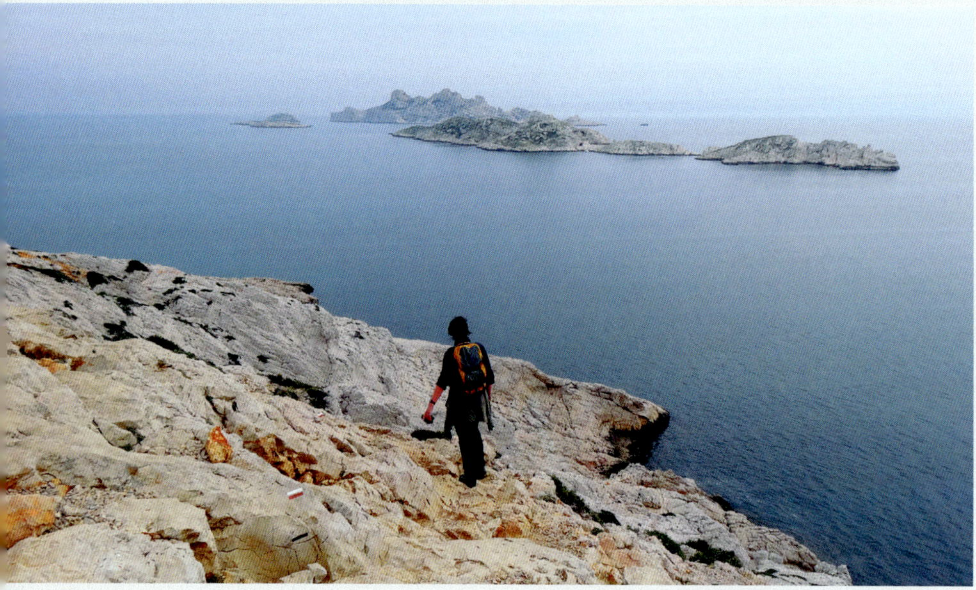

In Callelongue wurden die **Cabanons** „erfunden". 1911 errichtete man die ersten bunten Hütten dieser Art für Arbeiter der Bleigießerei von Callelongue. Hier beginnt auch das erst 2012 gegründete Naturschutzgebiet **Calanques**. Der **Sentier de Grande Randonneé 98-51** bietet eine großartige, abwechslungsreiche **Küsten- und Bergwanderung** auf sehr **gut markiertem Weg**.

1 43°12'45.11"N 5°21'10.53"E In Marseille von der Metrostation **Castellane** mit **Bus 19** bis zur Endstation **La Madrague de Montredon** und weiter mit **Bus 20** nach **Callelongue** fahren (siehe Seite 14).

Von der Bushaltestelle in den Ort hineingehen und gegenüber vom **Restaurant La Grotte** nach rechts abbiegen. Es beginnt ein Schotter-

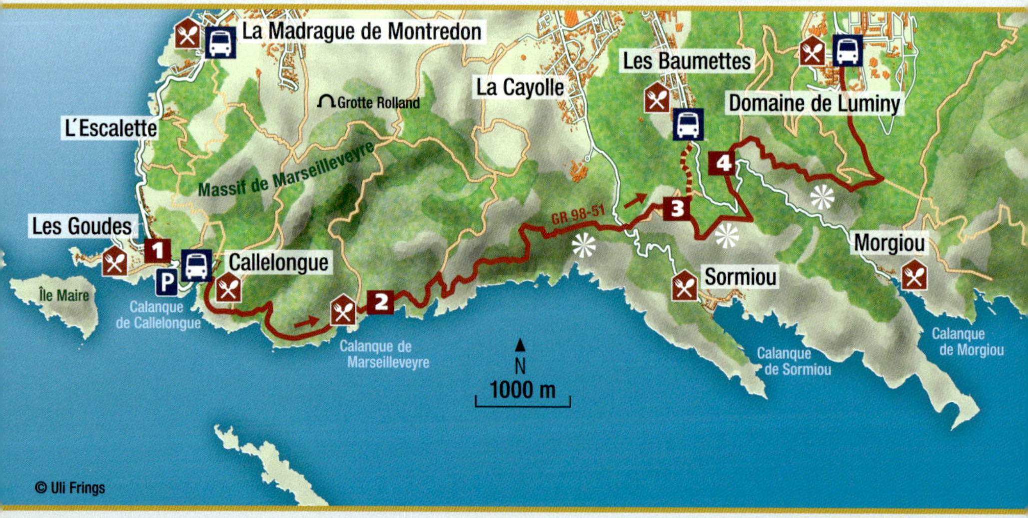

weg und man folgt ab hier der **weiß-roten Markierung des GR 98-51**. Am nächsten Abzweig rechts halten, ausgeschildert zur **Calanque de Marseilleveyre**. Im Anstieg genau auf die Markierung achten, bald führt der Weg im Fels scharf links und wieder nach rechts.

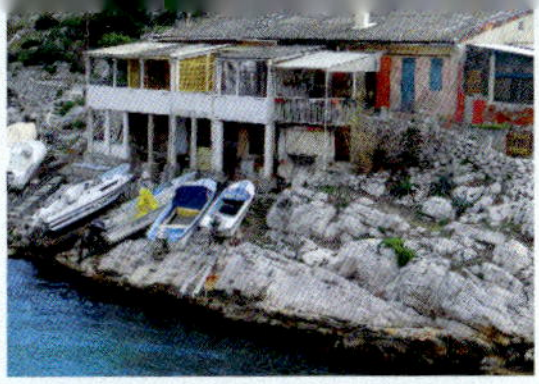

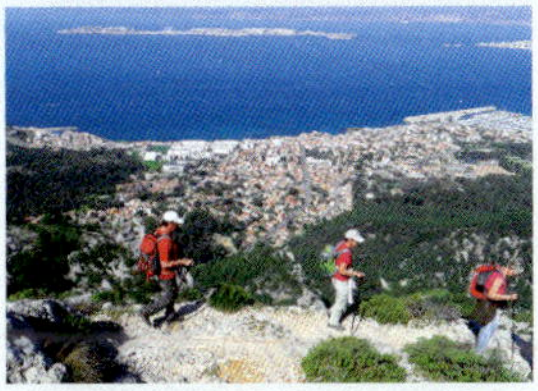

2 Kletterstellen

Weiter oberhalb der wilden Küste wandern (siehe Foto links). Nach zwei kleineren Kletterpassagen wird der Weg langsam einfacher. Nun sind es noch 2,5 km bis zur Calanque de Marseilleveyre, hier kann man einen Abstecher zur tollen Bucht mit der einladenden **Strandbar Chez le Belge** machen (siehe Bild rechts). Jetzt geht es knapp 2 km an der Küste entlang, bevor der GR, an Abzweigen vorbei, ins Landesinnere ansteigt. Auf der Höhe biegt der Weg nach rechts ab und man wandert 1 km mit etwas Auf und Ab zum **Col de Cortiou**. Von hier fehlen noch knappe 400 m abwärts zum **Col de Sormiou**. Man überquert die kleine Straße, die hinunter zur Calanque führt und läuft auf einer Schotterpiste weiter, deren Kurven man dreimal auf einem Pfad abkürzt. Nach 700 m erreicht man den **Col des Baumettes** und kann die Tour **hier beenden**.

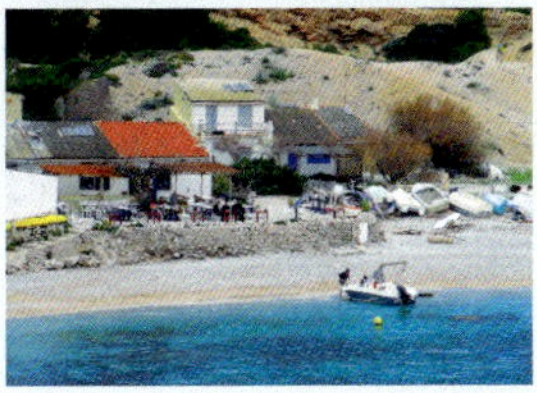

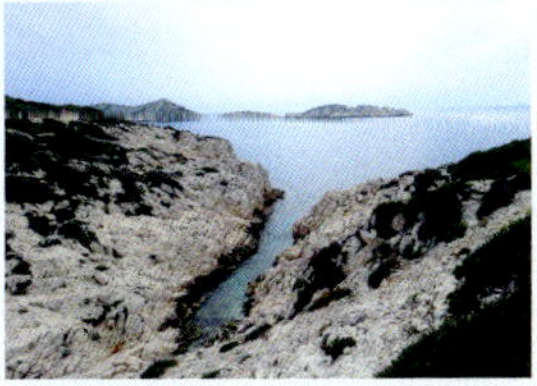

3 Abkürzung

Auf der Schotterpiste nach links erreicht man in ca. 1 km den **Bus 22** (siehe Seite 15). Oder man hängt auf dem rot markierten Pfad nach rechts noch die wunderschöne Wanderung zur Calanque de Sormiou an (siehe **Tour 10**, Seiten 76/77). Weiter auf dem GR geht es geradeaus etwas aufwärts, bald hat man fantastische Blicke auf die **Calanque Sormiou** und später in die andere Richtung auf **Marseille**. An Abzweigen vorbei bis zu einem etwas breiteren Weg ansteigen. Auf diesen scharf links abbiegen und am **Col des Escourtines** die kleine Straße queren, die zur **Calanque Morgiou** führt. Geradeaus auf dem Schotterweg halten, aber

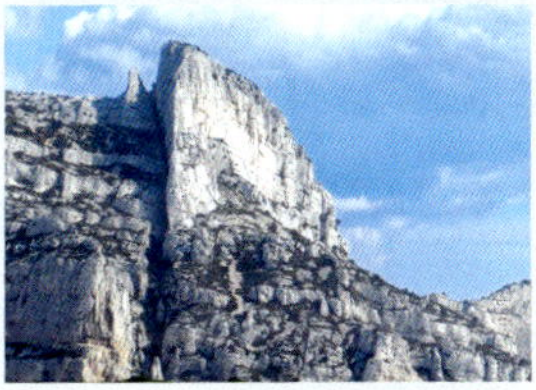

4 Pfad nach rechts

Achtung: Nach 250 m verläuft der GR rechts auf einem unscheinbaren Pfad weiter, der hinunter zum **Col de Morgiou** führt. Wieder auf breiterem Weg 60 m nach rechts laufen und den **zweiten Pfad rechts** nehmen. Mit wundervollen Ausblicken wandert man nun 1,5 km am Hang entlang. Gegen Ende kommen zwei, drei **kleine Kletterpassagen**, die nicht besonders schwierig sind. Dem erreichten Schotterweg 200 m nach rechts folgen und geradeaus in schmaleren Pfad abbiegen. Den nächsten breiteren Weg 200 m nach rechts laufen. Geradeaus kann man nun **weiter nach Cassis** wandern (siehe **Tour 9**). **Zum Bus links halten** und über einen Querweg hinweg nach links 1 km bis zur Bushaltestelle in **Luminy** gehen. Die Busse **B1** oder **21** fahren zurück in die Stadt (siehe Seite 15).

4 Stunden

13 km • 530 HM

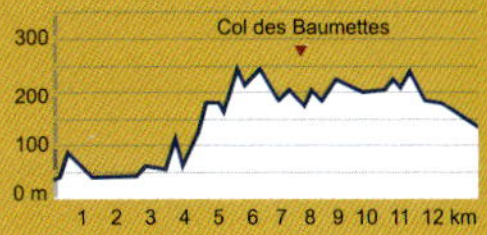

Schwierigkeitsgrad

- **Mittelschwer**
- Gute Kondition und Trittsicherheit erforderlich.
- Mehrere, aber eher leichte Kletterpartien.
- Genug Trinkwasser und Windjacke zum Schutz vor dem Mistral mitnehmen.

Wegmarkierung

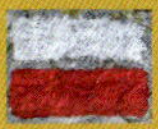

Durchgängig sehr gut **weiß-rot** als GR 98-51 markiert.

Wanderkarte

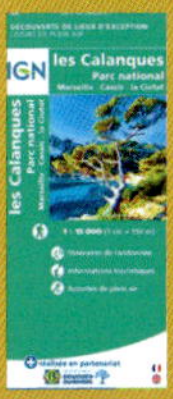

82011
Les Calanques de Marseille à Cassis
Topografische Wanderkarte
1:15 000
EAN/ISBN: 9782758541998

Einkehr/Unterkunft

- **Restaurant La Grotte**
  1 Avenue des Pebrons
  Calanque de Callelongue
  13008 Marseille
  Telefon 04 91 73 17 79
  Einziges Restaurant in Callelongue, nicht ganz preiswert, täglich geöffnet.
- **Restaurant Chez le Belge** (Foto oben mitte)
  Calanque de Marseilleveyre
  13008 Marseille
  Kein Telefon, kein Strom, keine Toiletten, keine Kreditkarten! Einfache, aber wunderbare Strandbar mit leckeren Kleinigkeiten (aus einem Blog: *„des VRAIES frites"*). Geöffnet von Freitag bis Sonntag.
- **Imbisswagen** in Luminy. Sehr preiswert, wundervolles Omelette-Sandwich mit Pommes für 6 €.

Tour 9 GR 98-51 von Luminy nach Cassis

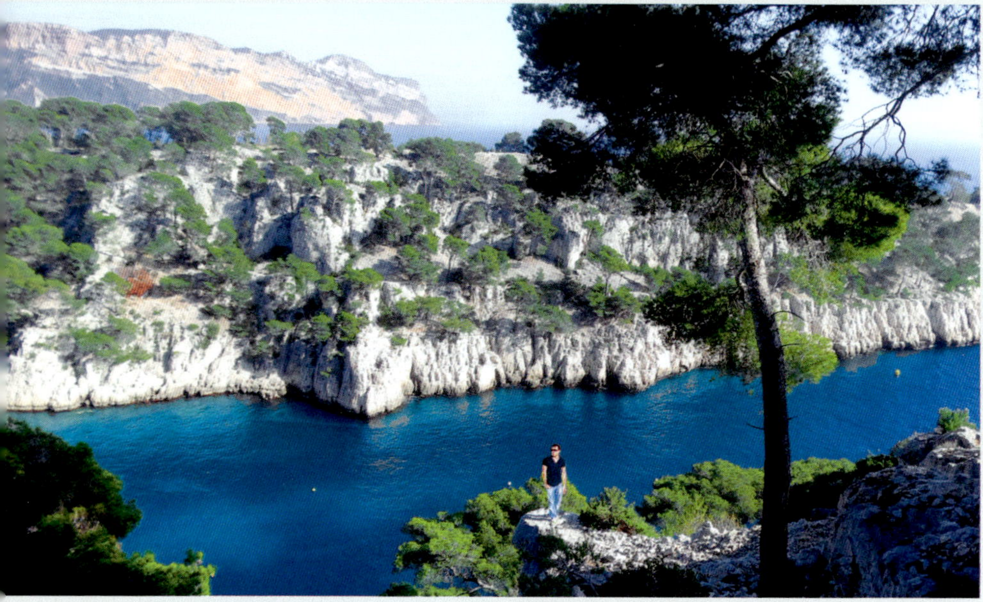

Der **GR 98-51** zwischen Luminy und Cassis beginnt mit kräftigen Anstiegen auf die Höhe beim **Mont Puget** und mit Blick auf das imposante Felsmassif **Grand Candelle**. Teilweise führt diese Bergwanderung schwindelerregend an den **über 400 m** hohen Steilklippen entlang. Der Weg hat aber **keine ausgesetzten Stellen** und ist, bei etwas Vorsicht, **nicht gefährlich**.

1 43°13'51.56"N 5°26'10.74"E In Marseille von der Metrostation **Castellane** mit den **Bussen B1 oder 21** bis zur Endstation **Luminy** fahren (siehe Seite 15).

Von der Bushaltestelle geht es nach links Richtung Meer. Hinter der Absperrung folgt man dem breiteren Weg über 1 km, bis man den **weiß-rot markierten GR 98-51** erreicht und ihn nach

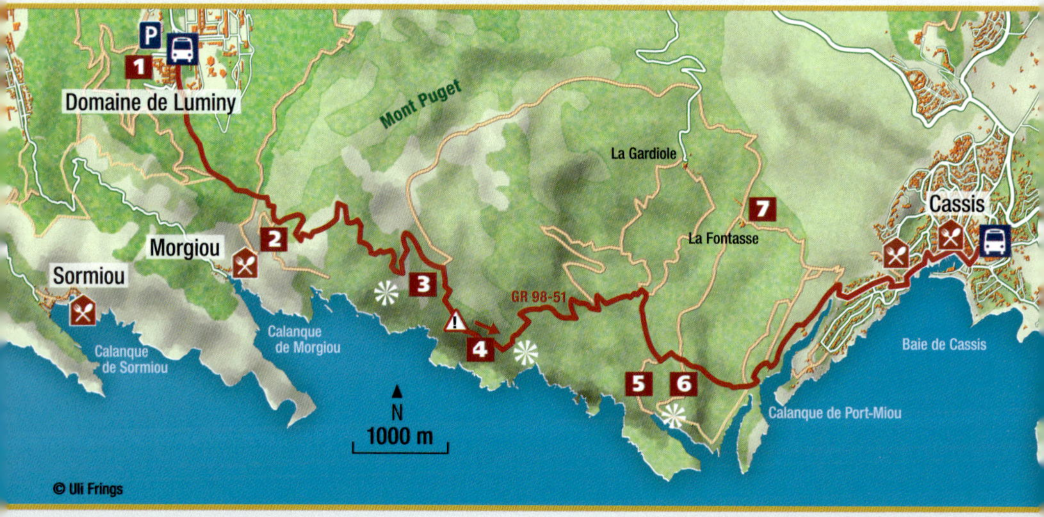

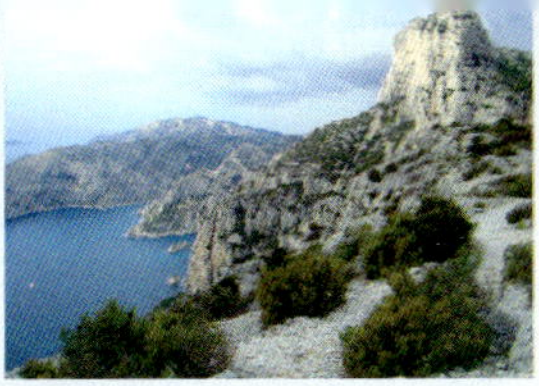

links nimmt (Anschluss an **Tour 8**, Seiten 70/71). 1,2 km bleibt man auf dem Schotterweg, der sich zunächst aufwärts zum **Col de Sugiton** zieht. Nach etwas Auf und Ab führt der Weg kräftig hinab, bis 200 m später scharf

2 Scharf links abbiegen

links der schmale Pfad **Sentier des Treize Contours** abzweigt. Auf diesem nun bis über 400 m Höhe ansteigen und 2 km bis zum **Col

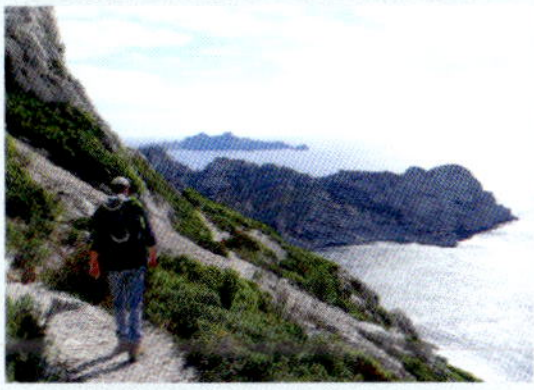

3 Fernblicke

de la Candelle laufen, fantastische Ausblicke erwarten einen. Von dort scharf links Richtung **Cap Cros** halten, nach 300 m rechts abbiegen. Bald wandert man auf gerölligem Weg, der langsam an Höhe verliert,

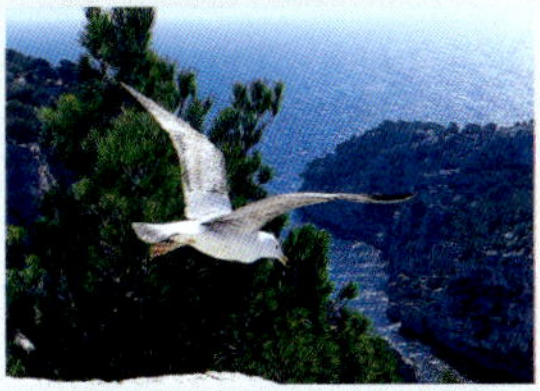

4 Vorsicht: Steilklippen!

entlang der **Falaises du Devenson**, sicher der aufregendste Abschnitt der Tour. Am Abzweig zum **Col du Devenson** links Richtung Landesinneres wandern. Erst steigt der Pfad noch etwas an, aber nach 1 km geht er hinunter in den Taleinschnitt **Vallon des Chaudronniers**. Am **Col de l'Oule** auf einen Schotterweg direkt wieder rechts abbiegen. 600 m später einen Querweg nehmen, der nach rechts abwärts fast 1 km in das Tal **Vallon d'En Vau** führt. Rechts hinab bietet sich ein Ab-

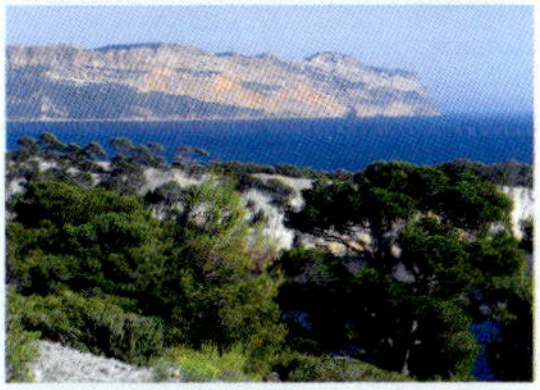

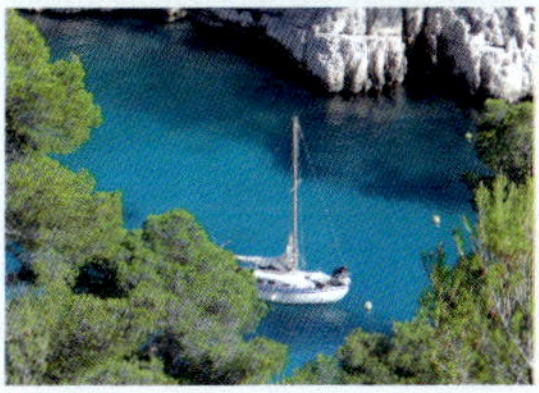

5 Abstecher zur Calanque

stecher zum Strand der berühmten **Calanque d'En Vau** an. Dank **Instagram und Co** ist der Ansturm in den letzten Jahren so groß geworden, dass mittlerweile in einer **Anti-Marketing-Kampagne** Bilder vom überfüllten Strand gepostet werden. Der Weg **Richtung Cassis** verläuft aber **nach links kräftig aufwärts**. 300 m später erreicht man eine Wegkreuzung. **Links** führt die Piste in 1,5 km zur Jugendherberge. **Nach rechts** lohnt unbedingt ein Umweg auf dem **blau markierten** Weg für fantastische Blicke von oben in die **Calanque d'En Vau**. Ein kurzes Stück auf dem breiteren Weg, dann rechts

6 Belvédère d'En Vau

auf schmalem Pfad aufwärts. Am Aussichtspunkt angelangt, links der **blauen Markierung** folgen, bis man an der **Calanque de Port-Pin** wieder auf den **weiß-rot markierten GR** stößt (1,5 km zusätzlich). **Ohne Umweg geradeaus** zur Calanque de Port-Pin absteigen, einer wunderbaren **Schwimmstelle**. Die steilen Stufen gegenüber ansteigen, der Weg führt oben nach links und wieder rechts hinunter zur **Calanque de Port-Miou**. An dieser entlang ist es 1 km bis zur **Avenue des Calanques**, die man nach rechts aufwärts nimmt, immer Richtung **Cassis**. Am Ende des **Hafenbeckens** links in die **Avenue Victor Hugo**, danach rechts in die **Rue de la Ciotat** abbiegen. Am Kreisverkehr links liegt die Bushaltestelle der **Linie 78** (siehe Seite 11).

5 Stunden

15 km • 600 HM

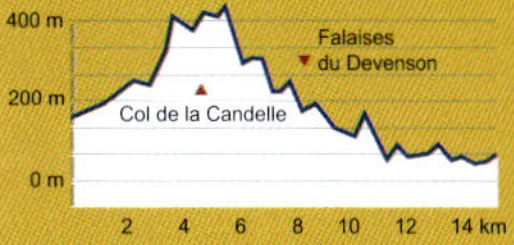

Schwierigkeitsgrad

- **Mittelschwer**
- Gute Kondition und Trittsicherheit erforderlich.
- Mehrere, aber eher leichte Kletterpartien.
- Genug Trinkwasser und Windjacke zum Schutz vor dem Mistral mitnehmen.

Wegmarkierung

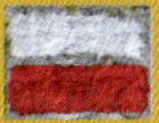

Durchgängig sehr gut **weiß-rot** als GR 98-51 markiert.

Wanderkarte

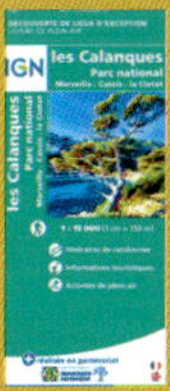

82011
Les Calanques de Marseille à Cassis
Topografische Wanderkarte
1:15 000
EAN/ISBN: 9782758541998

Einkehr/Unterkunft

- Übernachten im **Zelt ist nicht erlaubt,** biwakieren wird normal aber geduldet. Offenes Feuer ist streng verboten.

7 Auberge de Jeunesse
Jugendherberge außerhalb von Cassis, ca. 1,5 km vom GR entfernt.
La Fontasse, 13260 Cassis
Telefon 04 42 01 02 72
Öko-Herberge in toller Lage. Geo.fr schreibt: *„une des plus originales de France"*.

- Entlang des Hafenbeckens von Cassis jede Menge **Restaurants, Cafés und Bars,** meist sehr touristisch und teuer.

Markt

- **Cassis**

Mi. und Fr. 8 bis 13 Uhr, Place Baragnon.

La Grotte Cosquer

Die **Henri-Cosquer-Höhle** bzw. Cosquer-Grotte befindet sich am Cap Morgiou (siehe nächste Seite). Der Eingang der Höhle liegt 36 m unter dem Meeresspiegel und kann nur von Tauchern erreicht werden. Durch den überfluteten Eingang gelangt man in einen höher gelegenen Raum mit etwa 19 000 bis 27 000 Jahre alten Höhlenmalereien und -zeichnungen, die u. a. Seehunde, Fische, Pferde, Wisente, Robben, Steinböcke sowie Riesenalken und andere Meeresvögel (z. B. Pinguine, im Bild rechts unten) zeigen. Die Höhle wurde 1985 durch Henri Cosquer erstmals ertaucht. Nach vielen Tauchgängen entdeckte er im Juli 1991 die Höhlenmalereien. Heute steht die Höhle unter Naturschutz und der Besuch ist strengstens untersagt. Der Eingang der Höhle lag gegen Ende der Würm-Eiszeit, also zur Zeit der Nutzung, etwa 80 m über dem Wasserspiegel und etwa 11 km von der Küste entfernt. Dies änderte sich, als das Meer durch das Schmelzen der Polkappen stark anstieg. Seit Juni 2022 ist es möglich, die **1:1-Nachbildung** der Höhle sowie das Museum zur Grotte Cosquer in der **Villa Méditerrannée** (neben dem MuCEM) zu besuchen, siehe Seite 59 und **www.grotte-cosquer.com**.

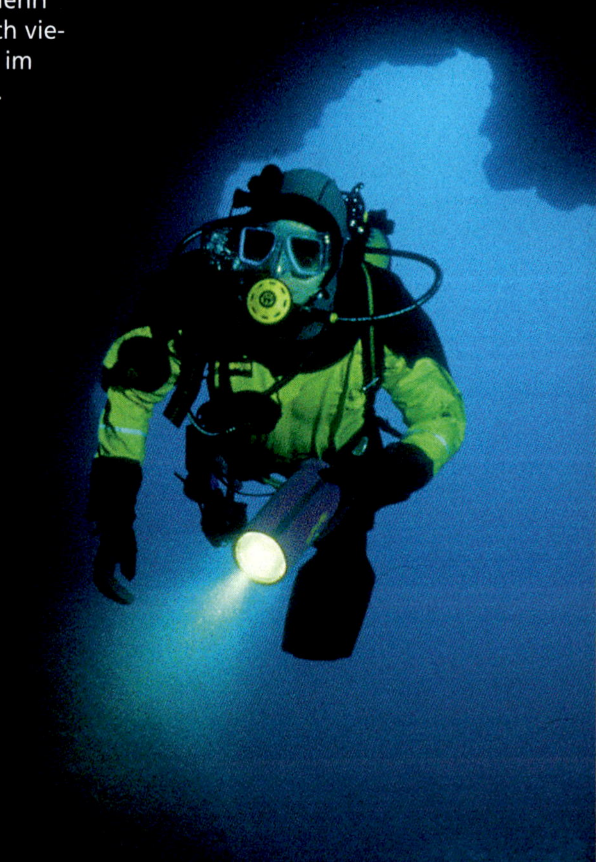

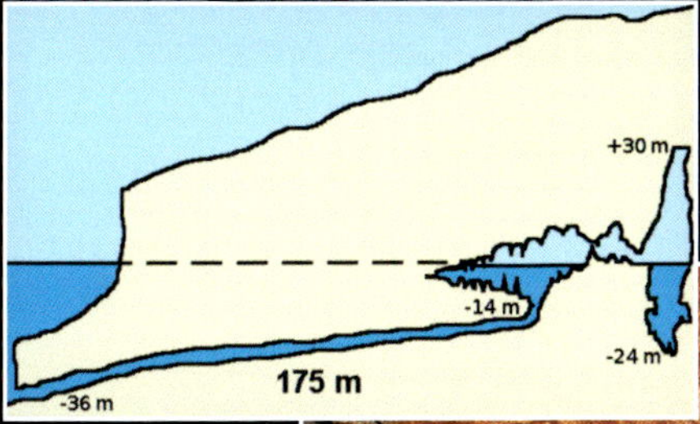

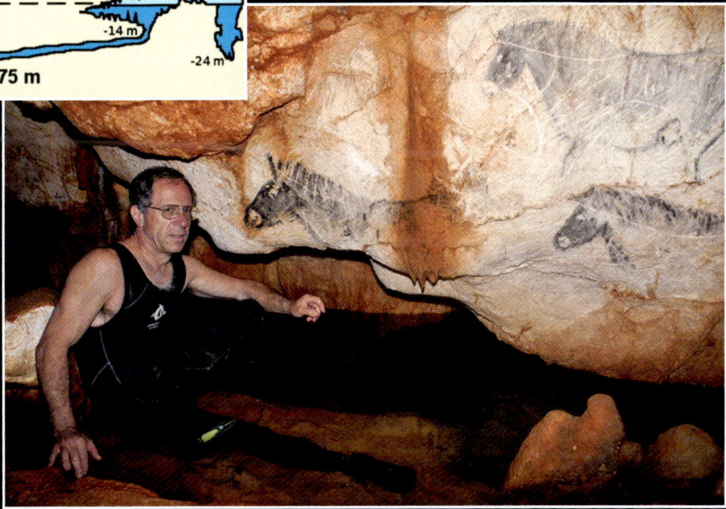

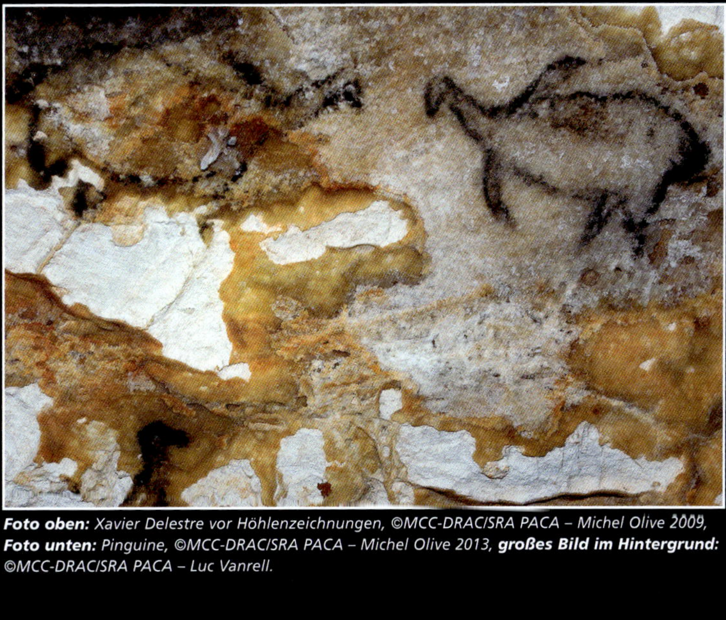

***Foto oben:** Xavier Delestre vor Höhlenzeichnungen, ©MCC-DRAC/SRA PACA – Michel Olive 2009,*
Foto unten:** Pinguine, ©MCC-DRAC/SRA PACA – Michel Olive 2013,* ***großes Bild im Hintergrund:
©MCC-DRAC/SRA PACA – Luc Vanrell.

Tour 10 Calanque de Sormiou und Cap Morgiou

Die **Calanque de Morgiou** befindet sich gleich neben der **Calanque de Sormiou**. Durch kleine, im Sommer jedoch häufig gesperrte Straßen (siehe Seite 69) gehören diese Buchten zu den wenigen bewohnten Calanques im gesamten Massiv. Der **Wegabschnitt zum Cap** umfasst einige hundert Meter **sehr steilen geröllligen Abstieg** und kurz vor der **Calanque Morgiou** eine **ausgesetzte Stelle**. Ab der Wegkreuzung **Le Carrefour** können diese schwierigeren Passagen umgangen werden.

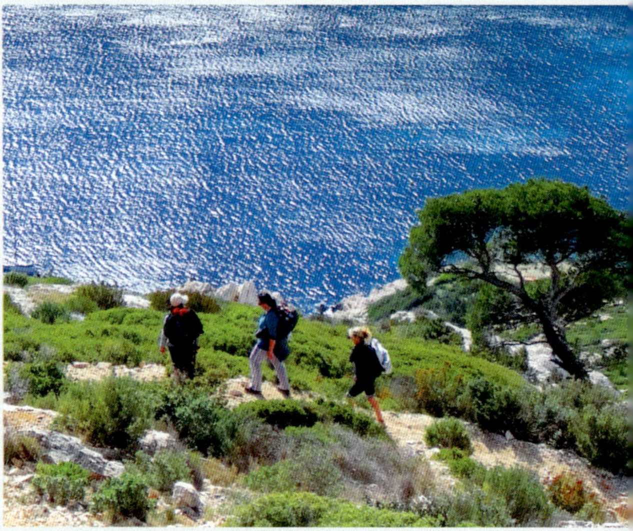

1 43°13'22.52"N 5°25'3.88"E

Von der Metrostation **Rond Point du Prado** mit dem **Bus 22** (nicht die 22 S nehmen, 1 km zusätzlicher Fußweg) bis zur **Endstation Les Baumettes** fahren (siehe Seite 15). Die Haltestelle der Linie 22 liegt am Busbahnhof in Prado **ganz vorne**. Von **Les Baumettes** nach rechts auf dem **Chemin de Morgiou** halten. An einem Abzweig und später am **Restaurant Chez Zé** vorbei bis zu einem **Parkplatz** ansteigen. Diesen nach rechts queren und nun der **roten Markierung** folgen. Entlang eines Kiefernwäldchens führt der Weg bald kräftig aufwärts. Über eine Felsplatte hinweg und an Abzweigen vorbei bis zu einem breiten Schotterweg gehen. Nach rechts weiter hinauf, bis man in einer Rechts-

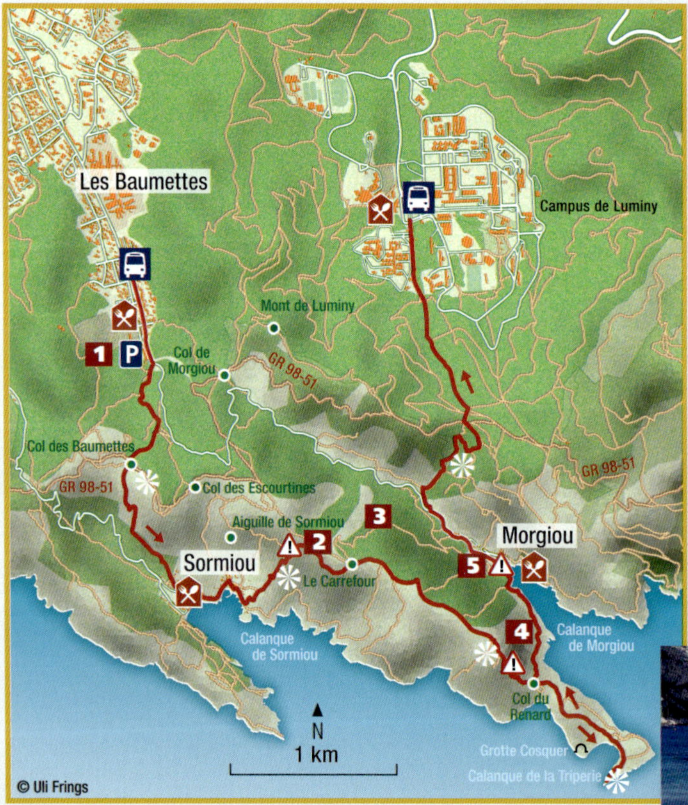

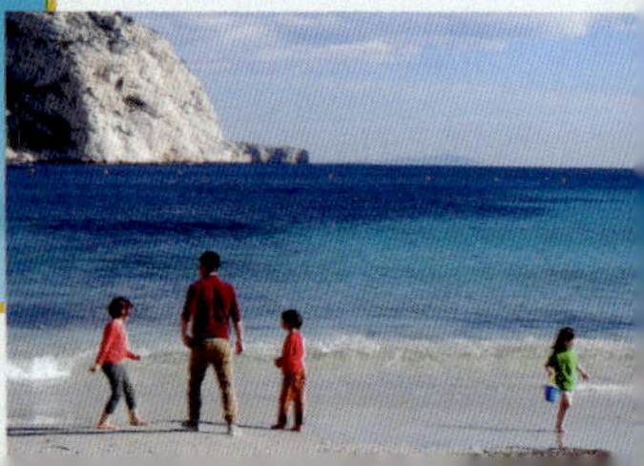

kurve auf der Höhe zum **Col des Baumettes** gelangt. Hier geradeaus auf dem immer noch **rot markierten**, nun schmalen Pfad in Serpentinen zur Calanque Sormiou absteigen. Über den erreichten Parkplatz, vorbei am Restaurant **Le Château** links halten (rechts geht es hinab zum **fantastischen Strand**, siehe Foto unten). Links entlang der **Cabanons** und oberhalb des kleinen Hafens nach rechts zwischen Pinien noch einige Meter laufen. Weiter rot markiert zieht sich der Pfad jetzt nach links, in steinigen Serpentinen kräftig aufwärts (siehe Foto links). Auf halber Höhe gelangt man zu einer schwie-

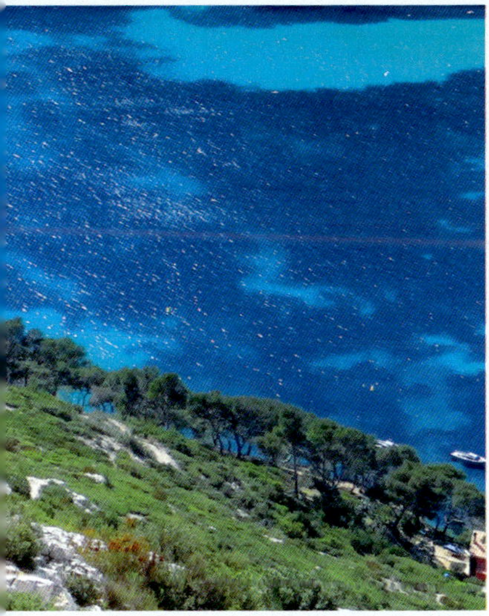

2 Kletterstelle

rigeren Stelle, über einige Tritte im Fels muss man ca. **3 m hinaufklettern**. Nach links gibt es eine etwas leichtere **Umgehung**. Oben wandert man auf gerölligem, aber gut zu laufendem Weg noch 500 m wunderschön bis zur Wegkreuzung **Le Carrefour**. Der **rot markierte** Weg führt fast geradeaus gegenüber von einem großen Steinhaufen hinunter nach Morgiou. Man kann hier die Wanderung um **3 km abkürzen** und die folgenden schwereren Passagen umgehen. Zum **Cap Morgiou** biegt man aber rechts auf den **blau markierten** Pfad ab. Nach über 1 km kommt ein sehr steiler **Abstieg** mit dramatischen Ausblicken zu den tief unten liegenden Calanques (siehe Foto rechts). **Absolute Trittsicherheit erforderlich!** Ab dem Abzweig **Col du Renard** ist ein **Abstecher** bis zum Cap möglich. Dazu folgt man der **blauen Markierung** zum 1614 erbauten Fort **Batterie de Morgiou**. Der Weg führt durch eine Lücke in der Festungsmauer, im 19. Jahrhundert befand sich hier eine Zugbrücke.

3 Abkürzung/Umgehung

4 Steiler Abstieg!

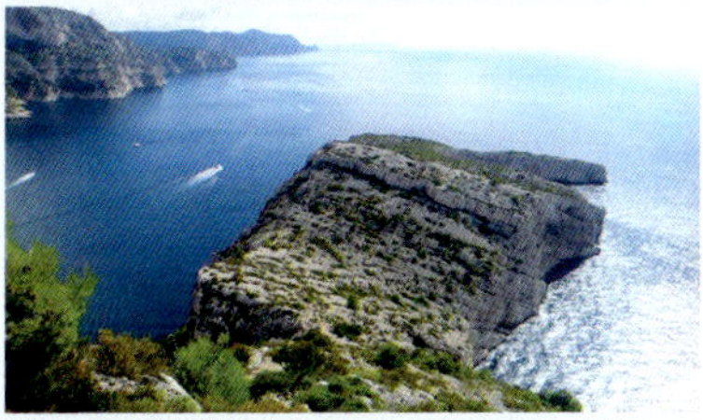

Zurück am Col du Renard biegt man hinunter in den nun gelegentlich **schwarz markierten** Weg ein, etwas **Orientierungssinn** ist nötig. Kurz vor Morgiou folgt eine kleine ausgesetzte Passage, zwischen Felsen steigt man über eine höhere Stufe ab. Von dort geht es auf der Straße zwischen den Cabanons hindurch aus dem Ort hinaus. Nach 400 m zweigt ein unscheinbarer Pfad **rot-gelb** markiert rechts ab. Die Wege teilen sich, man nimmt den **gelb markierten Weg rechts** steil aufwärts. Oben erreicht man den **weiß-rot markierten GR**. Diesem kurz nach links folgen und dann den GR nach rechts wieder verlassen. Einen Querweg kreuzen und nach links auf breiterem Weg etwas über 1 km bis **Luminy** laufen. Die Express-Buslinien **B1** oder **21** fahren zurück in die Stadt (siehe Seite 15).

5 Ausgesetzte Stelle

4–4,5 Stunden

12 km • 587 HM

inkl. Abstecher zum Cap

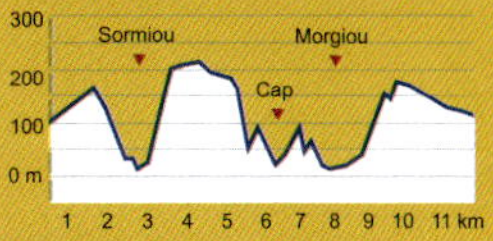

Schwierigkeitsgrad

- **Mittelschwer bis schwer**
- Für die **Passage zum Cap** und **kurz vor Morgiou** sind **Trittsicherheit und Schwindelfreiheit** erforderlich!

Wegmarkierung

Keine durchgehende Markierung, bis **Le Carrefour** (oder mit **Umgehung 3** bis Morgiou) **rot**, dann bis zum Cap **blau,** hinunter nach Morgiou **schwarz** und ab Morgiou **gelb** markiert.

Wanderkarte

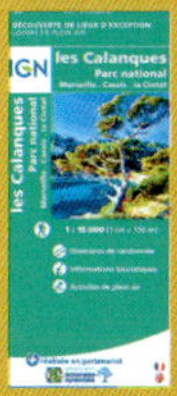

82011
Les Calanques de Marseille à Cassis
Topografische Wanderkarte
1:15 000
EAN/ISBN: 9782758541998

Einkehr

- **Le Château**
Calanque de Sormiou
13009 Marseille
Telefon 04 91 25 08 69
Erstes April- bis letztes Septemberwochenende geöffnet, wundervolle Außenterrasse. Typisch provenzalische Küche mit viel frischem Fisch.
- **Chez Zé**
Bar/Restaurant/Pizzeria
402 Chemin de Morgiou
13009 Marseille
Telefon 04 91 40 05 44
Kurz nach der Bushaltestelle.
- **Nautic Bar**
Calanque Morgiou
13009 Marseille
Telefon 04 91 40 06 37
Eher einfach, auf der Terrasse Selbstbedienung.
- **Imbisswagen** in Luminy, Snacks, Pommes, Getränke.

Côte d'Azur

Die azurblaue Küste, auch Französische Riviera genannt, endet an der italienischen Grenze. Aber wo fängt sie an? 1887 veröffentlichte der Dichter Stéphen Liégeard das Buch *La Côte d'Azur* und prägte damit den Begriff. Eine klare geografische Definition fehlt allerdings in dem literarischen Werk. So fängt heute die Côte d'Azur für manche in Marseille, für andere in Cassis, Toulon oder auch erst bei Hyères an.

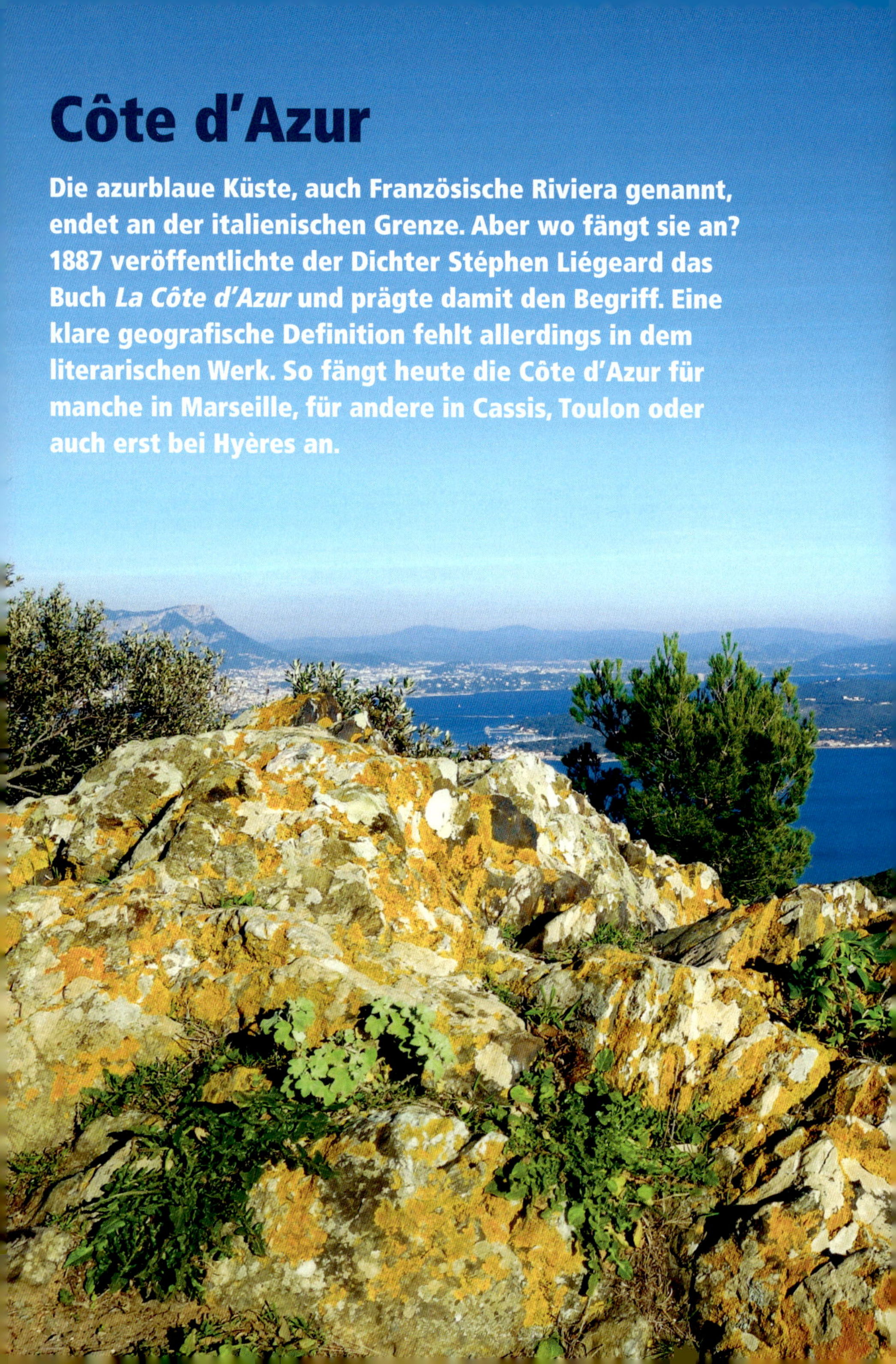

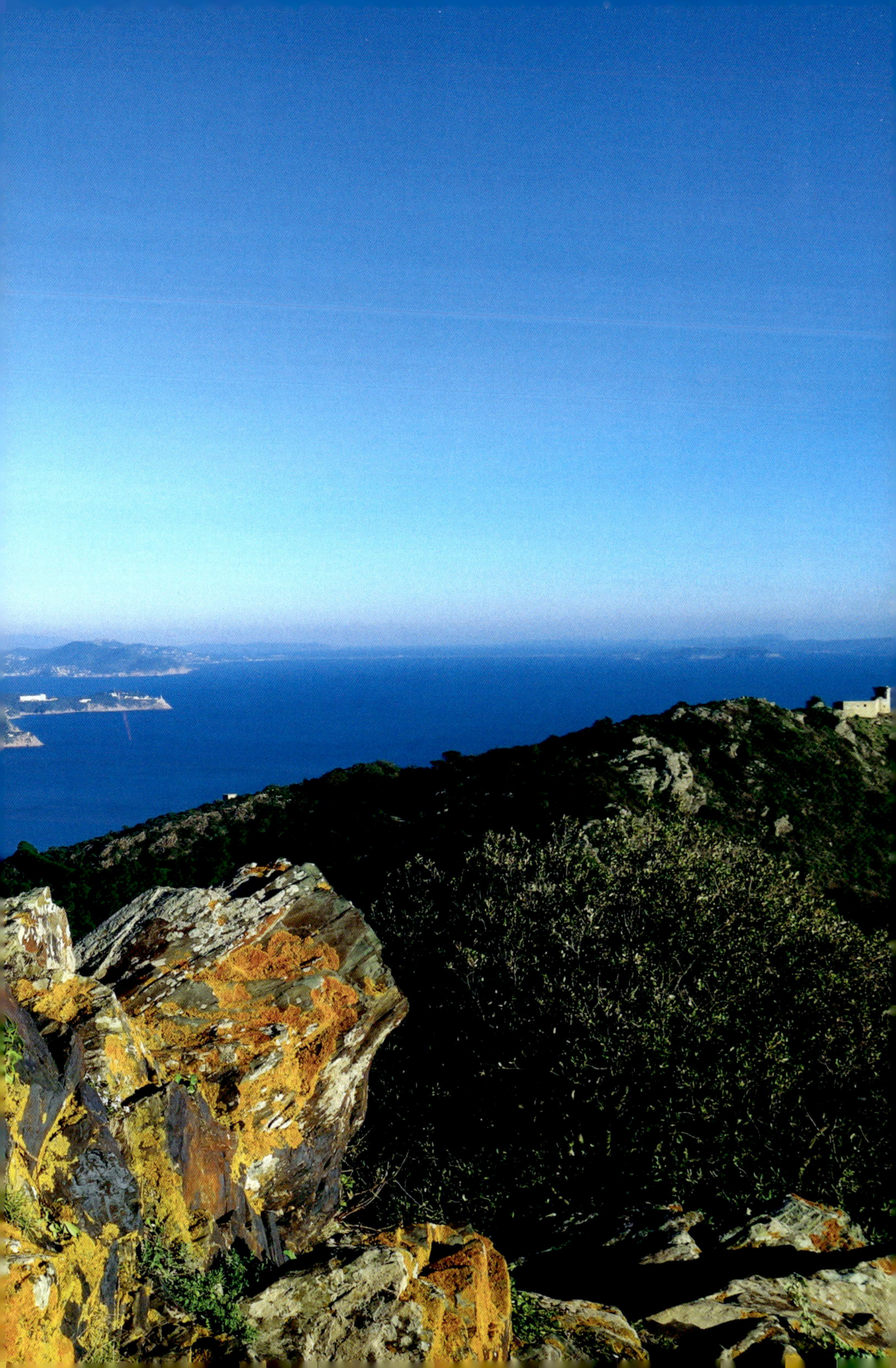

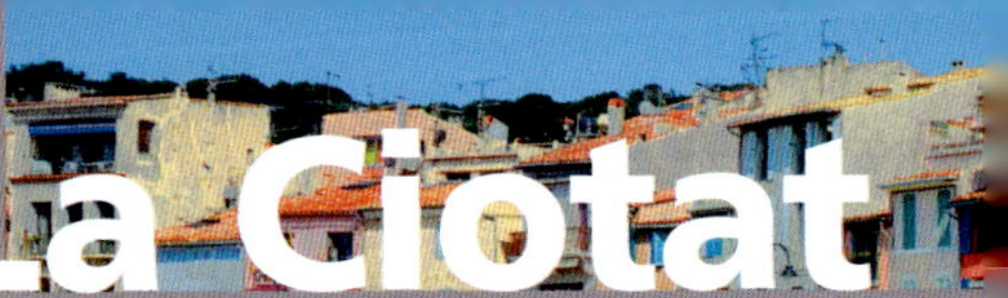

Cassis – La Ciotat

Etwa 20 km von Marseille entfernt liegt das kleine Hafenstädtchen **Cassis**, malerisch eingerahmt von **Frankreichs höchster Steilküste** und den traumhaften Felsenbuchten der Calanques. Vermutlich war die Region bereits in prähistorischer Zeit besiedelt. Im römischen Reich gehörte das Gebiet zur Provinz Gallia Narbonensis. Im Mittelalter befand sich Cassis auf der erhöhten Stelle, wo heute die Burg ist. Aufgrund von Barbarenüberfällen flüchtete die Bevölkerung hierher. Die Altstadt wurde im 18. Jahrhundert am Hafen erbaut und die befestigte Siedlung auf dem Hügel aufgegeben. Heute lebt der Ort vorwiegend vom Tourismus und etwas Weinanbau. Das Weinanbaugebiet besteht bereits seit dem 12. Jahrhundert und bekam 1936 als erste Region der Provence die Herkunftsbezeichnung Appellation d'Origine Controlée (**AOC**) verliehen. Auf 196 Hektar werden vorwiegend trockene Weißweine aus den Rebsorten Clairette Blanche

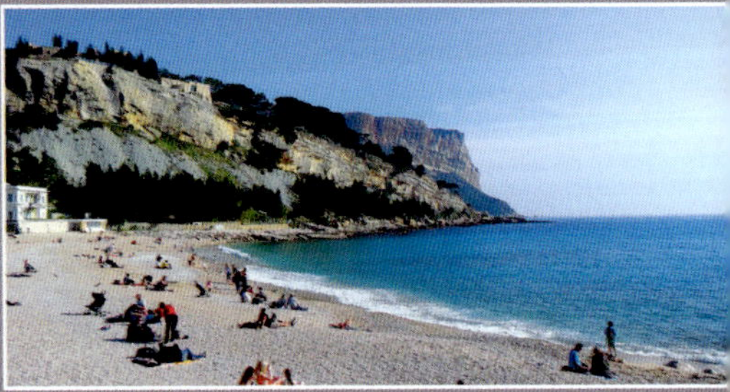

und Marsanne Blanche angebaut. Der Name Cassis entstand aus dem römischen Carsici (und hat nichts mit dem gleichnamigen Likör aus

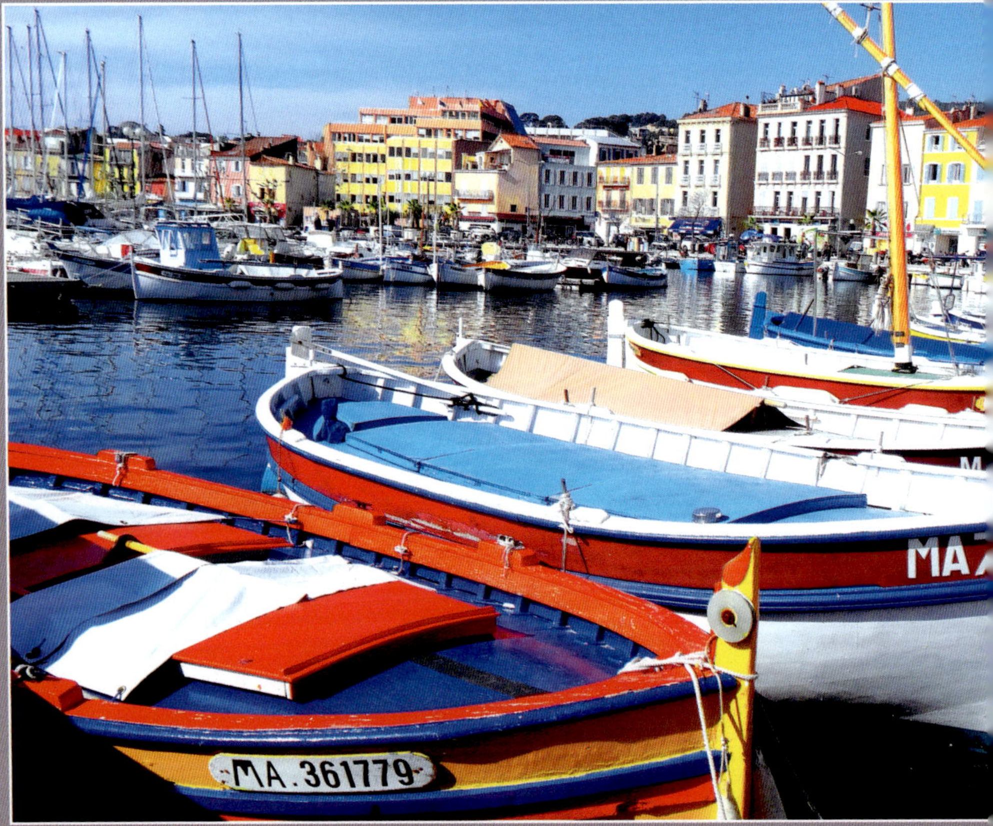

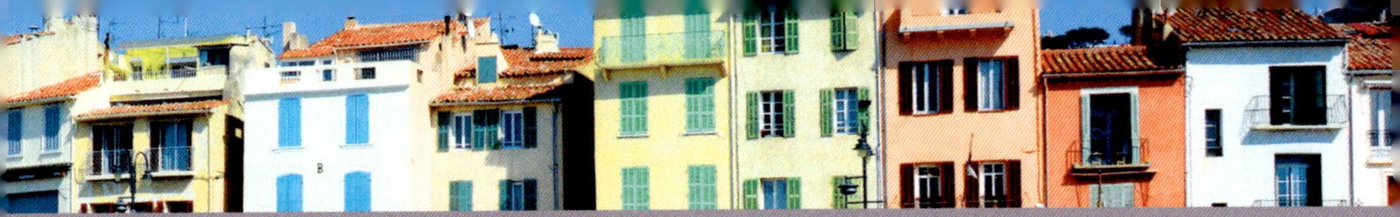

schwarzen Johannisbeeren zu tun, der die Grundlage des Aperitifs Kir bildet). Auf der Halbinsel Port-Miou befindet sich der naturkundliche Lehrpfad **Sentier du Petit Prince** zur Erinnerung an **Antoine de Saint-Exupéry**. Man vermutet, dass das Flugzeug des Schriftstellers 1944 auf dem offenen Meer zwischen Cassis und Marseille abgeschossen wurde.

Von Cassis nach **La Ciotat** führt die **Corniche des Crêtes**, eine Panoramastraße mit tollen Ausblicken von den Steilklippen auf das tief unten liegende Meer (siehe nächste Seite).

La Ciotat ist mit fast 40 000 Einwohnern der größte Ort zwischen Toulon und Marseille. Anders als das deutlich kleinere Cassis (7 000 Einwohner) war La Ciotat ein bedeutender Industriestandort. So wurde hier z. B. im Jahr 1889 das 6 376 BRT große Dampfschiff *Australien* auf der Werft Chantiers Navals gebaut. Die Krise der Werftindustrie hat La Ciotat schwer getroffen, aber langsam gelingt die Umstellung zu einer touristisch gut besuchten Region. Der große Hafen zeigt den Wandel: im Vordergrund die bunten Fischerboote (siehe Foto links), im Hintergrund die großen Kräne zum Be- und Entladen von Schiffen.

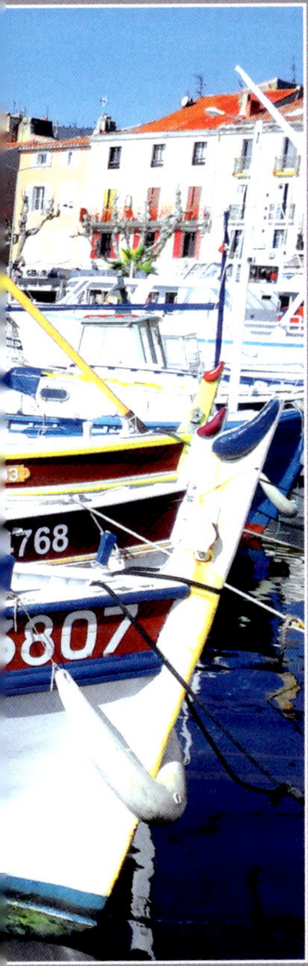

Und man kann die **Anfänge des Kinos** entdecken: Die **Brüder Lumière** drehten in La Ciotat 1896 einen der ersten Filme: „Ankunft eines Zuges auf dem Bahnhof in La Ciotat". Im **Eden-Théâtre** zeigten die Kino-Erfinder dann ihre Filme. Das älteste noch erhaltene Kino der Welt wurde für sechs Millionen Euro aufwendig restauriert und 2013 wieder eröffnet.

Office de Tourisme Cassis
Quai des Moulins
13260 Cassis
Telefon 08 92 39 01 03
www.ot-cassis.com
Geöffnet: ganzjährig täglich 9.30 bis 12.30 Uhr und 14 bis 18 Uhr, Okt. bis März So. geschlossen.

Office de Tourisme La Ciotat
Boulevard Anatole France
13600 La Ciotat
Telefon 04 42 08 61 32
www.destinationlaciotat.com
Geöffnet: ganzjährig Mo. bis Sa. 9 bis 12 Uhr und 13 bis 17 Uhr, So. geschlossen.
Juli/Aug. 9.30 bis 13 Uhr und 14 bis 17.30 Uhr, So. geschlossen.

Pétanque

Das erste **Pétanque-Spiel** der Geschichte fand im Jahre 1907 in La Ciotat statt. Davor spielte man das Boulespiel „à la longue", die Kugeln wurden nach drei Laufschritten geworfen. Aber der gute

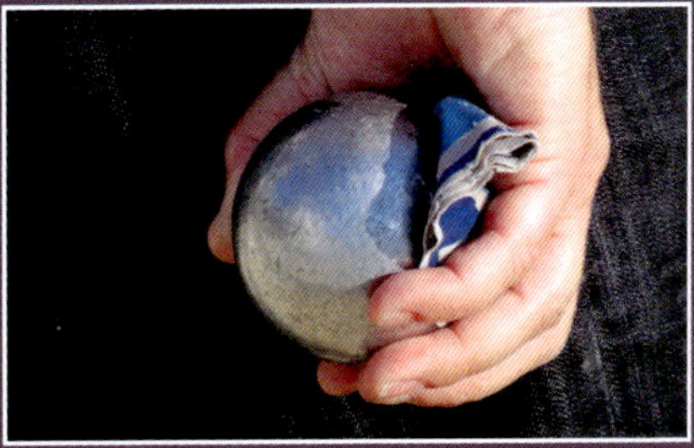

und leidenschaftliche Spieler Jules aus La Ciotat, genannt „Le Noir", litt unter starkem Rheuma und konnte die drei Schritte Anlauf nicht mehr nehmen. So erfand er eine Variante, bei der die Kugel ohne Anlauf aus dem Stand mit geschlossenen Füßen geworfen wird. Davon leitet sich der Name Pétanque ab. Auf Französisch heißen geschlossene, sich tangierende Füße **pieds tanqués**, auf provenzalisch **ped tanco**. 1910 wird, nach einigen Regeldiskussionen, der erste offizielle Wettbewerb durchgeführt.

Tour 11 Cap Canaille, von Cassis nach La Ciotat

Atemberaubend – mit vielen sensationellen Ausblicken geht es entlang der **höchsten Steilklippe Frankreichs**.

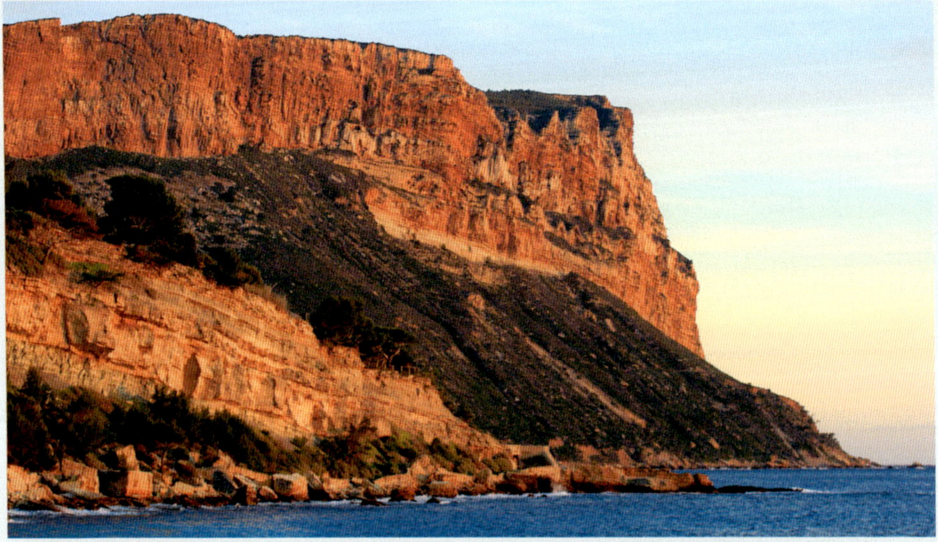

Cap Canaille und die Falaises Soubeyrannes, *mit 394 m Frankreichs höchste Steilküste und eine der höchsten Europas.*

1 43°12'50.10"N 5°32'26.71"E

Vom Bahnhof in **Cassis** fährt etwa stündlich der **Zubringerbus M 1** zur Haltestelle **Casino**. Von dort sind es wenige Minuten zum Hafen. Oder von **Marseille** mit dem **Bus Linie 78** bis zur Endhaltestelle **Gendamerie** (siehe Seite 11). Neben dem Casino befindet sich ein großer Parkplatz.

Vom Hafenbecken nach links dem **weiß-rot markierten GR 98-51** über die **Rue Marcel Barthélémy** und kurz darauf leicht links in die **Rue de l'Arène** folgen. Am nächsten Kreisverkehr rechts in die **Avenue du Revestel** abbiegen, die man 1,5 km aus dem Ort hinaus bis zur **Route des Crêtes**, der **D 141**, nimmt. Nach rechts weitere 500 m ansteigen und, vorbei an einem Weingut am **Pas de la Colle**, den **weiß-rot markierten GR 98-51 verlassen**. Die Straße noch um zwei Kurven herum weiter hinauflaufen.

2 Noch 100 m aufwärts!

100 m oberhalb einer Linkskurve scharf rechts in einen Schotterweg abzweigen. 1 km später nach rechts auf einen schmalen **gelb markierten** Pfad abbiegen. Es geht nun durch eine Senke und scharf links mit fantastischen Blicken auf die **Bucht von Cassis** (siehe Foto ganz unten) nah an die Steilklippen heran, nach rechts kann man noch weiter am Fels ansteigen, **absolute Schwindelfreiheit erforderlich!** Am **Belvédère des Calanques** entlang, wandert man bald abwärts zum Parkplatz oberhalb des **Cap Canaille**. Immer der **gelben Markierung** folgend, führt der wunderschöne Pfad mit Auf und Ab mehrfach vorbei an den **Aussichtspunkten der Route des Crêtes**. 3 km später gelangt man nach links aufwärts zu einer Straße und nach rechts zur in 313 m Höhe gelegenen **Sémaphore du Bec de l'Aigle**; 1836 unter Napoleon III. erbaut, wird sie heute als Ausguck für die Marine genutzt. Kurz davor steigt links ein Pfad zunächst steil **Richtung**

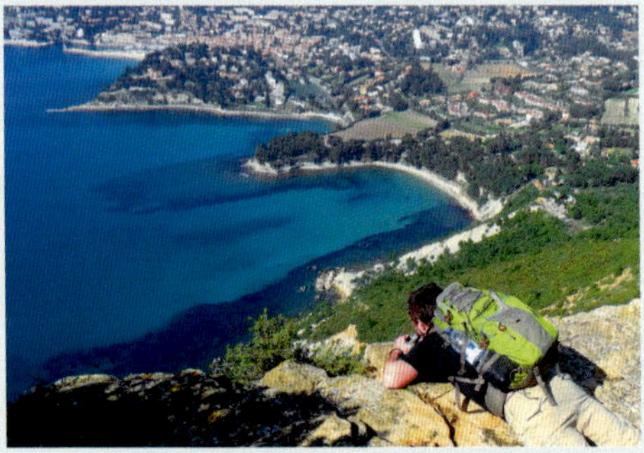

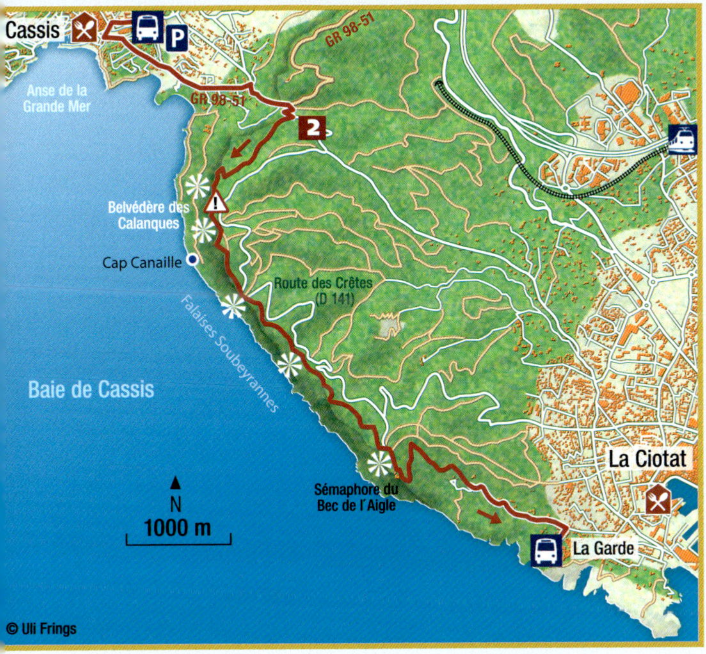

La Ciotat ab. Mit weiten Blicken auf die Hafenanlage mit großen **Schiffskränen**, die an die Blütezeit der Werftindustrie erinnern, und auf den markanten Felsen **Bec de l'Aigle** (Adlerschnabel) geht es hinunter. Hinter einem kleinen Bachtal kurz ansteigen und **scharf rechts** abbiegen. Der Weg zieht sich nun noch 800 m abwärts, bis die Straße **Chemin du Sémaphore** erreicht wird. Diese bergab nehmen, nach 150 m links halten und 1 km weiter auf der Straße bis zum Abzweig nach rechts in die **Traverse Notre Dame de la Garde**.

Will man **zu Fuß** nach La Ciotat wandern, hier nicht abbiegen, sondern noch 500 m **geradeaus** und dann links Richtung Innenstadt laufen.

Zum Bus rechts abbiegen, ca. 100 m weiter unten liegt in der Straße nach links die Haltestelle **La Garde** der **Linie 30**, die zum Hafen fährt (etwa jede Stunde).

Geradeaus weiter ist ein **Abstecher** zur 1610 erbauten Kapelle **Notre Dame de la Garde** möglich (hin und zurück **1 km zusätzlich**). Ein hervorragender **Picknickplatz** mit weiten Ausblicken auf den Adlerschnabel und die Stadt.

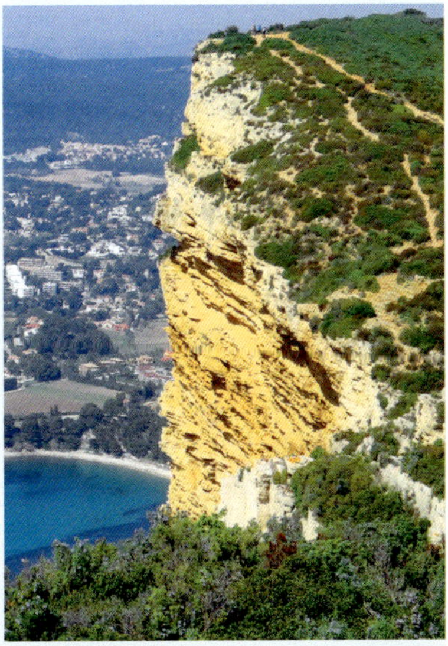

3,5 Stunden

11 km • 515 HM

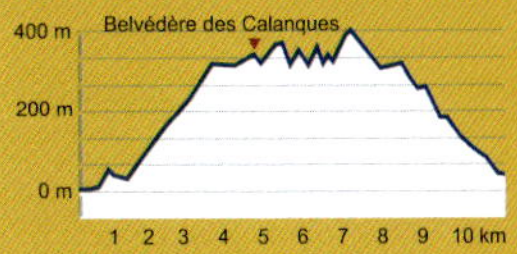

Schwierigkeitsgrad

▶ **Mittelschwer bis schwer**

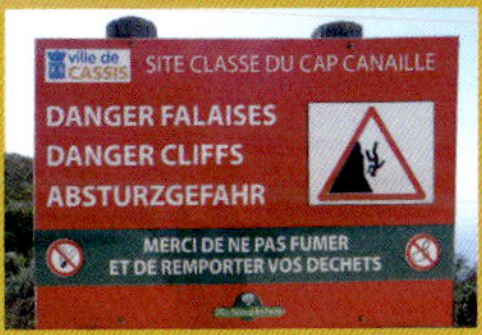

▶ An der Steilküste vor allem mit Kindern sehr vorsichtig sein, durchweg keine Sicherungen!

Wegmarkierung

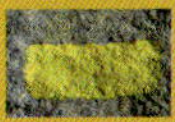

Anfangs **weiß-rot** für den **GR 98-51**, später **gelb** markiert.

Wanderkarte

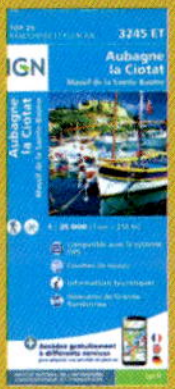

3245 ET Aubagne/La Ciotat/Massif de la Sainte-Baume Topografische Wanderkarte 1:25 000 – GPS EAN/ISBN: 9782758539841

Einkehr

▶ Entlang der Hafenbecken von **Cassis** und **La Ciotat** jede Menge nette **Cafés, Restaurants und Bars**.

▶ Tipp: **Restaurant, Brasserie Le Bistro**
8 Avenue de l'Amiral Ganteaume
13260 Cassis
Telefon 04 42 01 07 59

Märkte

▶ **Cassis**
Mi. und Fr. 8 bis 13 Uhr, Place Baragnon.

▶ **La Ciotat**
So. 7 bis 14 Uhr, Port Vieux, Place de l'Escalet.

„Unglücklich-glückliche" Jahre im Exil

Am **30. Januar 1933** wurde Adolf Hitler vom Reichspräsidenten Paul von Hindenburg zum Reichskanzler ernannt. Schon bald zeigte die Naziregierung ihr wahres Gesicht. Bereits am 2. Februar verbot der neue Innenminister Göring alle Demonstrationen der KPD. Am 27. Februar brannte der Reichstag. Ein Vorwand zur Unterzeichnung der Notverordnungen durch Hindenburg, die

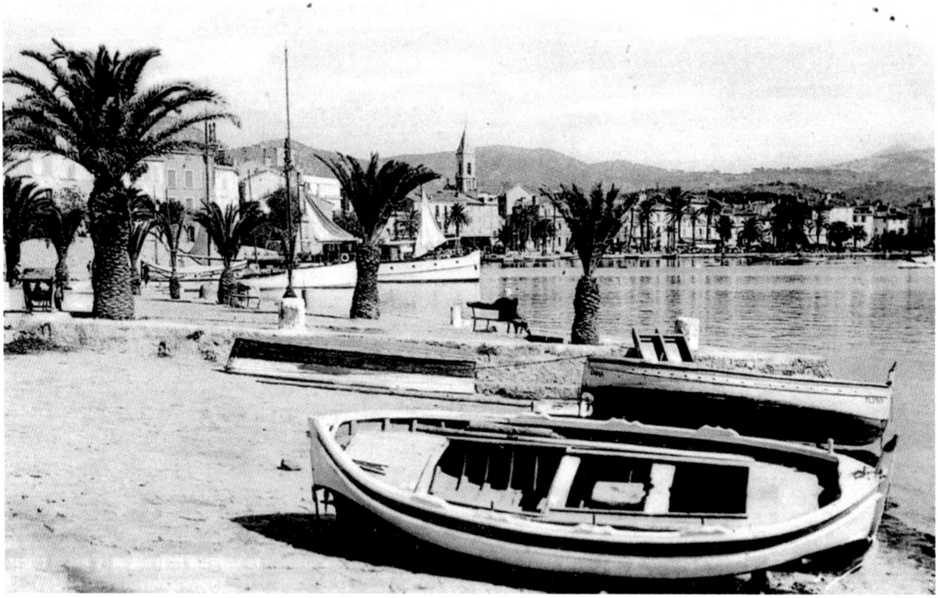

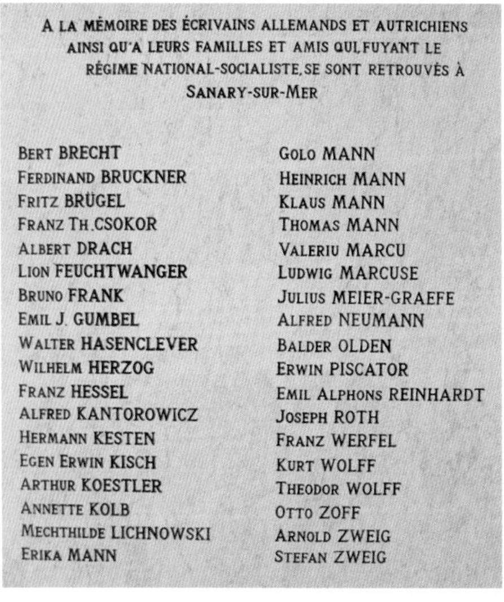

Sanary-sur-Mer: „Der kleine Ort wurde so berühmt, dass das große amerikanische FBI mich vor der Einbürgerung immer wieder fragte: ‚Please tell us something about the German colony Sanary'", Ludwig Marcuse.
Links: Gedenktafel am Office de Tourisme in Sanary-sur-Mer für die deutschen und österreichischen Flüchtlinge.

mit sofortiger Kraft die Meinungs-, Presse- und Versammlungsfreiheit stark einschränkten. Nach dem Ermächtigungsgesetz vom 23. März und der Zerschlagung der Gewerkschaften sowie dem Verbot der linken Parteien am 1. Mai 1933 sicherte sich Hitler endgültig die absolute Alleinherrschaft. **Judenpogrome, Bücherverbrennungen und offener Polizeiterror** waren die Folge. Aus der immer weiteren Verschärfung der Situation zogen viele Intellektuelle, Künstler und Schriftsteller ihre Konsequenzen und emigrierten. Der größte Teil ging nach Frankreich, das wegen seiner liberalen Asylpolitik schon seit dem 19. Jahrhundert als traditionelles Aufnahmeland galt. Bereits 1933 kamen über **20 000 Emigranten in Frankreich** an.

Im kleinen Fischerdorf **Sanary-sur-Mer** entstand ein Treffpunkt berühmter Künstler. Der deutsche Philosoph und Schriftsteller **Ludwig Marcuse** nannte Sanary mit bitterem Unterton „**Die Hauptstadt der deutschen Literatur**".

Über 500 Deutsche, Österreicher und weitere Flüchtlinge hielten sich in Sanary-sur-Mer, Bandol und Le Lavandou auf. **Thomas Mann** ging als einer der ersten mit seiner Familie im Mai 1933 auf den Rat seines Freundes Jean Cocteau nach Frankreich ins Exil. Für **Lion Feuchtwanger**, **Stefan Zweig**, **Franz Werfel** und **Alma Mahler-Werfel**, **Bertold Brecht** und viele andere wurde Sanary zum Zufluchtsort auf Zeit. Hier konnten sie leben, Freunde treffen, aber vor allem unbehelligt arbeiten. Das kleine Fischerdorf war nicht nur ein angenehmer, sondern auch ein vergleichsweise günstiger Ort am Meer. Die Künstler bekamen ab 1940 keine Arbeitserlaubnis mehr und hatten vielfach mit finanziellen Problemen zu kämpfen.

1940 begannen die Deutschen den Westfeldzug und innerhalb von sechs Wochen wurde Frankreich besiegt. Am **22. Juni 1940** diktierten die Deutschen den Franzosen den **Waffenstillstandsvertrag**. Darin verpflichtete sich die französische Regierung unter **Pétain** und **Laval**, *„... alle in Frankreich sowie in den französischen Besitzungen befindlichen Deutschen, die von der Reichsregierung namhaft gemacht werden, auf Verlangen auszuliefern"*. Damit war das **Asylrecht aufgehoben**. Einigen Künstlern gelang die Flucht nach Übersee, viele wurden aber in Lager und KZs verschleppt.

Im Office de Tourisme am Quai du Levant erhält man das Faltblatt **Parcours de mémoire – Auf den Spuren der Exil-Schriftsteller**. Auf einem drei Kilometer langen Rundweg durch die Gassen der Altstadt sieht man einen Teil der ehemaligen Häuser der Exilanten und die Cafés, in denen sie sich getroffen haben.

> *„Alles war azurblau, nur unser Gemüt nicht. Wir waren im Paradies – notgedrungen."*
>
> Ludwig Marcuse

Mit dem Überfall der deutschen Faschisten auf Frankreich im Mai 1940 war es mit der trügerischen Ruhe in Sanary-sur-Mer endgültig vorbei. Viele der Literaten, u. a. Lion Feuchtwanger, Golo Mann, Franz Hessel, Walter Hasenclever, Alfred Kantorowicz wurden ins berüchtigte Lager **Camp des Milles** bei Aix-en-Provence verschleppt. Das Internierungslager war in einer, auch heute noch gut erhaltenen ehemaligen Ziegelei untergebracht. (Erst) 2012 wurde hier eine Gedenkstätte mit sehenswerter Ausstellung eröffnet: täglich (außer 31. Dez., 1. Jan., 1. Mai, 24. und 25. Dez.) von 10 bis 19 Uhr geöffnet, Eintritt 9,50 €, Kinder 7,50 €, unter 9 Jahren frei. Weitere Infos: **www.campdesmilles.org**

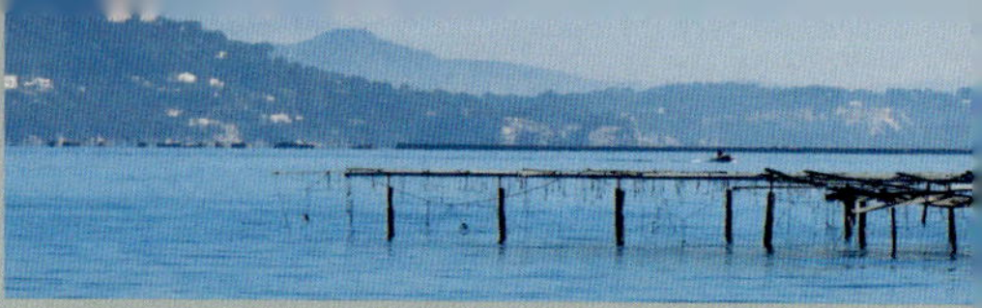

Toulon

Toulon ist mit knapp **180 000 Einwohnern** die Hauptstadt des Départements Var. Die **Rade von Toulon** gilt als eine einmalig geschützte Bucht, eine Schifffahrt mit dem **Bateaux-bus** (siehe Seite 16) zwischen den Austernbänken hindurch ist preiswert und lohnt absolut (siehe Bild oben und Seiten 142/143).

Die Stadt ist vor allem als größter **Marinestützpunkt** Frankreichs bekannt. Die bedeutende Rolle als Militärhafen erhielt Toulon im **15. Jahrhundert** von König **Ludwig XI**. Die Provence fiel durch Erbfolge unter die Herrschaft der französischen Krone. Gegen die plötzliche Allmacht des Königshauses setzte sich Marseille

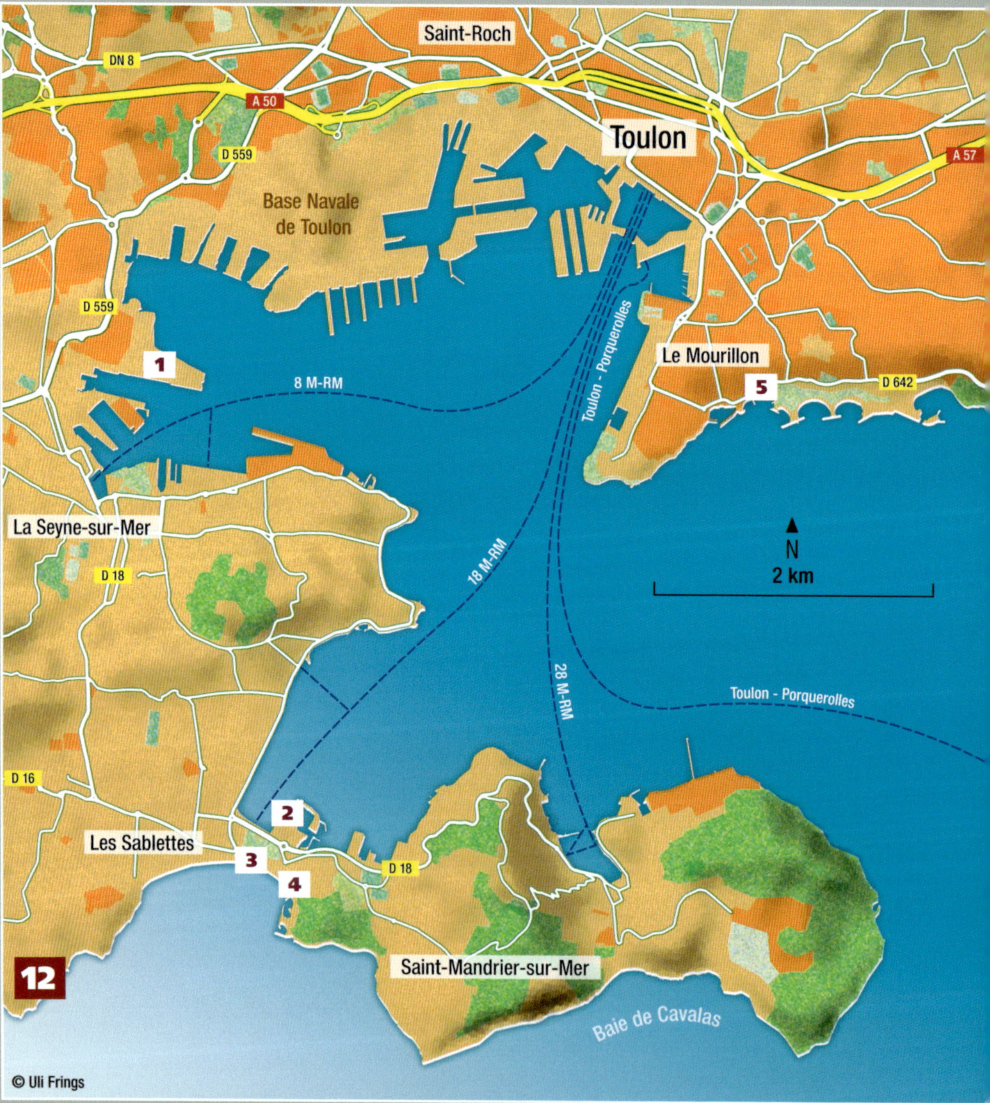

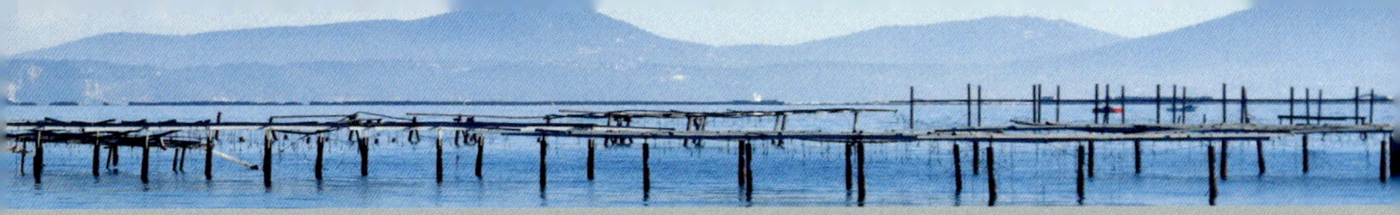

zur Wehr. Ludwig XI. bestrafte daraufhin die *Widerspenstigen* und verlegte den **Standort der damaligen Kriegsflotte von Marseille nach Toulon**. So prägen heute Kriegsschiffe, darunter auch der **Flugzeugträger Charles de Gaulle**, und viele Marinesoldaten das Stadtbild.

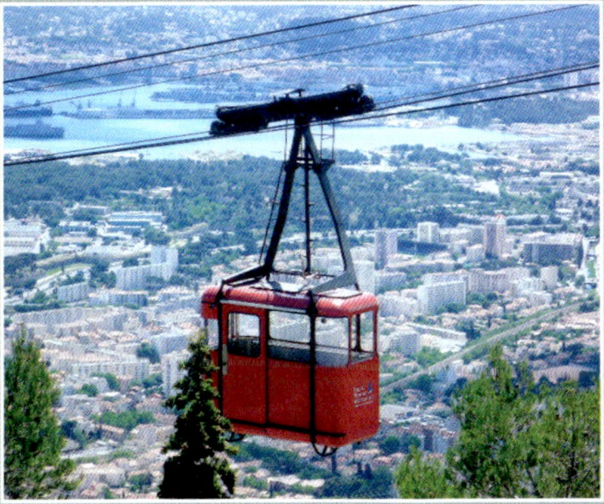

Mit der Seilbahn auf den Mont Faron
Fantastische Panoramablicke auf die Bucht und das Hinterland vom **584 m** hohen Hausberg. Mit **Buslinie 40** bis zur Haltestelle **Téléphérique** fahren. Die Seilbahn kostet hin und zurück 7,80 €, für Kinder (4–10 Jahre) 5,70 €.

Bière de la Rade
Charles Doerr und Simon Chevillot sind zwei in Toulon geborene Jugendfreunde, die auf Musikfestivals zu Bierliebhabern wurden. Sie beschlossen, die **erste Hausbrauerei Toulons** zu gründen. Blonde (Helles), Blanche (Weißbier), Stout (dunkles Starkbier) werden zu **100 % biologisch** hergestellt. **Tipp:** ganztägiger Braukurs für 100 €. Und nach einem Monat gibt es zwölf Flaschen selbst gebrautes Bier dazu.
300 Rue Amiral Nomy, 83000 Toulon
www.bieredelarade.com

Office de Tourisme Provence Méditerranée – Bureau de Toulon
12 Place Louis Blanc
83000 Toulon
Telefon 04 94 18 53 00
www.toulontourisme.com
Geöffnet: ganzjährig von Mo. bis Sa. 9 bis 13 und 14 bis 18 (Di. ab 10 Uhr), So. 9 bis 13 Uhr.

Restaurants und Unterkünfte

1 Mercure Toulon Seyne-sur-Mer
1 Quai du 19 mars 1962
83500 La Seyne-sur-Mer
Telefon 04 94 05 34 00
Der ideale Standort für einen Besuch von Toulon und für Wanderungen. Neu gebautes 4-Sterne-Hotel mit großen Zimmern und (teilweise) Balkon zum Hafen. 15 Min. Fußweg zum **Bateaux-bus**.

2 Le Ponton de Tamaris
215 Allée de la Petite Mer
83500 La Seyne-sur-Mer
Telefon 06 61 30 12 05
Für Muschelliebhaber: frische Austern und Miesmuscheln direkt vom Produzenten, dazu ein Weiß- oder Roséwein, sonst nichts.

3 Restaurant Horizon
575 Avenue Charles de Gaulle
83500 La Seyne-sur-Mer
Telefon 04 94 98 00 00
Toller Blick, hochpreisig (7-Gang-Menü ab 78 €), aber hervorragend.

4 Hôtel Restaurant George Sand
164 Rue Georges Lahaye
83500 La Seyne-sur-Mer
Telefon 04 94 94 87 87
Sehr angenehmes 3-Sterne-Hotel mit gutem Restaurant direkt am Strand, alle Zimmer mit Meerblick. Am Hotel startet ein **12 km langer Küstenweg**, allerdings müssen zweimal militärische Anlagen weiträumig umgangen werden.

5 Restaurant Chez Victor
381 Littoral Frédéric Mistral
83000 Toulon
Telefon 04 94 31 90 67
Wunderbares **3-Gang-Menü Poisson** für 36 €. Das Restaurant liegt mit schöner Terrasse zum Meer am **Sentier du Littoral**, der vom **Tour Royale** bis zur **Anse de Magaud** führt: 11 km lang mit einigen schönen Abschnitten, jedoch häufig über Promenaden und Straßen.

Tour 12 Von Le Brusc zur Notre-Dame du Mai

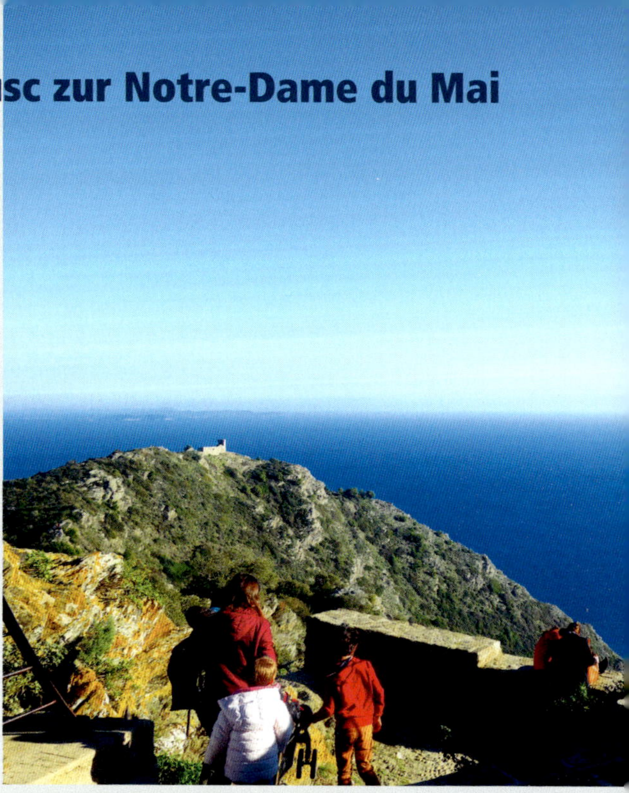

Bergwanderung mit einigen kräftigen Anstiegen. Fantastische Ausblicke unterwegs und von der **Notre-Dame du Mai** (siehe rechts) entschädigen absolut für die Mühe und den etwas langweiligen Zugangsweg am Anfang.

1 43°4'28.85"N 5°48'1.55"E

Anfahrt von **Toulon** mit dem Boot Linie **18 M** nach **Les Sablettes** und von dort weiter mit **Bus 87** nach **Le Brusc** (siehe Seite 16). Parkmöglichkeiten am Hafen von Le Brusc oder etwas oberhalb auf dem **Parkplatz Gardiole**. Fast am Ende des Port du Brusc nach links mit der **gelben Markierung** die **Montée du Gros Pin** ansteigen, auch ausgeschildert mit **Accès au Sentier du Littoral**. 150 m darauf leicht links in den **Chemin de la Gardiole** abbiegen und, vorbei am Parkplatz Gardiole, zunächst weiter aufwärts halten. Nach 700 m mit der Straße um

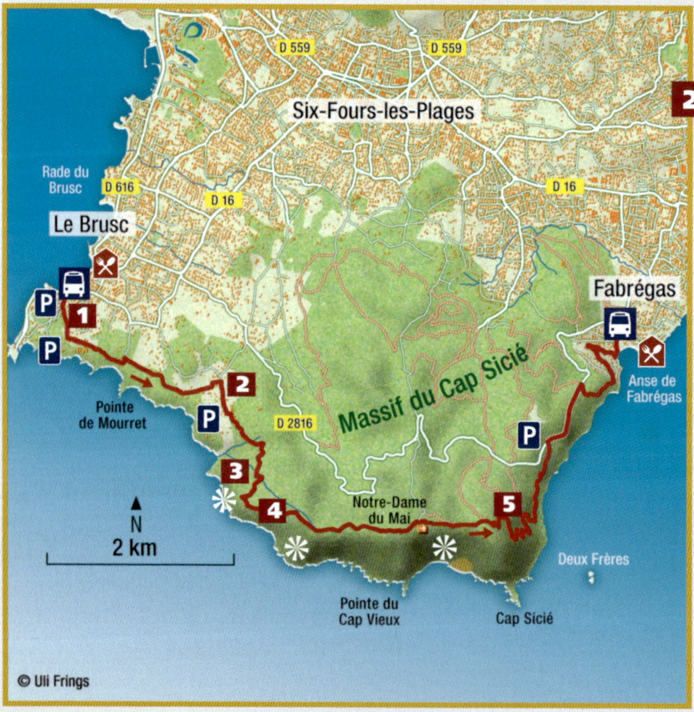

eine Linkskurve herum und keine 50 m später rechts den **Chemin de**

2 Rechts abbiegen!

la Lèque nehmen. Der Straße, vorbei an zwei kleinen Parkplätzen, **1,2 km** bis zu einer Querstraße folgen. Diese nach rechts gehen, ausgeschildert zum **Sentier du Littoral**. Die Straße führt geradeaus in den **Chemin des Cargadoux** und wird bald eine Schotterpiste. Nun beginnt der eigentliche

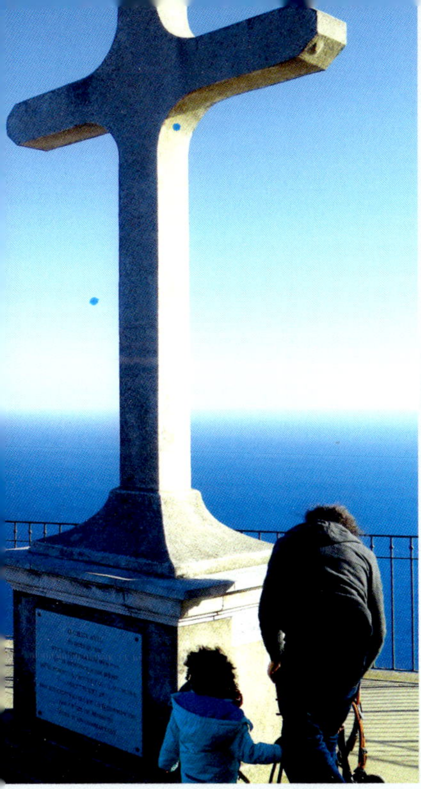

Sentier du Littoral. Durch eine Absperrung hindurch und geradeaus – mit ersten tollen Fernblicken auf das

3 Fernblicke

Meer, die Calanques und den Steilfelsen bei Cassis – weiterwandern. Der Weg wird schmaler und zieht sich schattig durch Steineichenwälder und Buschwerk (siehe Foto Seiten 18/19 oben). Nach

4 Scharf links abbiegen!

1 km an einem Abzweig scharf links abbiegen und kräftig ansteigen (der Pfad nach rechts geht gefährlich an den Steilklippen entlang). Oben angelangt, hat man bereits erste tolle Ausblicke auf die Kapelle **Notre-Dame du Mai**. Mit etwas Auf und Ab erreicht man nach 1,5 km eine kleine Straße unterhalb von einem Sendemast. Diese ein kurzes Stück nach rechts nehmen und dann links über Treppenstufen zur Notre-Dame du Mai ansteigen. Fantastische **Fernblicke** und der ideale **Picknickplatz** laden zu einer längeren Pause ein. Dem Wanderweg unterhalb der Kirche nach rechts steil bergab folgen, ausgeschildert mit **Fabrégas 4,5 km**. Auf einem Fahrweg 800 m abwärtslaufen (rechts führt ein schwindelerregender Pfad zum **Cap Sicié**). In einer Linkskurve **scharf rechts**

5 Nach rechts absteigen!

den hier deutlich als **Sentier du Littoral** gekennzeichneten Pfad absteigen. Mit Aussicht auf die Felsformation **Rochers des Deux Frères** gelangt man auf einen Schotterweg und hält sich links. An einem Rastplatz links zur Straße ansteigen, da der Sentier du Littoral wegen Steinschlaggefahr gesperrt ist (**accès interdit**). An der Straße nach rechts 800 m bis zum Parkplatz **Aire du Bœuf** laufen und hier rechts den Pfad absteigen. Am Einstieg ist dieser zwar missverständlich als **dangereux** ausgeschildert, aber bald teilt sich der Weg und nach links Richtung Fabrégas ist der Pfad **völlig ungefährlich**. 350 m später erreicht man eine Straße, die in Serpentinen hinunter zum Hafen von Fabrégas führt. Leicht links die **Route de Fabrégas** bis zum Kreisverkehr hinaufgehen. Dort fährt etwa alle 40 Min. der **Bus Linie 81** ab. In **Les Sablettes** sind es von der **Haltestelle Lagrange** 10 Min. zu Fuß zurück zum Bootsanleger.

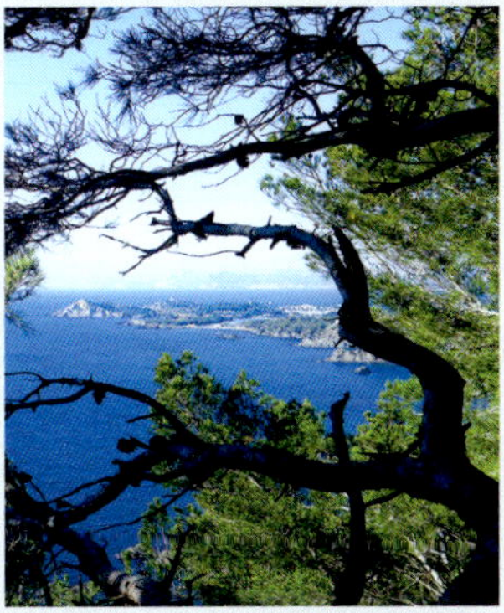

4 Stunden
12 km • 450 HM

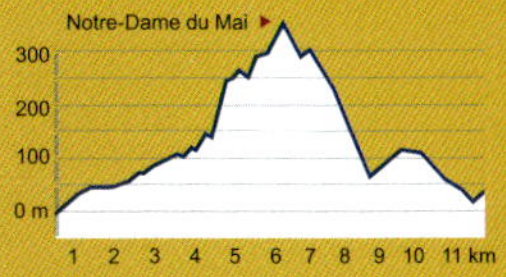

Schwierigkeitsgrad

▶ **Mittelschwer**

Wegmarkierung

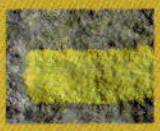

Durchgängig **gelb markiert**.

Wanderkarte

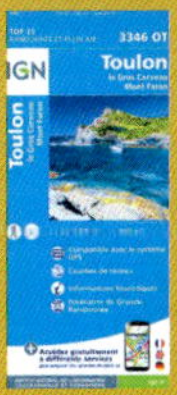

3346 OT Toulon/Le Gros Cerveau/ Mont Faron Topografische Wanderkarte 1:25 000 – GPS EAN/ISBN: 9782758538905

Wanderführer

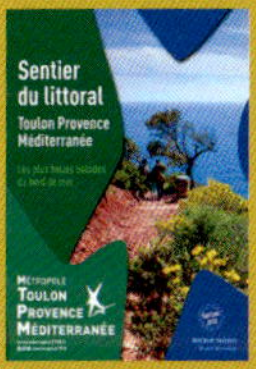

17 Küstenwanderungen mit topografischer Karte, kostenlos in jedem Office du Tourisme.

Märkte

▶ **Toulon**
Täglich 7.30 bis 12.30 Uhr, Cours Lafayette. Der in Toulon geborene Sänger **Gilbert Bécaud** hat dem Markt mit dem Lied *Les Marchés de Provence* ein Denkmal gesetzt.

▶ **La Seyne-sur-Mer**
Täglich außer Mo. 8 bis 13 Uhr, Cours Louis-Blanc.

▶ **Les Sablettes**
Täglich außer Mo. 8 bis 13 Uhr, Place Lalo.

▶ **Le Brusc à Six-Fours-les-Plages**
Täglich außer Mo. 7 bis 12 Uhr, Port du Brusc.

▶ **Marché aux Poissons**
Täglich außer Mo. 7 bis 12 Uhr, am **Hafen von Le Brusc**, Rond-Point de la Citadelle.

Hyères-les-Palmiers

Hyères liegt auf der Südseite der Bergkette **Les Maurettes**, einem Teil des **Massif des Maures**, und hat über **55 000 Einwohner**. Der Namenszusatz **les-Palmiers** ist inoffiziell, er wurde vom Fremdenverkehrsbüro „erfunden", um den Tourismus zu fördern. Zur Gemeinde gehören neben dem **Hafen** und den **Badestränden** an der Küste u. a. auch die **Presqu'île de Giens** und die „Goldinseln" **Porquerolles**, **Port-Cros** und **Le Levant** (siehe Seiten 98/99).

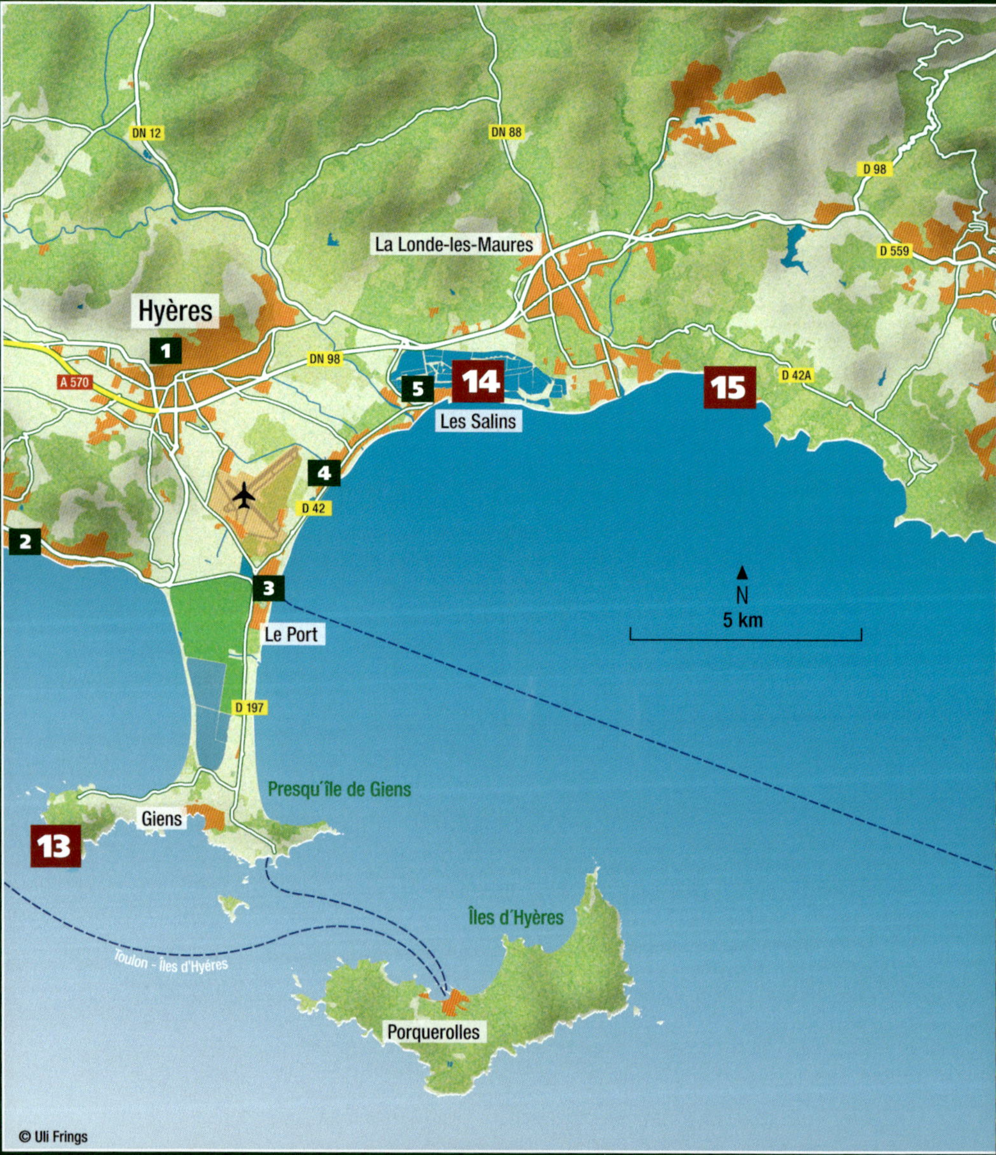

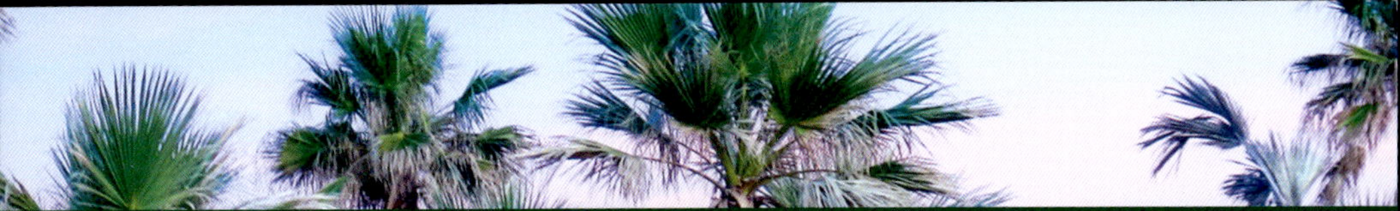

Die sehenswerte **Altstadt** von Hyères wird geprägt von einer sehr gut erhaltenen mittelalterlichen Befestigungsanlage aus dem 13. und 14. Jahrhundert mit vier Stadttoren. Der Ort mit schmalen Gassen, bunten Häusern, vielen Straßencafés, Restaurants und kleinen Geschäften ist nicht der bekannteste, aber sicher mit einer der schönsten an der Côte d'Azur.

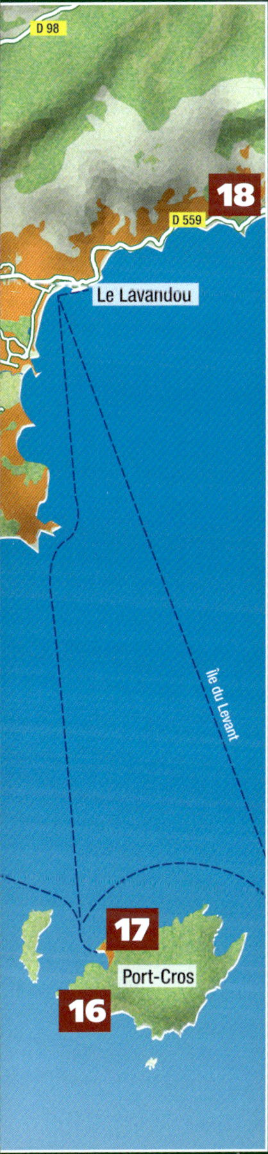

Ein Tipp für Architekturfreunde: Die **Villa Noailles** wurde von 1924 bis 1929 vom Architekten **Robert Mallet-Stevens** im Auftrag von **Marie-Laure und Charles de Noailles** erbaut. Inspiriert von Bauhaus, Le Corbusier, Frank Lloyd Wright und vielen anderen entwickelte Mallet-Stevens einen eigenen **kubistischen** Stil, die „Poesie des rechten Winkels" war sein Credo.

Montée de Noailles
15 Min. Fußweg von der Altstadt, Mi. bis So. von 13 bis 18 Uhr geöffnet, Eintritt frei.

Office de Tourisme Hyères
Rotonde du Park Hôtel
16 Avenue de Belgique
83400 Hyères
Telefon 04 94 01 84 50
www.hyeres-tourisme.com
Geöffnet: ganzjährig von Mo. bis Fr. 9 bis 18 Uhr (Okt. bis März nur bis 17 Uhr), Sa. 9 bis 16 Uhr, Juli/Aug. auch So. 9 bis 13 Uhr.

Restaurants und Unterkünfte

1 Restaurant Le Béal
824 Rue de Limans
83400 Hyères
Telefon 04 94 20 84 98
Bodenständiges Gourmet-Restaurant in einer Seitengasse von Hyères. Neben Klassikern wie Lamm oder Jakobsmuscheln auch ein veganes Pad Thai mit Tofu. Vom Gastroführer **Gault&Millau** empfohlen.

2 Strandbar/Restaurant L'Aventure
Promenade Marius Coubomb, Plage de Péno
83320 Carqueiranne
Telefon 04 94 58 82 08
Eine echte Entdeckung etwas abseits des Orts am Strand: superfreundlicher Service, günstige Tagesgerichte, frischer gegrillter Fisch oder ein Poké Bowl mit roh mariniertem Thunfisch. Auch in der Nebensaison und im Winter geöffnet.

3 La Brasserie des Îles
21 Avenue du Dr Robin
83400 Hyères
Telefon 04 94 57 49 75
Sicher das beste Fischrestaurant am Hafen von Hyères. Sehr gute Küche mit frischen Produkten der Region. Aus einem Blog: „Eine wunderbare Location, tolle Terasse, stylischer Gastraum."

4 Hôtel Restaurant La Reine Jane
1 Quai des Cormorans
83400 Hyères
Telefon 04 94 66 32 64
14 Zimmer, von 14 verschiedenen Designern spannend im Kontext Mittelmeer gestaltet, von „Aquarium" über „Griechenland" bis „Schiffskabine". Auch das Restaurant ist nicht nur hip, sondern auch gut.

5 Restaurant Le Pothuau
4 Place des Pêcheurs
83400 Hyères (Les Salins)
Telefon 04 94 66 40 37
Einfaches Lokal am Hafen, aber die beste Bouillabaisse weit und breit (58 €).

Tour 13 Traumwanderung Presqu'île de Giens

Die Presqu'île de Giens ist durch eine einzigartige geologische Besonderheit entstanden, zwei 5 km lange Sandbänke, sogenannte **Tomboli**, verbinden die ehemalige Insel mit dem Festland. Die Wanderung begeistert durch den Wechsel von weißen Sandstränden und bergigen Passagen in unberührter Natur entlang der Klippen.

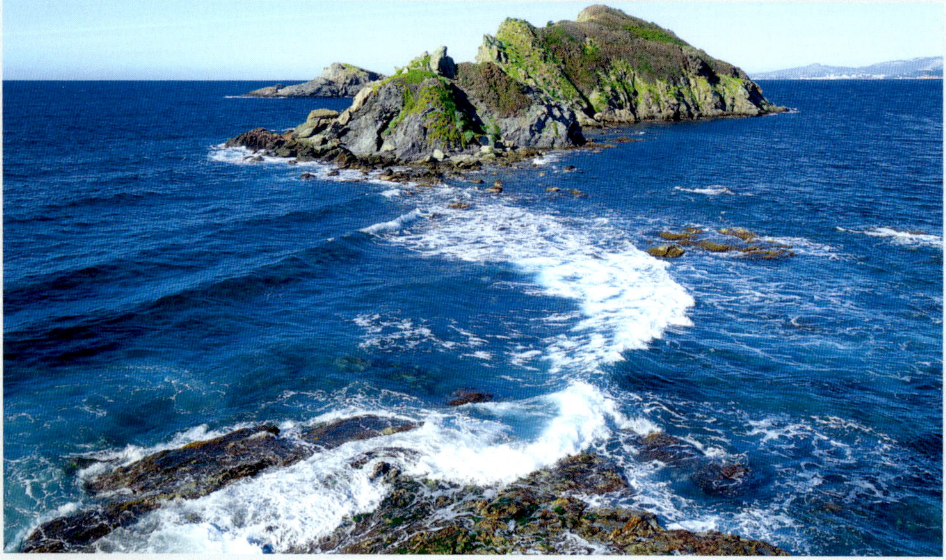

1 43°2'24.35"N 6° 6'16.46"E

Von **Hyères** mit **Bus 67** zum Ort **Giens** und weiter mit **Bus 68** bis zur Station **Four à Chaux** fahren (siehe Seite 17). Hier befinden sich auch Parkmöglichkeiten.
Die Straße in Fahrtrichtung einige Meter bis zu einer Tafel mit Übersichtskarte laufen und nach rechts, an einem Tor vorbei, in die Privatstraße

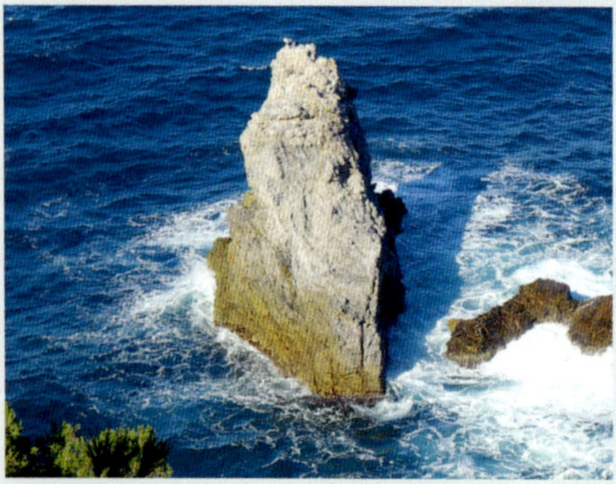

Allée des Asphodèles abbiegen. Direkt darauf links auf einem schmalen Pfad zur Küste absteigen und kurz vor dem Ufer links halten. Ab hier folgt man dem **gelb markierten Sentier du Littoral** und ignoriert dabei die Abzweige.

2 Schwimmstellen

Entlang mehrerer schöner Badestrände hat man nach 800 m einen fantastischen Ausblick auf die **Île Longue** (siehe Foto oben). Nach links steigt man nun zu einer mit viel Graffiti bemalten ehemaligen Bunkeranlage an und geht auf dem schmalen Küstenpfad an ihr vorbei. Auf Höhe einiger links liegender Häuser **rechts** hinaufwandern und **direkt wieder rechts** auf den gut ausgeschilderten Weg abzweigen. 300 m später

3 Zuckerhut und Ausblicke

hat man Blick auf den Felsen **Pain de Sucre**. Der Pfad zieht sich – am **Pointe des Chevaliers** vorbei – wunderschön aufwärts. An einer Wegkreuzung nimmt man den rechten Weg Richtung **La Darboussière**. Immer wieder kommen Abzweige, die gefährlich nah an die Klippen führen, man orientiert sich aber an der **gelben Markierung**. Nach 1 km verlässt man den Weg und steigt

4 Abkürzung/Umgehung

scharf links im Fels kräftig an. **500 m später** geht links ein Pfad ab, dies ist eine kleine Abkürzung und man vermeidet den schwierige-

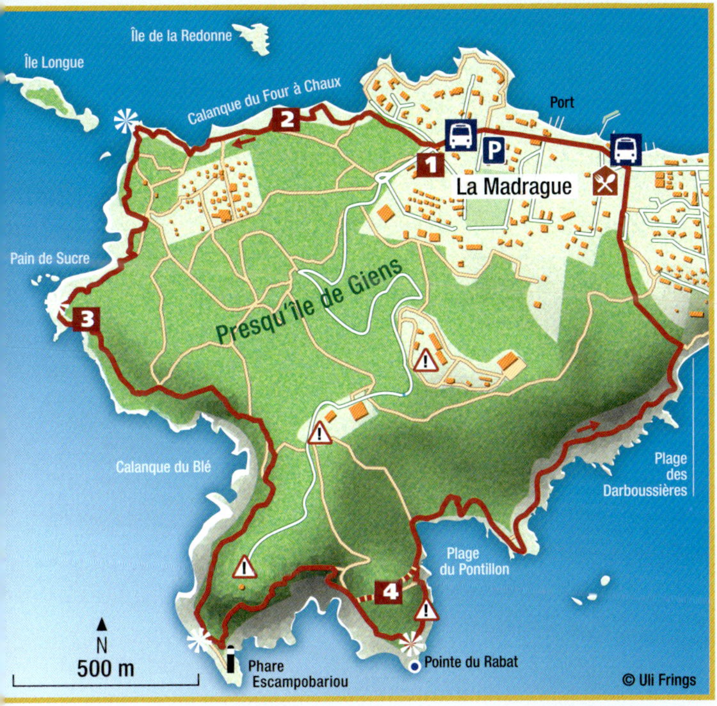

ren, auch als **sportive** ausgewiesenen Weg zum **Pointe du Rabat**. Der Weg nach dem **Aussichtspunkt** führt sehr steil und nah an der Steilküste hinunter zum **Plage du Pontillon**, Schwindelfreiheit und Trittsicherheit sind erforderlich. Den Strand überqueren und im Fels mit einigen kurzen Kletterstellen hinaufgehen. Mit etwas Auf und Ab wandert man knapp 1 km bis zum **Plage des Darboussières**. Hier verlässt man nach links die gelbe Markierung und erreicht nach gut 500 m die **Bushaltestelle Madrague** der **Linie 68** oder man folgt noch der Straße nach links zu den **Parkplätzen**.

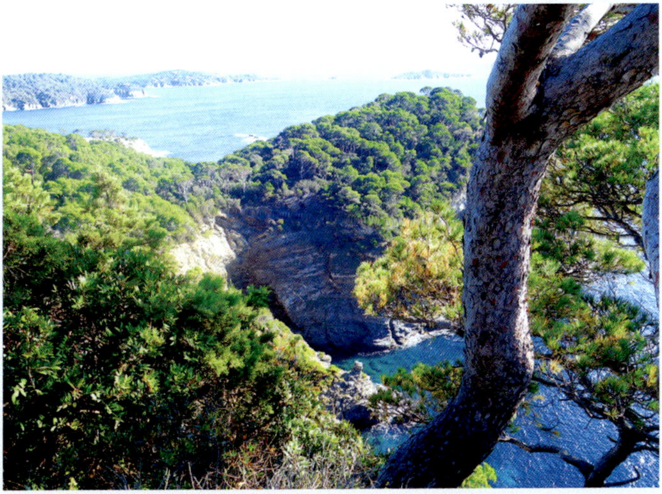

2,5 Stunden
6,7 km • 200 HM

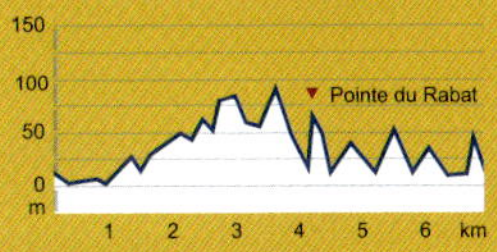

Schwierigkeitsgrad

▶ **Mittelschwer, Abstieg vom Pointe du Rabat ⚠ schwer,** Schwindelfreiheit und Trittsicherheit erforderlich.

▶ ⚠ Achtung: Auf dem Küstenweg bleiben, das Inland ist teilweise militärisches Sperrgebiet!

Wegmarkierung

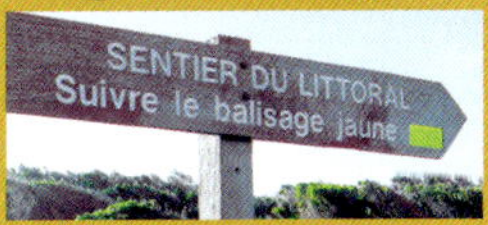

Bis auf die Zugangswege **gelb markiert**.

Wanderkarte

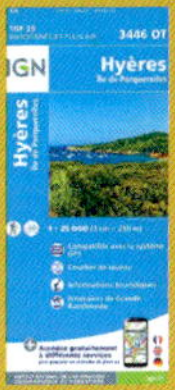

3446 OT
Hyères/Île de Porquerolles
Topografische Wanderkarte
1:25 000 – GPS
EAN/ISBN: 9782758535140

Einkehr

▶ **Restaurant, Bar La Bouillabaisse**
3305 Route de la Madrague
Presqu'île de Giens
83400 Hyères
Telefon 04 94 58 22 15
Gute 3-Gang-Mittagsmenüs (außer So.) ab 25 €. Oder nur ein Bier auf der sonnigen Terrasse …

Märkte

▶ **Hyères**
Ganzjährig Sa. 8 bis 13 Uhr, Anfang Mai bis Ende September zusätzl. Di. und Do., Avenue Gambetta.

▶ **Giens**
Di. 8 bis 13 Uhr, Place du Belvédère.

Tour 14 Die ehemaligen Salinen von Hyères

Das empfindliche Ökosystem der 350 ha großen ehemaligen Meerwassersalinen bietet heute einen idealen Nist- und Ruheplatz für bis zu **200 verschiedene Vogelarten**, darunter vorwiegend **Zugvögel**. Rosa Flamingos und einige weitere Vogelarten kann man hier das ganze Jahr hindurch beobachten. Die besten Monate für ornithologische Streifzüge sind allerdings März und September.

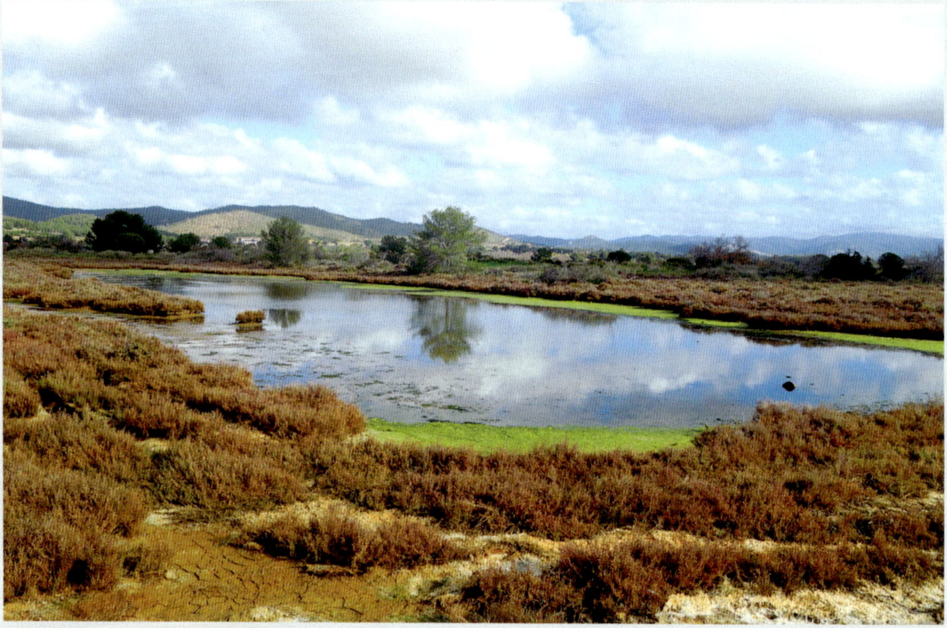

1 43°7'3.07"N 6°11'55.25"E

Von **Hyères Centre** fährt der **Bus Linie 66** alle 1–2 Stunden nach **Les Salins**. Von der Bushaltestelle **Vieux Salins** 100 m auf der **Rue Saint-Nicolas** in Fahrtrichtung weiterlaufen bis zum Beginn der Salinen, hier befinden sich auch **Parkplätze**.

2 Naturkundehaus

Mitten durch die ehemaligen Salinen geht es jetzt noch 700 m weiter bis zum **Espace Nature** mit Vogelbeobachtungsstation. Anschließend auf dem Hinweg zurück und die Straße geradeaus bis zum **Port Pothuau** nehmen. Nach links beginnt am Ende des Hafenbeckens der **Sentier du Littoral**. Über die Brücke mit alter **Schleusenanlage** zur Regulierung des Wasserstands in den Salzbecken gelangt man nach 50 m zu großen Parkplätzen. Noch ein Stück nach rechts und dann links folgt man dem sandigen Weg, der **zwischen Badestränden** und den vermutlich im 10. Jahrhundert angelegten und bis 1995

*Der **Espace Nature** bei Punkt **2** bietet neben einer kleinen Ausstellung und einer Beobachtungsstation auch eine zweistündige kostenlose ornithologische Führung an. Reservierung unter **Telefon 04 94 01 09 77**.*

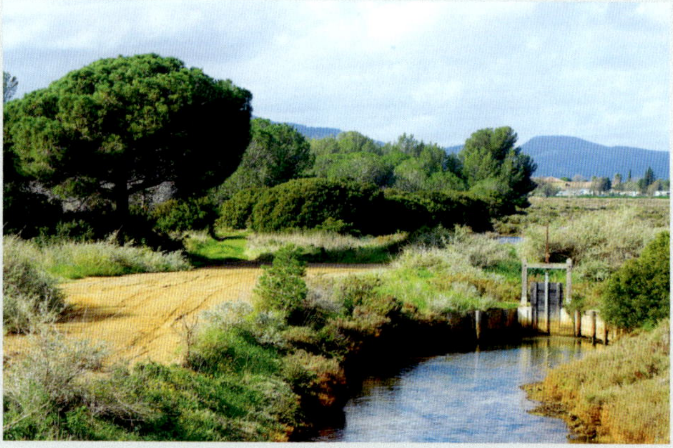

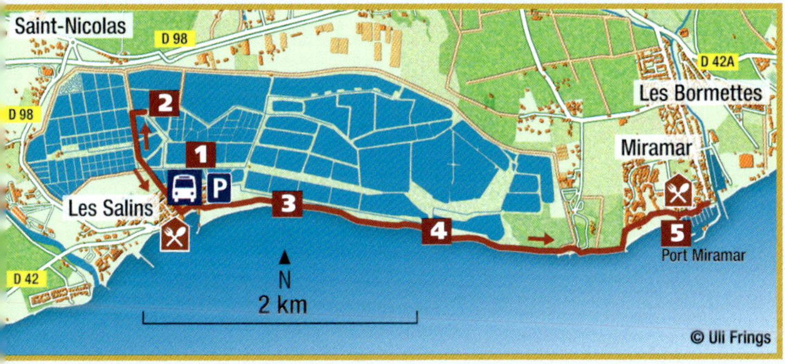

bewirtschafteten **Verdunstungsbecken** hindurchführt. Über **4 km** sind es nun auf dem wunderschönen Weg bis zum Hafen von **Miramar**, vorbei an vielen guten Möglichkeiten zur **Vogelbeobachtung** oder zum **Schwimmen** im Meer.

3 Plage Naturiste

Nach etwa 1 km der Wanderung ist ein längerer Strandabschnitt, der **Plage Naturiste des Vieux Salins**, als reiner **FKK-Strand** ausgewiesen. Später zweigt links ein Pfad ab, auf dem man in einem Bogen durch das **Naturschutzgebiet** laufen kann; dieser Weg wird aber zum Schutz der Vögel **nur sporadisch geöffnet**. Unterwegs sind Erläuterungstafeln zum **Ökosystem**, **Vogelbestand** oder **Umweltschutz** installiert (siehe Seite 152).

4 Abzweig

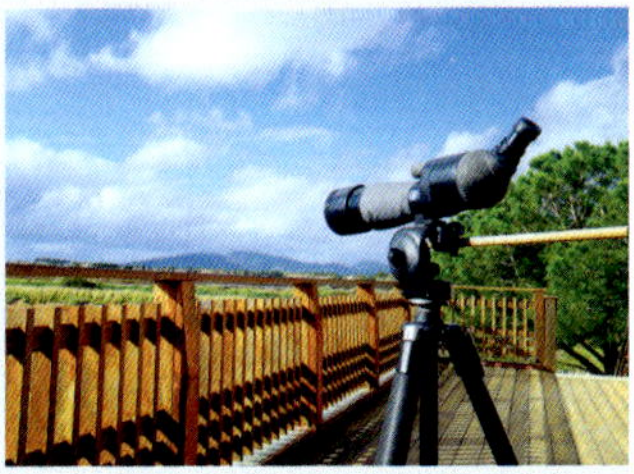

5 Einkehr am Hafen

Am Port Miramar befinden sich viele Restaurants, direkt am Beginn des Hafens liegt das gute **Le Président** (siehe Seite 97).

Eine regelmäßige Busverbindung zurück nach Hyères besteht erst ab dem Zentrum von **La Londe-les-Maures** mit **Buslinie Zou 7801** oder **7802**; 2,7 km zusätzlicher Fußweg entlang der Straße oder etwa 12 € für eine Taxifahrt zurück nach **Les Salins**.

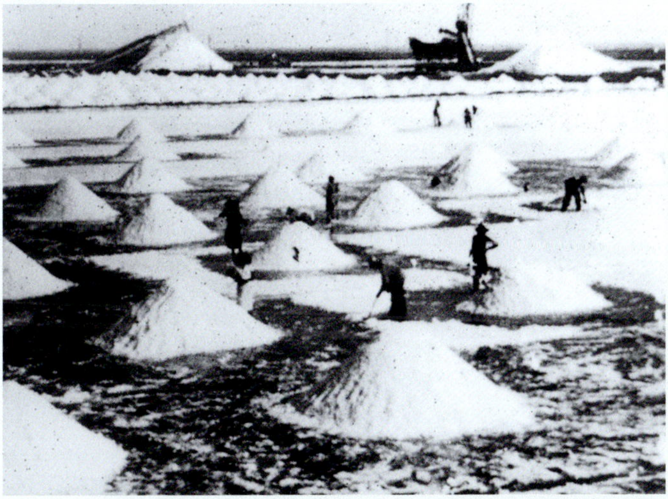

1,5 Stunden
5,9 km • 10 HM

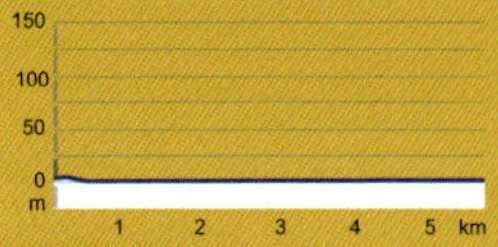

Schwierigkeitsgrad

▶ **Leicht**

Wegmarkierung

Die **gelbe** Markierung ist meist nicht zu finden, der Weg aber schon.

Wanderkarte

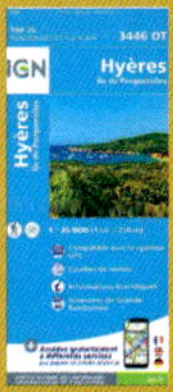

3446 OT Hyères/Île de Porquerolles Topografische Wanderkarte 1:25 000 – GPS EAN/ISBN: 9782758535140

Einkehr

▶ **Restaurant Le Pothuau**
4 Place des Pêcheurs
83400 Hyères (Les Salins)
Telefon 04 94 66 40 37
Sieht von außen nicht so aus, aber: *„Willst du eine Bouillabaisse essen? Such nicht weiter", aus* einem Blog.

▶ **Les Salins**
In unregelmäßigen Abständen bauen die Fischer vom **Port Porthuau** am Hafenbecken lange Tisch- und Stuhlreihen auf und bieten eine preiswerte Seeigel-Dégustation an.

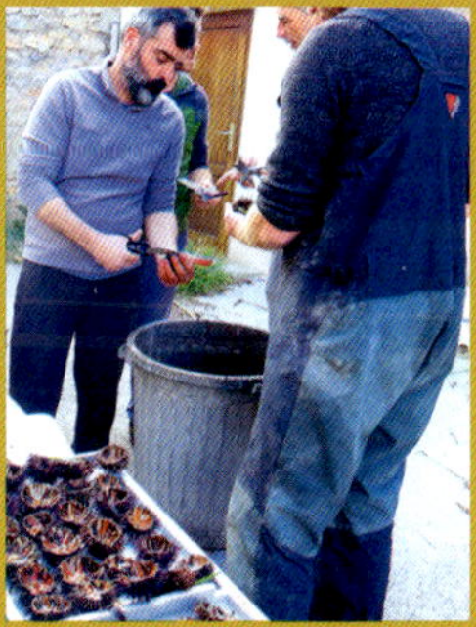

Tour 15 La Londe-les-Maures bis Cap de Brégançon

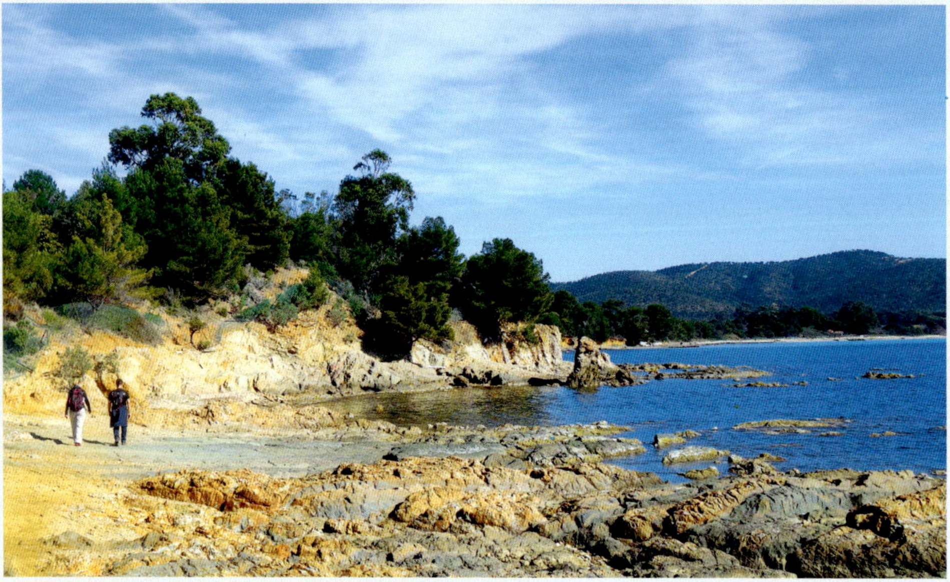

„Die schönsten Strände der Côte d'Azur" (provence-guide.net) oder „Warum in die Karibik jetten, wenn wir das alles HIER haben können?!" (travelistas.info). Die Blogger überschlagen sich, und das mit Recht!

1 43°6'59.81"N 6°14'51.54"E

Allerdings ist dies auch die einzige Wanderung im Führer, die nicht gut mit öffentlichen Verkehrsmitteln erreichbar ist. Eine regelmäßige Busverbindung von Hyères gibt es nur bis zum Zentrum von **La Londe-les-Maures** mit **Buslinie Zou 7801** oder **7802**. Von dort sind es 2,7 km bis zum Ausgangspunkt der Wanderung oder etwa 12 € für eine Taxifahrt. Alternativ ist eine Kombination mit **Tour 14** eine schöne Lösung.

Am Ende des Hafenbeckens vom **Port Miramar** nach links und direkt rechts über die Fuß-

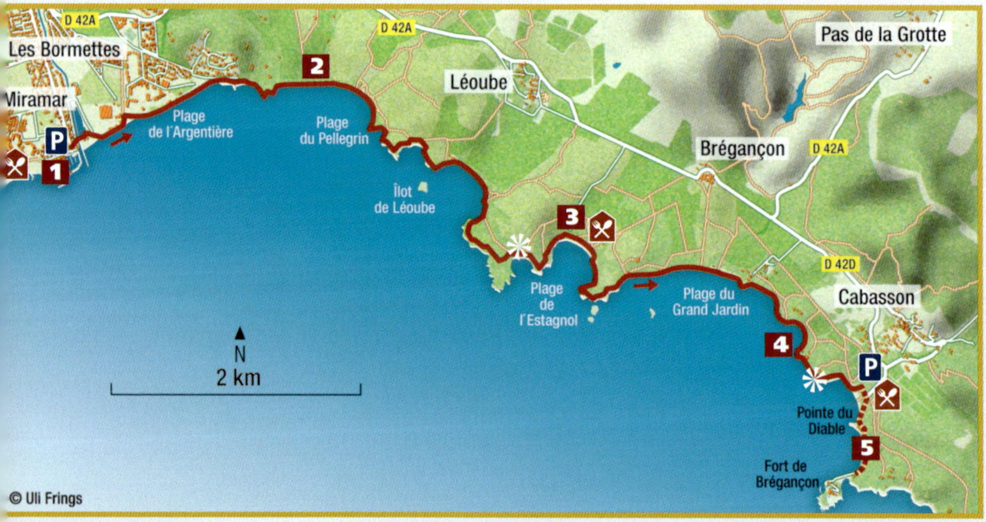

gängerbrücke gehen, ausgeschildert als **Sentier du Littoral** und **gelb markiert**. Nach rechts zum Strand und bald über ein kleines Brückchen 1,5 km am **Plage de l'Argentière** entlanglaufen. Am Ende vom Strand eine Treppe hinauf, ein Felsvorsprung wird oberhalb umrundet und über Stufen steigt man ab zum **Plage du Pellegrin**. 800 m dem lang gezogenen Strand folgen, in der Mitte kommt ein schattiger Pinienwald mit **Picknickplätzen**. Eine Landzunge wird umgangen, indem man den Pfad aufwärts nimmt. Anschließend führt er zu einer kleinen Bucht, an deren Ufer man weitergeht. Wieder bergauf wandert man nun unterhalb des großen Weingutes **Château Léoube**. Der Pfad wird schmaler und läuft scharf rechts weiter, die unten liegenden Strände können nur über Stichwege erreicht werden. Erneut bergab kommt man zum 500 m langen **Plage de Léoube** mit Blick auf die vorgelagerte Insel. Direkt am Wasser entlang gelangt man über Felsen zur nächsten kleinen Bucht. Am Ende steigt ein schmaler Pfad an, der Weg verläuft nun oberhalb der Felsküste. Beim Schild zur **Batterie de Léoube** scharf links über Treppen hinuntergehen. Einen Querweg nach rechts nehmen und – noch bevor der Strand erreicht wird – links abbiegen. Bei einer Freifläche links im Fels ansteigen. Der Pfad führt zum **Plage de l'Estagnol**, im Sommer gibt es hier eine **Snack-Bar/Pizzeria**. Auf Höhe der Felsen nach links über Stufen kräftig aufwärts und hinunter zum **Plage du Grand Jardin** gehen. Die Küste wird deutlich rauer, auf dem lang gezogenen schmalen Sandstrand muss man immer wieder kurz über Felsen kraxeln. Weiter an der Küstenlinie halten und zu den nächsten beiden Stränden laufen. Man gelangt zu einem kleinen Hafenbecken, hier nach rechts der Markierung **Sentier Littoral par les rochers** (siehe Foto oben rechts) folgen und am Ufer über die Felsen klettern. Sicher der schwierigste, aber kein gefährlicher Abschnitt der Wanderung. Mit Auf und Ab entlang der wilden Küste geht es bis zum **Plage de Cabasson**. In der Mitte des Strandes befindet sich nach links der Parkplatz. Von Ostern bis Oktober ist das nette **Strandrestaurant La Cabasse** geöffnet (Telefon 04 94 64 80 70). Ein knapp 1 km langer Abstecher zum **Fort de Brégançon**, der Residenz der französischen Präsidenten, ist entlang der Küste möglich (Besichtigung 10 €, unbedingt Termin vereinbaren: Telefon 04 94 01 38 38). Vom **Plage de Cabasson** kehrt man zurück leider wieder nur mit dem **Taxi** (auf jeden Fall vorbestellen, sonntags ist es oft schwer, überhaupt eins zu bekommen) nach Hyères für ca. 50 € oder mit einem Abstecher in den schönen Ort **Bormes-les-Mimosas** für ca. 25 € und von dort weiter mit **Buslinie Zou 7801** oder **7802**.

2 Picknickplatz

3 Einkehrmöglichkeit

4 Kleine Kletterpassagen

5 Abstecher zum Fort

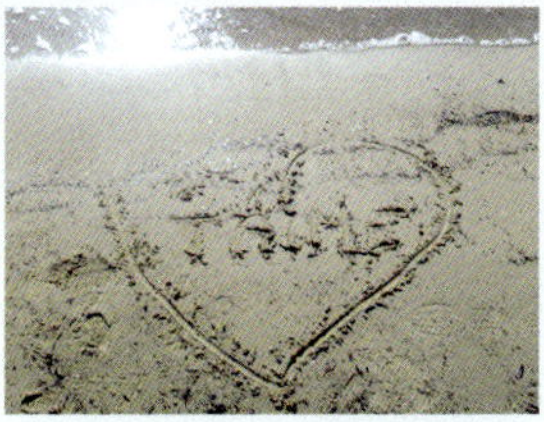

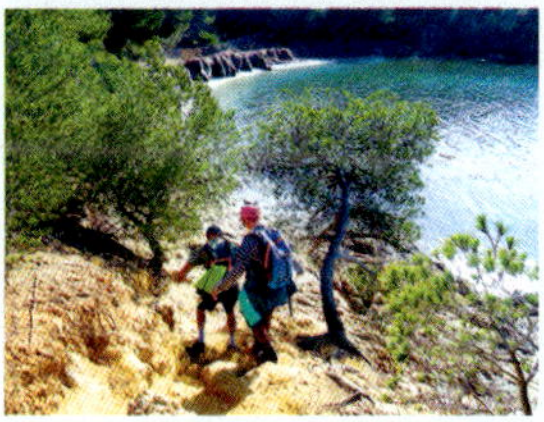

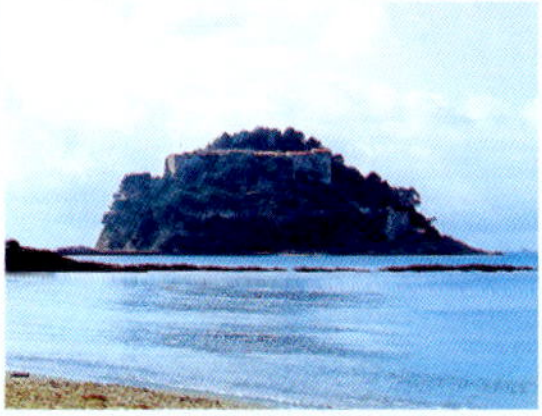

3,5 Stunden

9,8 km • 90 HM

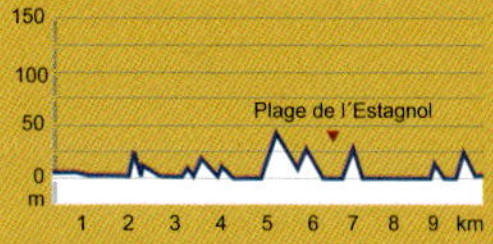

Schwierigkeitsgrad

▶ **Mittelschwer**

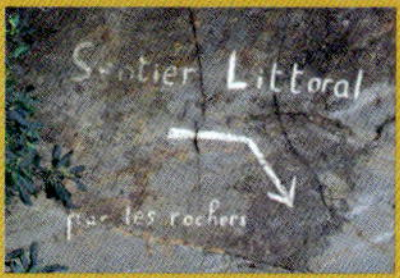

Wegmarkierung

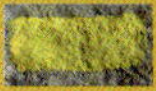

Durchgängig **gelb markiert**.

Wanderkarte

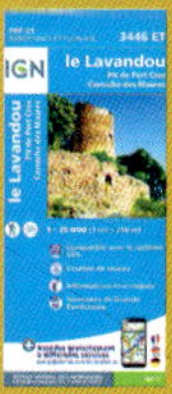

3446 ET
Le Lavandou/PN de Port-Cros/Corniche des Maures
Topografische Wanderkarte
1:25 000 – GPS
EAN/ISBN: 9782758535133

Einkehr

▶ **Restaurant Le Président**
Boulevard du Front de Mer
83250 La Londe-les-Maures
Telefon 04 94 66 85 69
Gute frische Fischgerichte zu fairen Preisen, supernette Bedienung und mit Abstand die beste Lage am sonst eher touristisch/tristen Jachthafen.

▶ Im Sommer gibt es an einigen Stränden **Snack-Bars.**

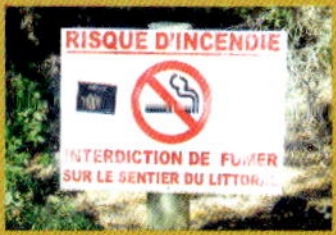

Absolutes Rauchverbot auf dem Sentier du Littoral und an den Stränden (135 € Strafandrohung).

Markt

▶ **La Londe-les-Maures**
So. 8 bis 13 Uhr,
Place de la Mairie.

Îles d'Or

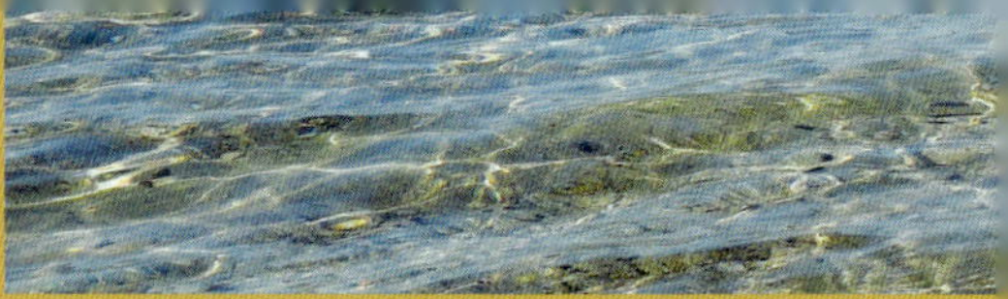

Die **Îles d'Hyères** sind geologisch eine Verlängerung des **Massif des Maures**. Das Archipel aus den drei Hauptinseln **Porquerolles**, **Port-Cros**, **Île du Levant** und vielen kleineren Inseln entstand vor 20 000 Jahren nach der letzten Eiszeit durch den Anstieg des Meeresspiegels. Wegen ihrer im Abendlicht golden schimmernden Klippen werden sie auch die „Goldinseln" genannt. Das **Cap d'Arme** auf Porquerolles ist der südlichste Punkt der Provence. Ein Teil der Inseln und das umliegende Meeresgebiet bilden den 1963 gegründeten **Nationalpark Port-Cros**. Vor allem **Porquerolles** besticht durch seine weißen Sandstrände, Karibik pur. Die touristisch stark frequentierte Insel ist in erster Linie ein Paradies für **Fahrradfahrer**. Am Hafen liegt ein Verleih neben dem anderen, schnell ist man auf den breiten Pisten an einem der **Traumstrände**. Für Wanderer ist eher **Port-Cros** zu empfehlen, tolle Bergpfade und nicht so überlaufen (siehe Seiten 100–103).

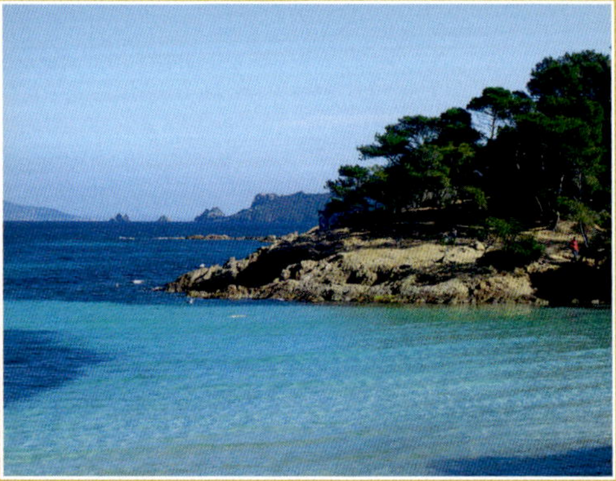

Fährverbindungen:
Porquerolles: Abfahrt beim **Tour Fondue** am Ende der **Presqu'Île de Giens** (Linie 67, siehe Seite 17). Täglich, im Winter 4–6 Verbindungen, im Sommer etwa jede halbe Stunde.

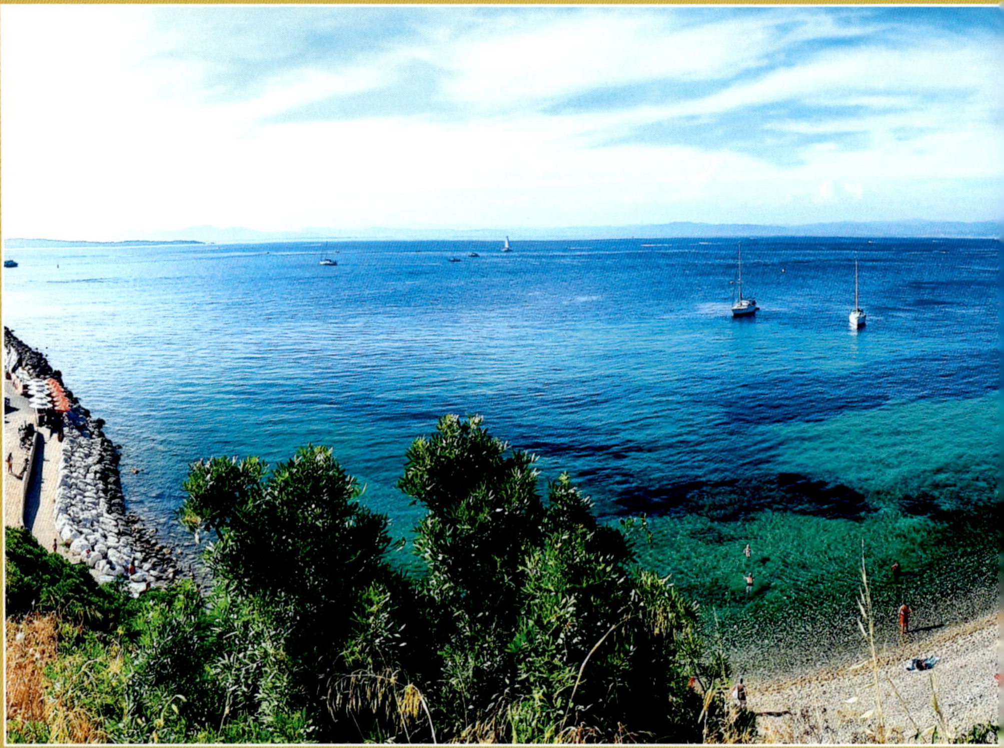

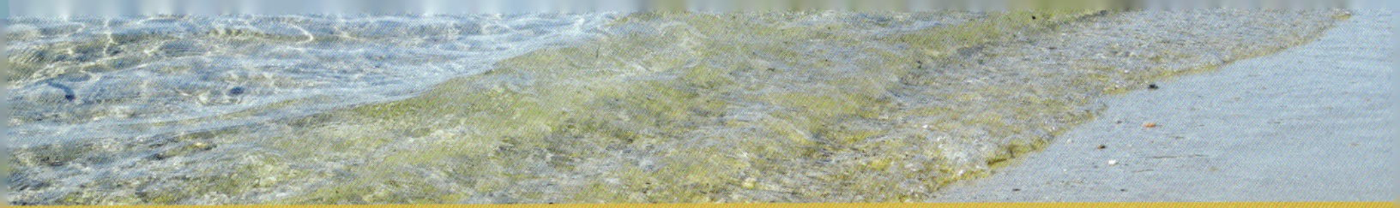

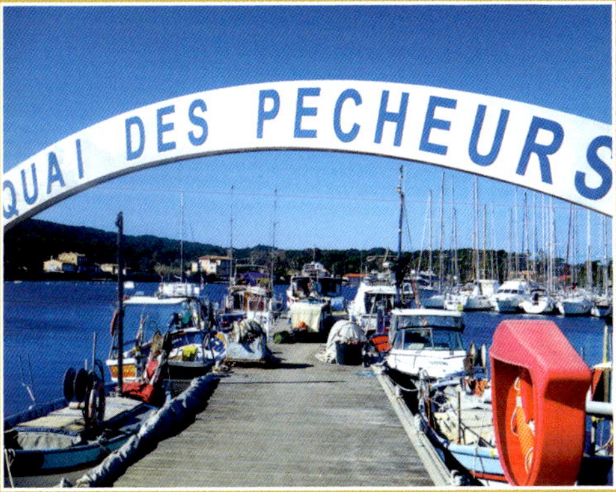

Preis 19,50 €, reduziert 16,80 €, unter 4 Jahren frei. Fahrradmitnahme: Erwachsene 14,50 €, Kinder 11,50 €. Fähre nach **Port-Cros** und von dort weiter nach **Le Levant** siehe Seite 101. Infos unter **www.tlv-tvm.com**.

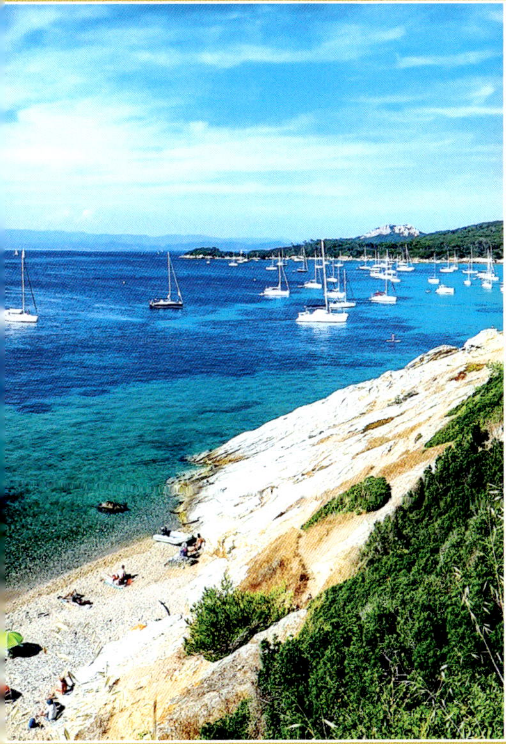

Heliopolis, das erste Naturistendorf Europas

Die Île du Levant ist in ganz Frankreich für zwei Dinge bekannt: **Militär und Nackte**. In der Tat erprobt die Armee seit den 1950er Jahren auf einem Großteil der Insel Raketen und Torpedos. Aber nur einen Steinwurf davon entfernt liegt das **FKK-Dorf Heliopolis**. 1931 wurde die Gemeinschaft von den Ärzten **Gaston und André Durville** gegründet, in der Tradition der nach Ende des Ersten Weltkrieges in Deutschland entstandenen Naturistenbewegung. Man hoffte, die vielen traumati-

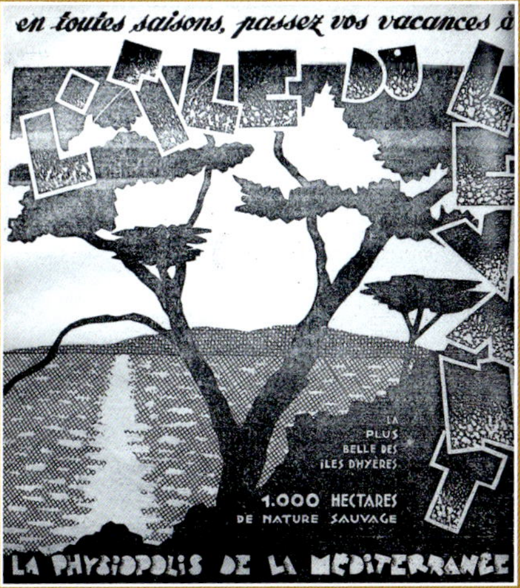

Anzeige in der Zeitschrift Naturisme, 1931.

sierten Menschen durch Sonnenbäder und Abkehr von den Großstädten heilen zu können. Nacktheit war damals, wie offensichtlich bis heute, eine Provokation, sie wurde lediglich an den Stränden toleriert. Dies führte zur Erfindung des sogenannten **Minimum**, eines winzigen Stücks Stoff, das es erlaubt durch den Ort und in die Restaurants zu gehen, ohne verhaftet zu werden. Auch jetzt noch lästert die örtliche Presse jedes Jahr im Sommer über die Gendarmerie, die Gäste in Heliopolis dazu anhält, sich zu verhüllen.

Tour 16 Île de Port-Cros – Erdbeerbaumweg

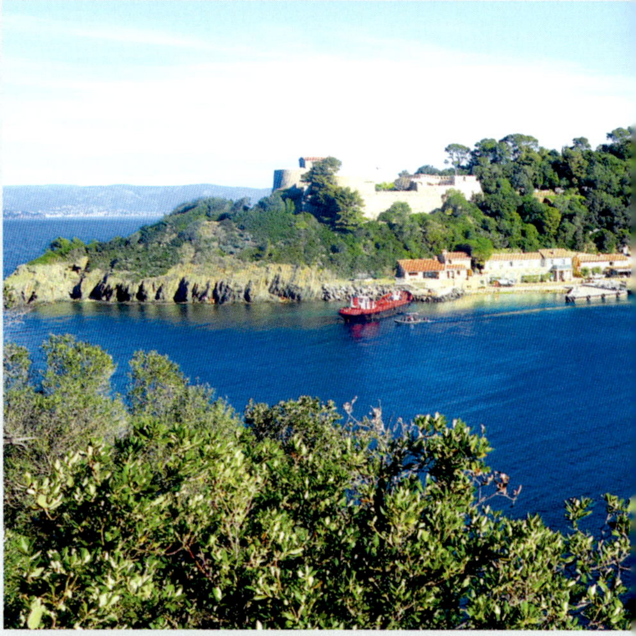

Mit **4 km Länge** und **2,5 km Breite** ist die **Île de Port-Cros** neben **Porquerolles** und der **Île du Levant** die kleinste, aber auch wildeste und bergigste der drei Goldinseln in der Bucht vor Hyères: ein echtes Wanderparadies.

Außer der Fähre von **Hyères** (siehe rechts unten) gibt es je nach Saison drei- bis fünfmal am Tag ein Boot von **Le Lavandou** nach Port-Cros: **www.vedettesilesdor.fr**.

Vom Bootsanleger nach rechts am Hafenbecken mit einigen Restaurants und Cafés entlanglaufen. Man bleibt küstennah und folgt auf einem Schotterweg der Ausschilderung zum **Plage du Sud**. Nach 150 m ist nach links ein **Abstecher** zur einzigen Kirche von Port-Cros, der **Chapelle Saint-Tropez** möglich, von dort führt eine Treppe wieder hinunter zum breiteren Weg. Es folgt ein Abzweig nach links zum **Hôtel Le Manoir** (siehe Seite 103), man geht aber

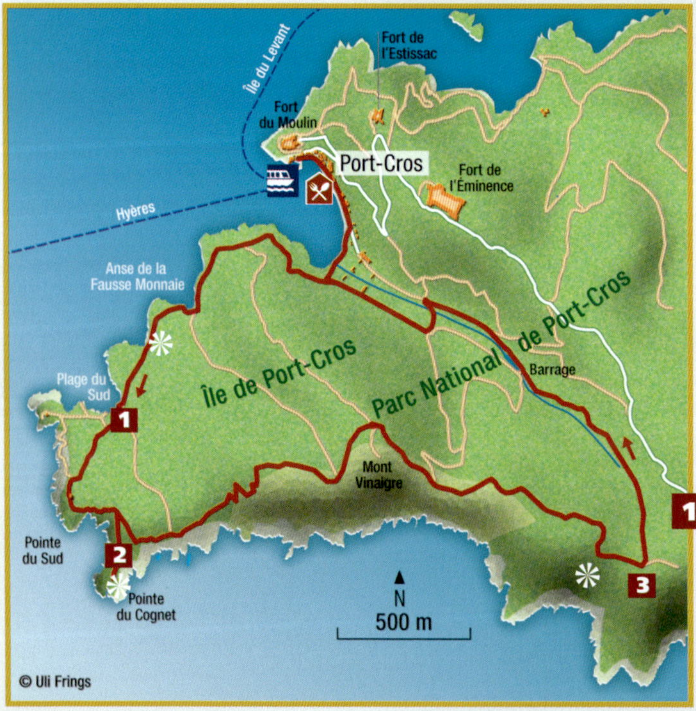

rechts am Ufer weiter. 250 m später, an einer Wegkreuzung geradeaus die Stufen bis zur Heiligenfigur von **Saint-Joseph** ansteigen. Nun nimmt man rechts den Pfad Richtung **Plage du Sud**. Wild romantisch führt der Weg an Abzweigen vorbei durch **Erdbeerbaum-** und Steineichenwälder zur **Anse de la Fausse Monnaie** (Falschgeldbucht). Nach weiteren 500 m gelangt man zum Traumstrand **Plage du Sud** mit weißem Sand.

1 Badestrand

Der Wanderweg bleibt etwas oberhalb und zieht sich nach halblinks, ausgeschildert Richtung **La Crête** (Bergkamm). Nur knapp 50 m darauf verlässt man diesen Weg

2 Aussichtspunkt

rechts in Richtung **Pointe du Cognet**. Der Pfad führt vorbei an einer Ruine und 200 m später kommt der Rechtsabzweig zum **Abstecher** auf die **Landzunge Cognet**. Auf schmalem, verwachsenem Pfad kann man bis fast an die Spitze des Vorsprungs gehen, Ausblicke auf die Küste und tolle Felsformationen (siehe Foto unten) erwarten einen. **Nach dem Abstecher** dem Weg nach rechts, nun wieder ausgeschildert mit **La Crête**, folgen. 300 m weiter biegt links ein Pfad über den Berg zurück zum **Plage du Sud** ab, man bleibt aber geradeaus Richtung **Mont Vinaigre**. Auf dem nächsten Kilometer steigt der Weg 120 HM kräftig an, man wandert geradeaus vorbei an zwei Abzweigen, die durchs Inland wieder zum Ausgangspunkt führen würden. Etwas unterhalb des Mont Vinaigre scharf rechts halten, nun der Ausschilderung **Route des Forts** mit großartigen **Fernblicken** folgen. Nach 1 km, kurz hinter einem Aussichtspunkt, links Richtung **Barrage** in das

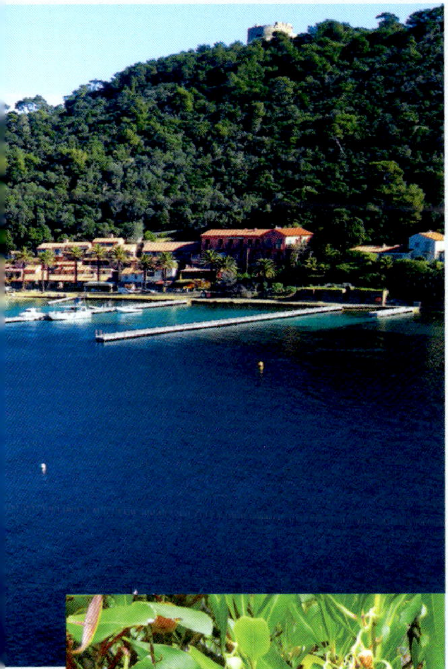

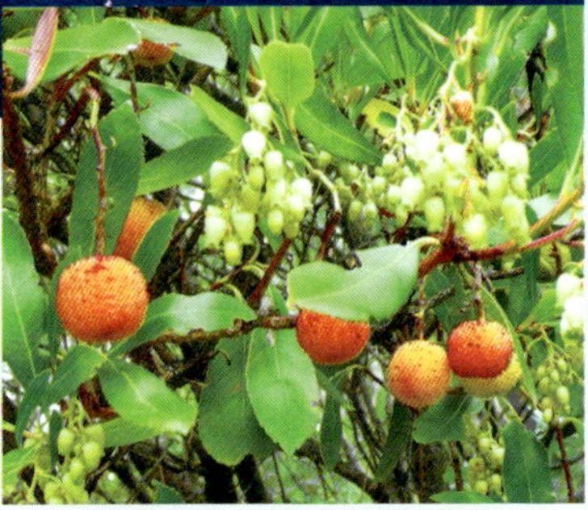

Auf der Inselgruppe Îles d'Hyères findet man am Wegesrand ungewöhnlich oft den Erdbeerbaum. Die immergrünen Bäume oder Sträucher sind eine Pflanzengattung aus der Familie der Heidekrautgewächse. Die kugeligen, orange-roten mehligen Früchte ergeben ein wunderbares Gelee.

3 Links ins Tal absteigen

Vallon de la Solitude steil hinunter abbiegen und rechts am Staudamm für das Trinkwasser der Insel vorbei wandern. Bei einem Privatgelände geht es scharf links bis zu einer Ruine. Hier rechts, 450 m weiter gelangt man zum Hinweg und rechts zurück zum Hafen.

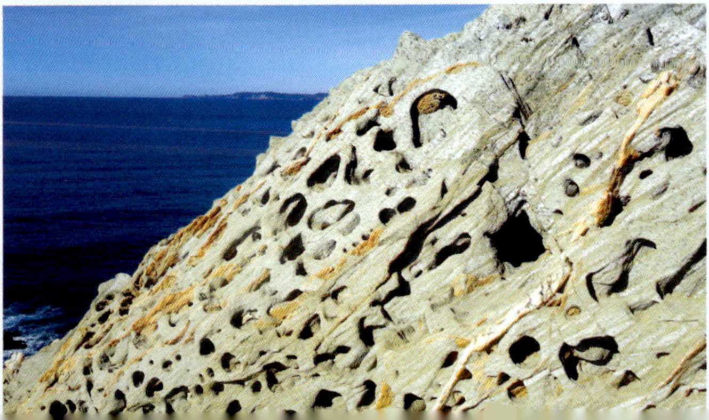

3 Stunden

8,2 km • 260 HM

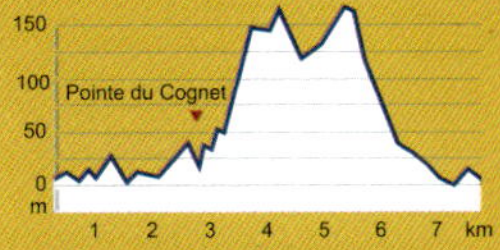

Schwierigkeitsgrad

- **Mittelschwer**
- **Absolutes Rauchverbot** auf der gesamten Insel.

Wegmarkierung

Keine durchgängige Markierung, aber gut ausgeschildert.

Wanderkarte

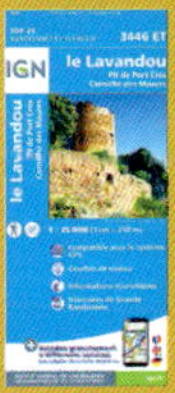

3446 ET
Le Lavandou/
PN de Port-Cros/
Corniche des
Maures
Topografische
Wanderkarte
1:25 000 – GPS
EAN/ISBN:
9782758535133

Einkehr

- Eine Reihe Cafés und Restaurants am Hafen. Zwischen Ende Oktober und Anfang April ist oft alles geschlossen, sogar die kleine Épicerie. **Genug Wasser und Picknick mitbringen!**

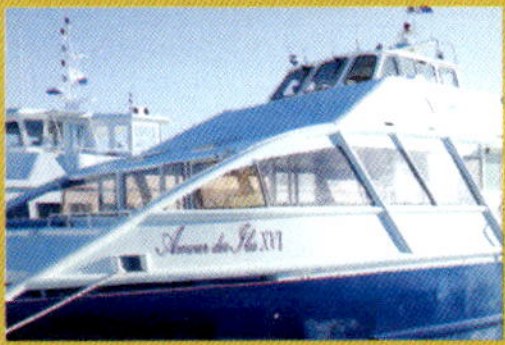

Fährverbindung

- Abfahrt im **Port d'Hyères** (kostenloser Zubringerbus oder Linie 67, siehe Seite 17). Im Winter nur Mo., Mi., Fr. und So. 9.15 Uhr hin und 16.15 Uhr zurück. Im Sommer täglich 8, 9, 11, 14.30 Uhr hin und 10, 11.55, 17.30 Uhr zurück. Preis 28,10 €, reduziert 24,20 €, unter 4 Jahren frei. Von **Port-Cros** geht es weiter zur **Île du Levant**. Alle Infos: **www.tlv-tvm.com**.

Tour 17 Traumstrand Plage de la Palud

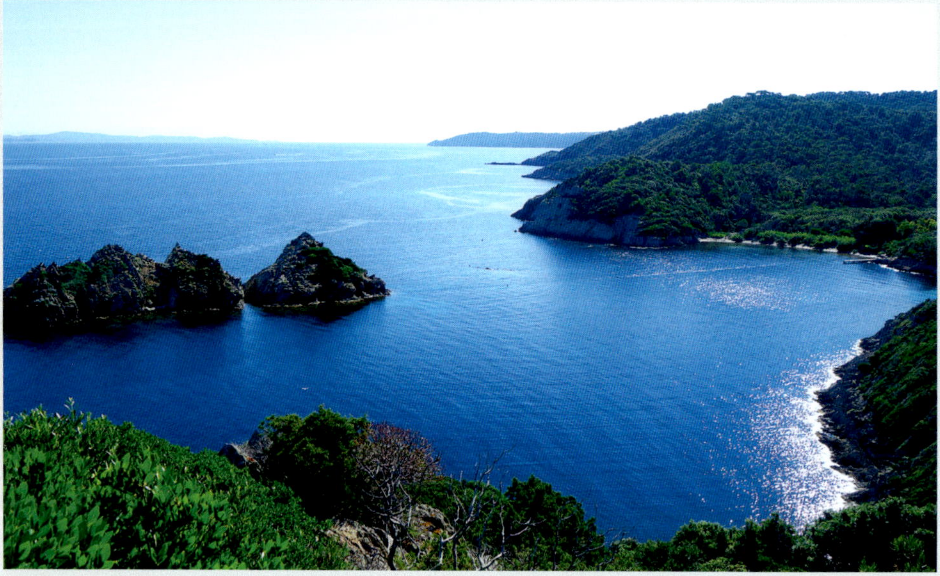

Kurze, aber fantastische **Zusatzwanderung zur Tour 16**, noch gut bis zur Abfahrt des letzten Schiffes zu schaffen. Nicht ohne Grund umfasst der Naturpark auch das Seegebiet rund um die Inseln. Die Unterwasserwelt mit ihren **Seegraswiesen** (siehe Seite 110) und **Korallenriffen** ist ein Traum für jeden Taucher, Schnorchel nicht vergessen!

Links vom Fähranleger befindet sich das Naturkundehaus **Maison du Parc de Port-Cros**. Neben Infos zum Ökosystem und Artenschutz auf der Insel erhält man auch Wanderkarten mit Tourenvorschlägen. Ganzjährig geöffnet zur Ankunftszeit der Fähren.

Wenige Meter vom Bootsanleger entfernt führt rechts vom Postamt die **Route des Forts** nach oben. (Im Winter wird von den Postangestellten gelegentlich Kaffee ausgeschenkt.) Nach 50 m scharf links auf die **Montée du Moulin** abbiegen und hoch zum, auch **Château de Port-Cros** genannten, **Fort du Moulin** laufen. Die im 16. Jahrhundert auf Resten einer römischen Festung erbaute Burg verdankt ihren Namen einer **Windmühle**, die früher auf der Anhöhe stand. Das Gebäude wird privat genutzt und kann, wie alle anderen Wehranlagen auf der Insel, nicht besichtigt werden. Der Weg führt einmal um das Fort herum und wird etwas schmaler. An einem Abzweig vorbei, wandert man geradeaus bis auf Höhe des kleinen Friedhofs von Port-Cros. An der Wegkreuzung nimmt man den Pfad ganz links Richtung **Plage de la Palud**. Man bleibt über 500 m auf dem wunderschönen Bergpfad mit ersten Fernblicken auf die vorgelagerte Insel **Rocher du Rascas** (siehe Fotos oben und unten rechts). Nach rechts biegt ein Pfad zum **Fort de l'Estissac** ab, den man nicht nimmt. **50 m weiter** gelangt man zu einem Abzweig nach links, ausgeschildert mit **Sentier des Plantes**. Er ist als *difficile* und *dangereux* markiert, ist aber nur unwesentlich schwieriger als der Rest der

1 Kaffee im Winter

2 Am Friedhof links

3 Nach links absteigen

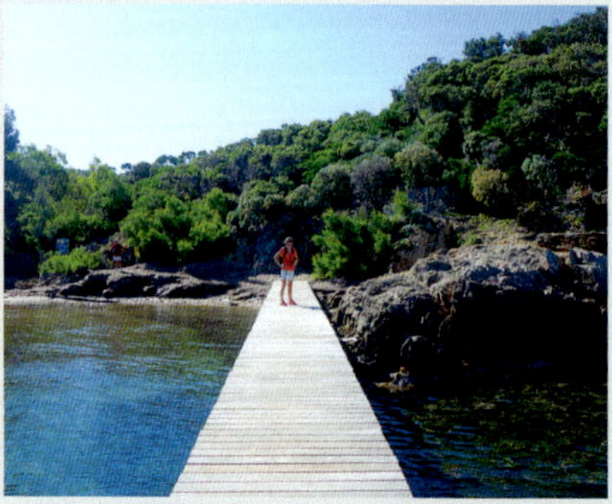

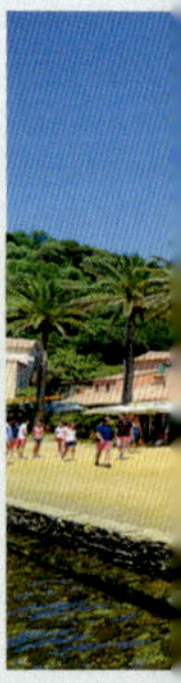

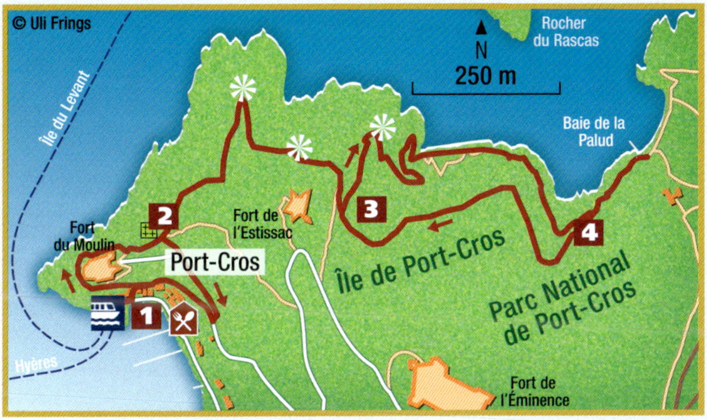

Strecke (siehe rechts). Der Pfad führt in Serpentinen hinunter und dann nach rechts etwas oberhalb vom Meer entlang. 800 m später läuft man auf einem Querweg nach links zum wundervollen **Plage de la Palud**.

4 Links zum Strand

Der kleine Strand mit grobem Sand wird von **Tamarisken** beschattet und von einem Schilfgürtel gesäumt. Ein langer Steg führt für Badegäste hinaus ins Wasser. **Ganivelles**, Holzzäune, wie sie auch in der Camargue als Sandfänger verwendet werden, sperren für die Vegetation geschützte Bereiche ab.

Zurück wandert man zunächst auf dem gleichen Weg, hält sich aber bei Punkt **4** **geradeaus**. Nach **1,2 km** biegt man bei Punkt **2** links ab auf den Pfad abwärts Richtung **Village**. Dieser geht in einen breiteren Weg über und erreicht bald darauf die **Route des Forts**, die nach rechts in den Ort führt.

Sentier Sous-Marin de la Palud

Ein Unterwasser(lehr)pfad in sechs beschilderten Stationen (Bojen) zur Entdeckung der mediterranen Meeresbiologie. Freier Zugang, Dauer etwa 40 Minuten, geöffnet vom 15. Juni bis 15. September. Aus einem Blog: *„Glasklares Wasser, wunderschöne Unterwasserwelt. Dieser Schnorchelpfad ist ein Erlebnis, sehr zu empfehlen!“*

Oben links und unten rechts: *Blick auf den Felsen Rocher du Rascas.*
Unten links: *Steg am Plage de la Palud.*
Unten Mitte: *Sommerlicher Hochbetrieb in den wenigen Bars und Restaurants am Hafenbecken, Haupteinnahmequelle der knapp 30 Einwohner.*

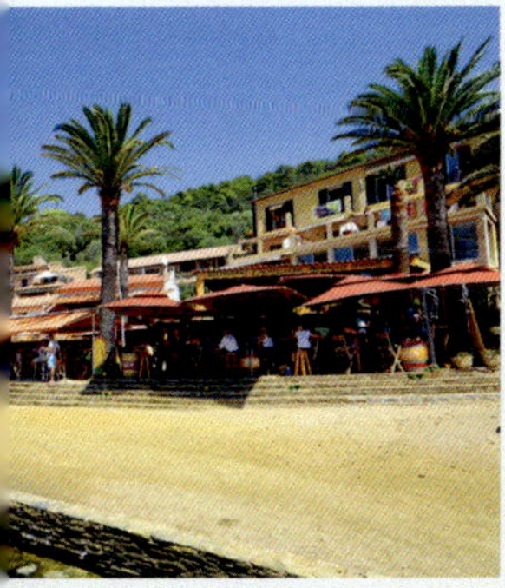

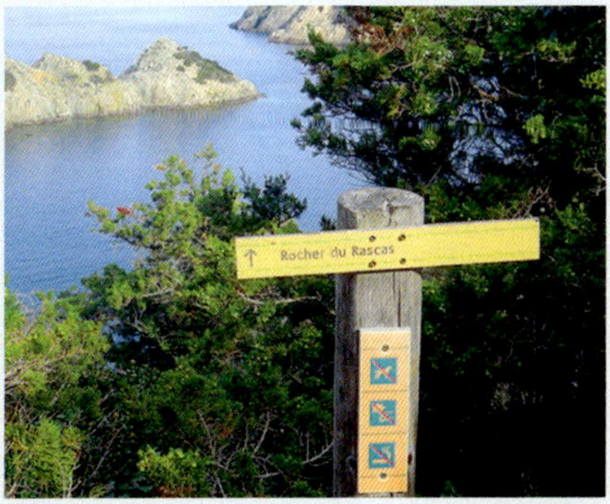

1,5 Stunden
3,8 km • 145 HM

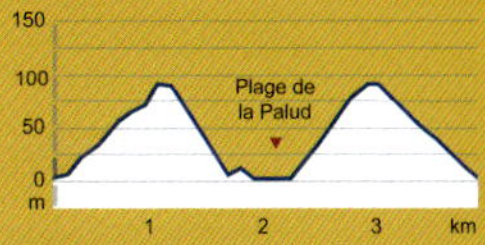

Schwierigkeitsgrad

- **Mittelschwer**
- Am Abzweig bei Punkt **3** als **dangereux** ausgeschildert, der Hinweis gilt aber wohl eher für Touristen in Badelatschen, es folgen **keinerlei gefährliche Passagen**.

Wegmarkierung

Keine Markierung, aber gut ausgeschildert.

Wanderkarte

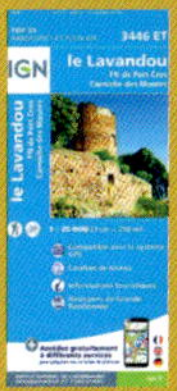

3446 ET
Le Lavandou/
PN de Port-Cros/
Corniche des Maures
Topografische Wanderkarte
1:25 000 – GPS
EAN/ISBN:
9782758535133

Einkehr/Unterkunft

- **Hôtel/Restaurant Le Manoir**
Île de Port-Cros
83400 Hyères
Telefon 04 94 05 90 52
Einziges Hotel auf Port-Cros, mit Preisen weit über 250 € pro Nacht. Sicher keine typische „Wanderherberge“ und sowieso immer ausgebucht. François Mitterrand liebte das Hotel mit seinem Inselflair, einmal kam sogar Helmut Kohl zu Besuch.
- **L'Hostellerie Provençale** und **Maison du Port**.
Einfache Gästehäuser, leider ebenfalls mit „Inselpreisen“.
Île de Port-Cros
83400 Hyères
Telefon 04 94 05 90 43 und
Telefon 06 80 32 14 16

Domaine du Rayol

Der Landschaftsarchitekt **Gilles Clément** hat den **Jardin des Méditerranées** entworfen, ein 20 ha großes Naturschutzgebiet, das dem **Conservatoire du Littoral** gehört. Der botanische Garten gibt einen Überblick über die biologisch ähnlichen und doch weit voneinander entfernten Regionen der Welt. Die große Vielfalt der Pflanzen wird durch das milde Klima an der Küste erst möglich. Man findet insgesamt zehn Themengärten, z. B. **Le Jardin d'Afrique du Sud**, **Le Jardin du Chili**, **Le Jardin méditerranéen** oder **Le Jardin d'Australie** und den Unterwassergarten **Le Jardin marin** mit einem Tauchlehrpfad.

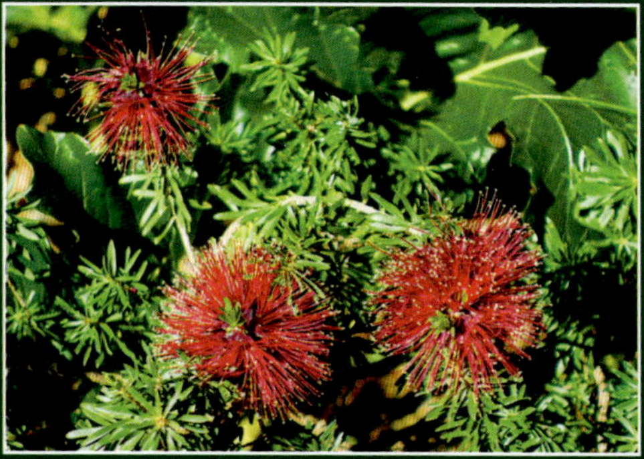

Domaine du Rayol
Avenue Jacques Chirac
83820 Rayol-Canadel-sur-Mer
Telefon 04 98 04 44 00
An der Küstenstraße zwischen Le Lavandou und Saint-Tropez (43° 9'21.00"N 6°28'52.33"E).

Ganzjährig geöffnet täglich ab 9.30 Uhr, im Winter bis 17.30 Uhr, im April, Mai, Juni, Sept. und Okt. bis 18.30 Uhr, Juli/Aug. bis 19.30 Uhr.
Eintritt: 14 €, Kinder von 6 bis 17 Jahren 10 €, unter 6 Jahren frei, Familienticket 35 €, Audioguide (auch in Deutsch) 3 €.

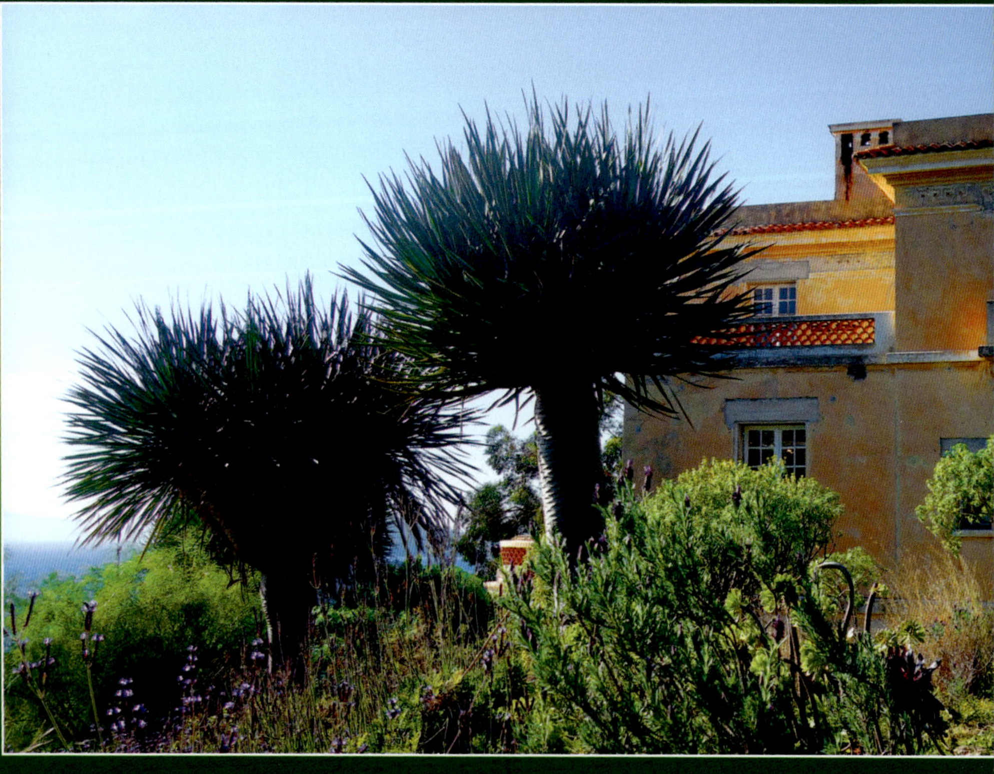

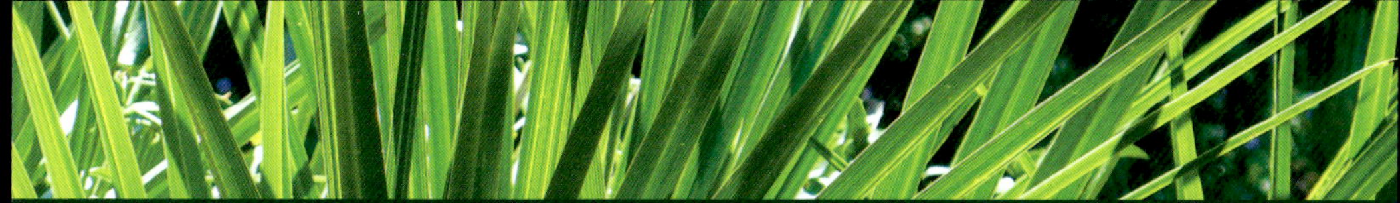

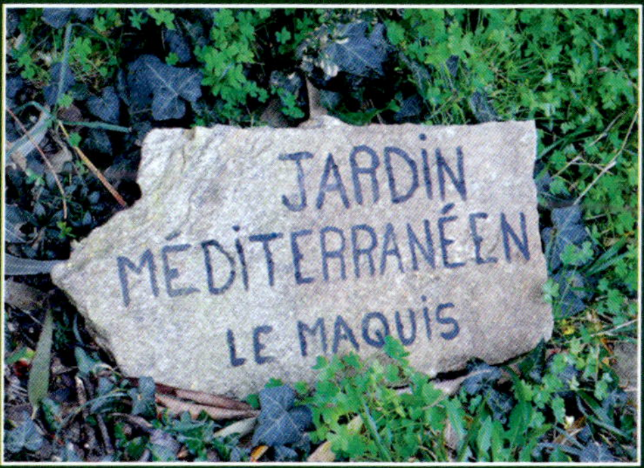

Weitere sehenswerte botanische Gärten an der Côte d'Azur: Garten der **Villa Thuret** bei Antibes, Gartenanlage des **Klosters Cimiez** in Nizza, Villa und Gärten **Ephrussi de Rothschild** am Cap Ferrat (siehe Seite 138).

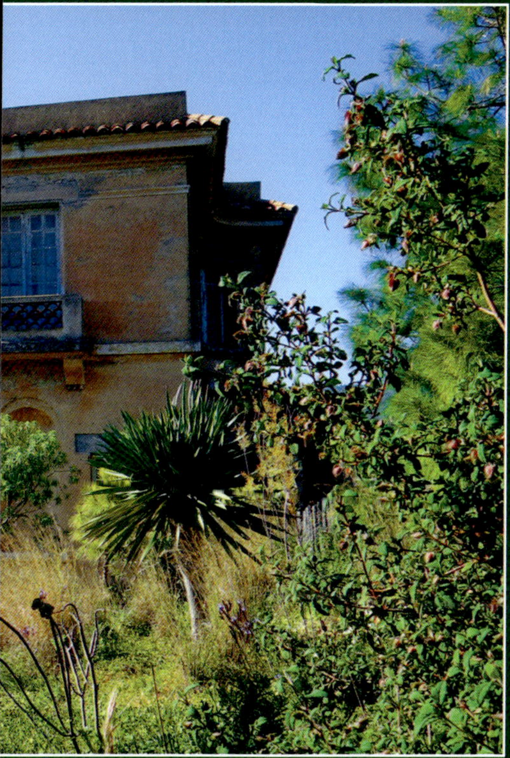

Naturkundliche Führungen

Drei verschiedene Führungen werden durch die Domaine du Rayol angeboten, eine frühzeitige Anmeldung ist unbedingt erforderlich:
Telefon 04 98 04 44 02 oder **reservation@domainedurayol.org**.

Découverte du Jardin des Méditerranées

Besichtigung des Gartens und der Themenlandschaften
Dauer: 1,5 bis 2 Stunden. **Tarif:** 10,50 €, Kinder von 6 bis 17 Jahren 9 €.

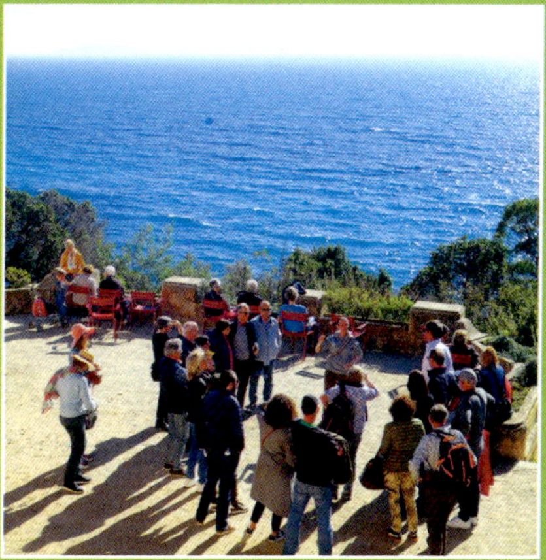

Escale en Méditerranées

Besichtigung des Gartens und kleine Gourmetpause (Dessert mit Eis) im Restaurant **Le Café des Jardiniers.** Sehr schönes Gartenrestaurant, das auch ohne Führung besucht werden kann, **Telefon 04 98 04 44 00**.
Dauer: 2,5 bis 3,5 Stunden. **Tarif:** 19,50 €, Kinder von 6 bis 12 Jahren 18 €.

Escapade en Méditerranées

Besichtigung des Gartens und 3-Gang-Mittagessen im Restaurant **Le Café des Jardiniers.**
Dauer: 4 Stunden. **Tarif:** 39,50 €, Kinder von 6 bis 12 Jahren 19,50 €.

Tour 18 Vallon du Fenouillet und Cap Dattier

Kurze, am Anfang im schilfbewachsenen Tal des Baches **Fenouillet** schattige Wanderung. Auf dem Felsvorsprung am **Cap Dattier** bieten sich weite Ausblicke aufs Mittelmeer und zu den Inseln **Île du Levant**, **Port-Cros** und **Porquerolles**.

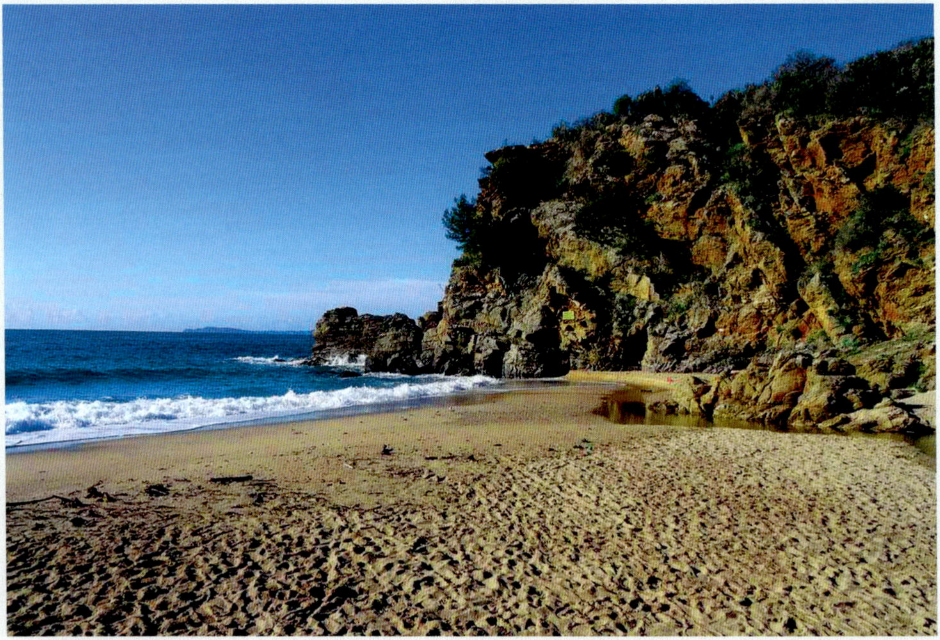

1 43°10'2.65"N 6°31'17.86"E Von Hyères oder Saint-Tropez mit dem **Bus Zou 7801, 7802** oder **7803** bis zur Haltestelle **Cavalaire-sur-Mer Bonporteau** fahren.

Von der Bushaltestelle wenige Meter zurückgehen und links den **Chemin de Bonporteau** 200 m absteigen. Unten angelangt, liegt der wunderschöne **Plage de Bonporteau** links, der Start der Wanderung **rechts**, deutlich als **Sentier du Fenouillet** und **Itinéraire direct 2 km** ausgeschildert (Richtung **Par vue mer** ist der **Rückweg**). Es folgt fast **1 km** schattiger Weg durch Schilf am Bach entlang. Dieser wird mehrfach überquert, mal auf einer kleinen Brücke, mal durch eine flache Furt (nach starkem Regen ist der Weg nicht zu empfehlen!). Hinter einer Linkskurve der Ausschilderung **Par vue mer 1,5 km** folgen (nicht den Abzweig nach rechts nehmen). Der Weg steigt kräftig, teils über Stufen an, vorbei an einem breiteren Weg, der links abzweigt. 100 m später, an einem Querweg nach rechts den stark ausgewaschenen Pfad hinaufwandern. Oben angelangt, mit ersten **Fernblicken** nach rechts weiterlaufen, ausgeschildert **Le Dattier 1,5 km** und **Maison Foncin 1,1 km**. Ein schmaler Pfad führt mit grandiosen Blicken aufs Meer und die in weiter Ferne liegenden Inseln durch eine sehr abwechslungsreiche, mediterrane Vegeta-

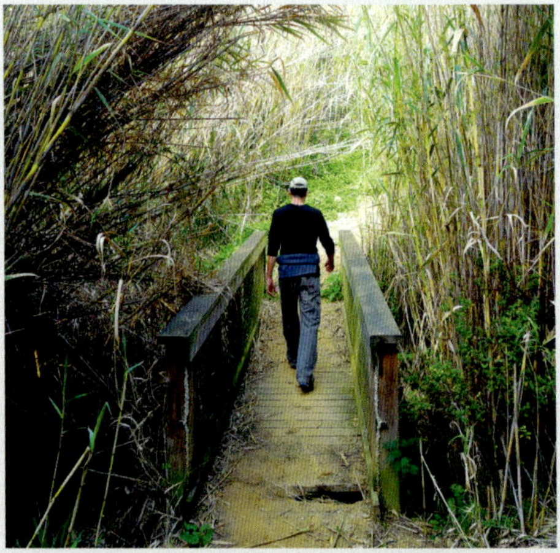

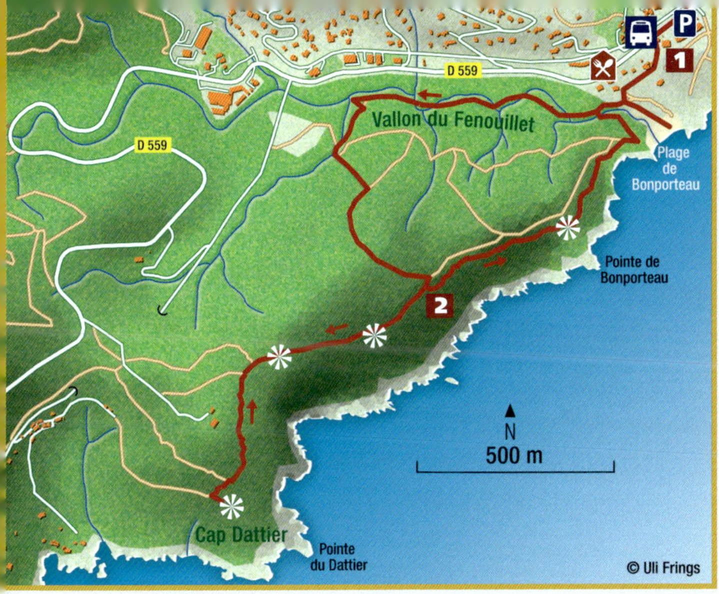

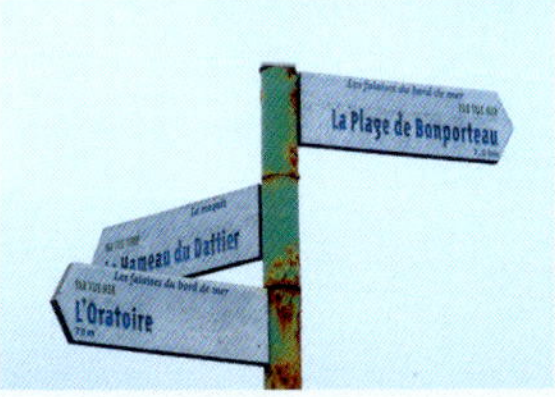

tion. Nach 500 m erreicht man unterhalb des markanten weißen **Maison Foncin** einen Wegweiser, siehe Foto links. Man geht **links** Richtung **L'Oratoire 70 m** und zu den **Falaises du bord de Mer**. Am kurz darauffolgenden **Bildstock mit Marienfigur** führt links ein steiler, geröllige Pfad hinunter, der hier als **danger** markiert ist. Der Weg ist zwar schmal, aber nicht ausgesetzt. Mit etwas Trittsicherheit kann man ihn noch einige hundert Meter bis oberhalb des **Cap Dattier** wagen, man wird mit tollen Ausblicken auf die Steilfelsen belohnt. Man kehrt nun auf gleichem Pfad zurück bis Punkt **2** und folgt dort dem Wegweiser **Par vue mer 1 km** nach rechts auf einem schmalen Pfad oberhalb der Küstenlinie. Wenn man zu einem breiteren Schotterweg kommt, hält man sich rechts abwärts und erreicht wieder den Hinweg.

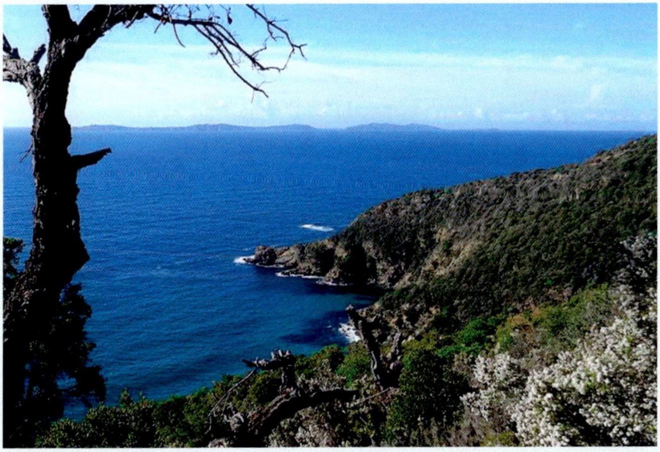

1,5 Stunden
5 km • 170 HM

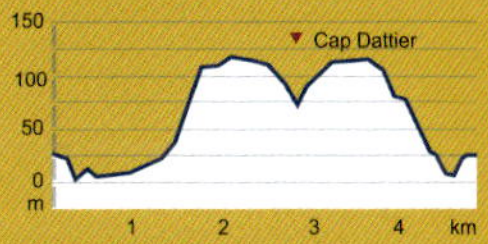

Schwierigkeitsgrad

- **Leicht bis mittelschwer**
- Nach starkem Regen nicht zu empfehlen!

Wegmarkierung

Keine durchgängige Markierung.

Wanderkarte

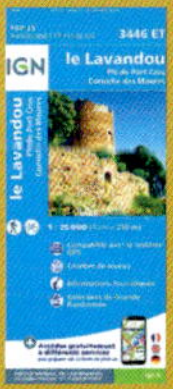

3446 ET Le Lavandou/ PN de Port-Cros/ Corniche des Maures Topografische Wanderkarte 1:25 000 – GPS EAN/ISBN: 9782758535133

Unterkunft

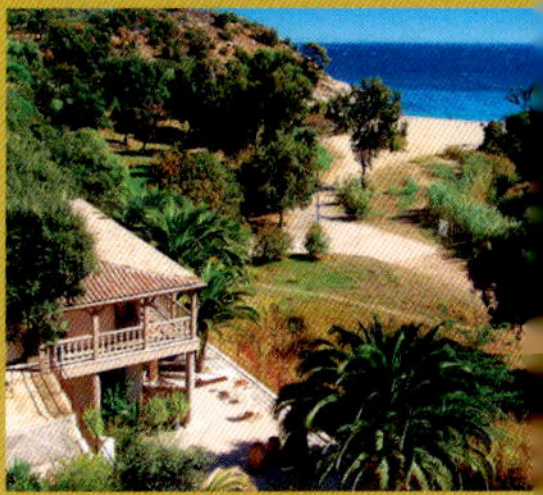

- **Le Clos des 7 Palmiers**

265 Route de Toulon
83240 Cavalaire-sur-Mer
Telefon 06 20 71 96 67
Sehr schönes Gästehaus nah am Strand Bonporteau, leider auch recht teuer. Aus einem Blog: „Si vous cherchez le paradis, alors vous y êtes !"

Märkte

- **Cavalaire-sur-Mer**

Mi. 8.30 bis 13 Uhr, Place Jean Moulin.

- **Marché aux Poissons**

Täglich 10.30 bis 12.30 Uhr, Rue du Port.

Saint-Tropez

Saint-Tropez mit seinen nur knapp **4 000 Einwohnern** ist heute der Inbegriff von Glamour, Luxus und Dekadenz an der Côte d'Azur. Im 19. Jahrhundert kamen, begeistert von der Landschaft und dem südlichen Licht, die ersten Künstler, u. a. **Henri Matisse** und **Paul Signac**, in den kleinen Fischerort. Der Aufstieg zum **Hotspot des Jetsets** begann in den 1950er Jahren. Immer mehr Künstler, Schauspieler und Superreiche feierten ihre Partys an den

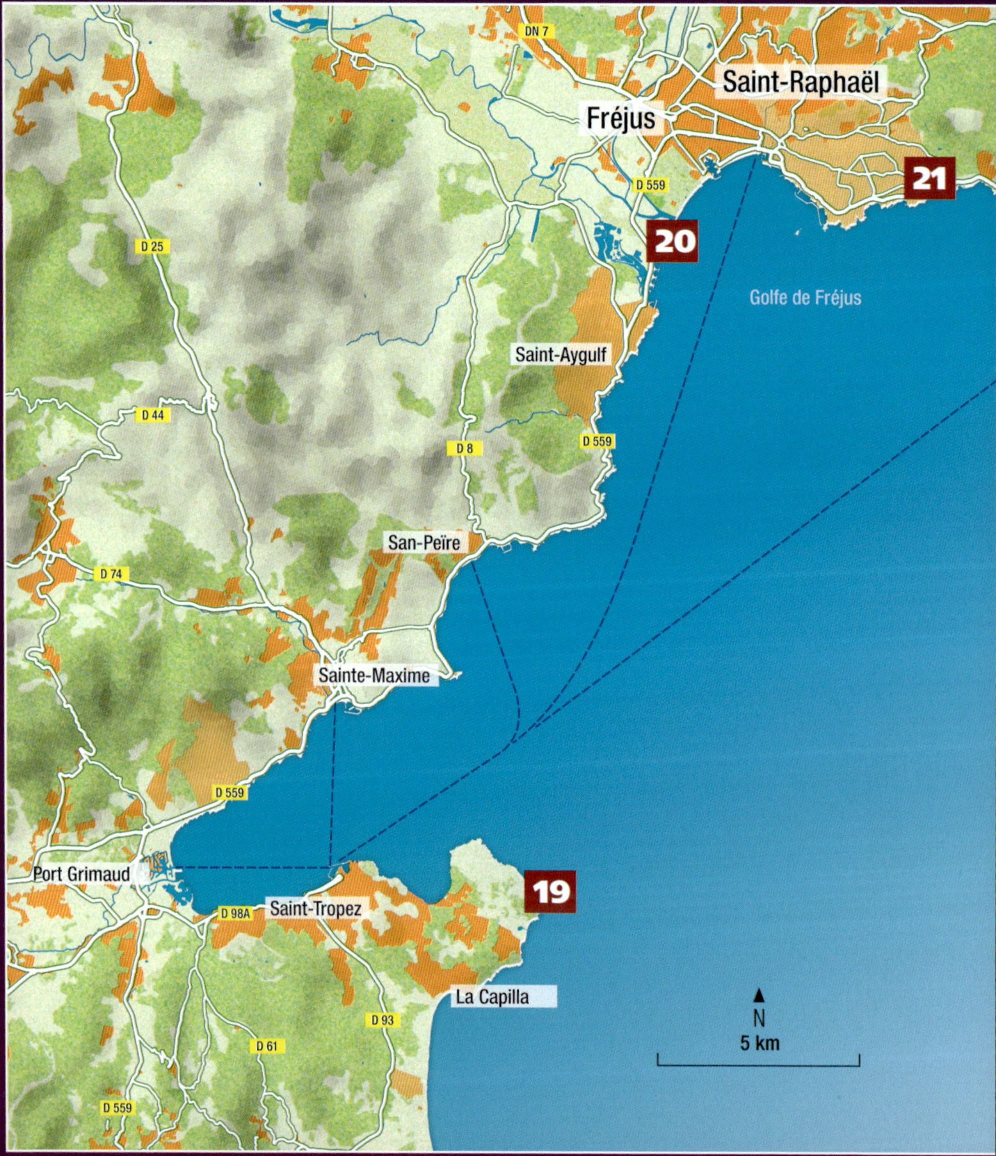

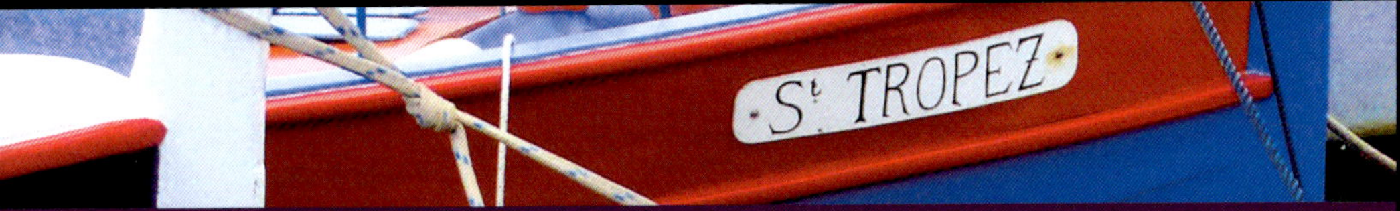

weißen Stränden. Am bekanntesten ist der Strand **Pampelonne** mit den legendären Beachbars **Nikki Beach** und **Le Club 55**. Trotz allem Pomp ist Saint-Tropez ein sehr schöner Ort in toller Lage geblieben. Bei heute über **5 Millionen Touristen** im Jahr sollte man die Nebensaison für einen Besuch wählen. Sehenswert ist das Stadtbild mit dem Hafen, seinen **bunten Häusern** und der unverwechselbaren Kirche **Notre-Dame-de-l'Assomption de Saint-Tropez** (siehe Seite 111). Oberhalb der Stadt thront **La Citadelle**, eine sechseckige Festung aus dem 16. Jahrhundert. Von der Plattform hat man einen fantastischen Blick über den **Golf von Saint-Tropez**.

Im **Musée de l'Annonciade** werden vor allem Werke von Künstlern aus dem 19. und 20. Jahrhundert gezeigt, die in und um Saint-Tropez tätig waren.
2 Place Georges Grammont
83990 Saint-Tropez
Telefon 04 94 17 84 10
Eintritt 4 €, Kinder unter 12 Jahren frei.

Office de Tourisme Saint-Tropez
8 Quai Jean Jaurès
83990 Saint-Tropez
Telefon 04 94 97 45 21
www.sainttropez-tourisme.com
Geöffnet: ganzjährig von Mo. bis Sa. 9 bis 12.30 Uhr und 14 bis 18 Uhr, So. geschlossen.

Brigitte Bardot & Co

Brigitte Bardot wollte unbedingt ein Haus mit Strand am Mittelmeer. Ihre Eltern besaßen bereits eine Residenz in Saint-Tropez und überredeten sie, sich dort etwas zu suchen. Bardot reiste 1958 in das kleine Fischerdorf und verliebte sich in ein Anwesen in **La Madrague** (siehe auch die Wanderung auf der nächsten Seite). Sie kaufte es sofort für 24 Millionen alte Francs. Von

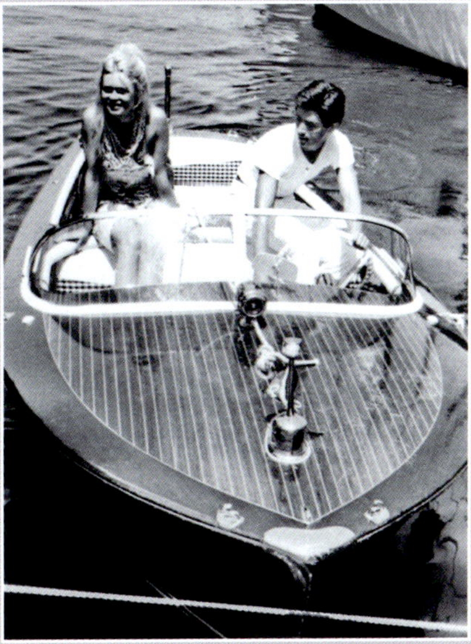

Brigitte Bardot mit Sami Frey, 1963 in Saint-Tropez.

da an war La Madrague Schauplatz unvergesslicher Feste, die Schlagzeilen der Pariser Zeitungen waren voll davon. **Sacha Distel**, **Alain Delon**, **Jean-Paul Belmondo** und viele andere Prominente kamen vorbei. Im Jahr 1966 ließ **Gunter Sachs** sogar einen Regen von Rosenblättern aus einem Hubschrauber als Liebeserklärung über dem Anwesen niedergehen.
1973 beendete Brigitte Bardot ihre Schauspielkarriere und widmet sich fast nur noch dem Tierschutz (siehe auch Seite 39). Das Haus vermachte sie ihrer Stiftung, nutzt es aber gelegentlich noch selbst.

Tour 19 Sentier Littoral nach Saint-Tropez

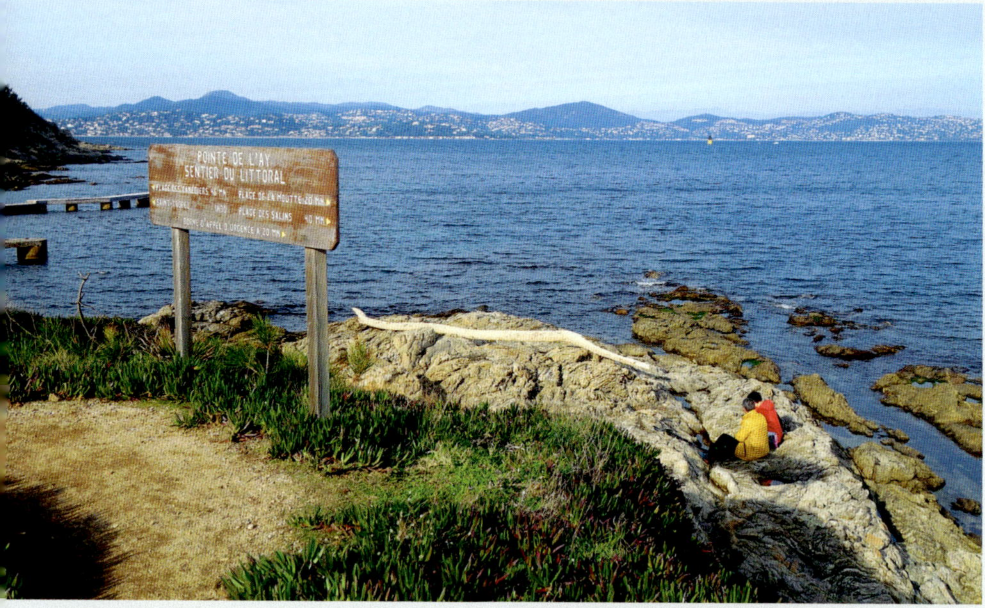

Wunderschöner, teils wilder, aber gut zu laufender Küstenweg. Vorbei an der **Villa von Brigitte Bardot** (siehe Seite 109) wandert man in das trotz Jetset und Riesenjachten bemerkenswerte Saint-Tropez.

1 43°15'24.26"N 6°41'24.83"E

Vom **Place des Lices** im Zentrum von **Saint-Tropez** fährt täglich außer sonn- und feiertags um 8, 10 und 11.45 Uhr ein Bus (Navette) zum **Plage des Salins**. Hier gibt es einige wenige Parkmöglichkeiten.

Von der Bushaltestelle folgt man nach links der **gelben Markierung** an den Strand und steigt kurz darauf zu dem leicht links oberhalb liegenden Pfad an. Der **Sentier Littoral** ist hier nach schweren Unwettern (siehe auch Seiten 112–115) an einigen Stellen beschädigt, wird aber von der Gemeinde Saint-Tropez regelmäßig ausgebessert. Über eine etwas schwierigere, **unterspülte Passage** gelangt man zum nächsten Sandstrand und nimmt am Ende die Treppe aufwärts. Zwischen Büschen geht es an der Küstenlinie entlang, nach rechts liegt eine Grabstelle. Der aus dem Stadtteil **La Moutte** stammende Politiker **Émile Ollivier** (1825–1913) hatte sich für sein Grab Meerblick gewünscht und wurde hier zusammen mit seiner Frau beerdigt. Am **Plage Naturiste de la Moutte** (FKK) führt der Weg um eine Landzunge herum

2 Fernblicke

und es eröffnen sich weite Ausblicke bis **Sainte-Maxime**, **Fréjus** und ganz in der Ferne **Cannes** und **Antibes**. Vorbei an Hinweisschildern, u. a. zur ökologischen Bedeutung der **Posidonia** (siehe Kasten), hält man sich immer weiter an der Küste unterhalb der vielen Villenanlagen. Nach **2,5 km** biegt der Pfad **scharf links** ab, deutlich mit Pfeil und **Sentier Littoral** markiert. Man steigt über Stufen und dann **rechts** über eine Betonrampe an. Zwischen einigen Häusern hindurch hält man sich kurz darauf auf einer kleinen Straße wieder **rechts abwärts**. Nun läuft man 800 m auf der Straße, die später in einen Schotterweg übergeht. Vorbei an der Villa von **Brigitte Bardot** (außer der **Bar für Toutous**, Wauwaus, be-

Posidonia oceanica (Neptungräser)

Posidonia ist keine Alge, sondern ein im Mittelmeerraum endemisches Seegras, das sehr empfindlich auf Verschmutzung reagiert. Es ist für das Ökosystem als Sauerstoffproduzent, Versteck für Jungtiere und Wellenbrecher unerlässlich. Im Winter lässt man die angeschwemmten Gräser zum Schutz der Strände als dicke Teppiche am Wasserrand liegen.

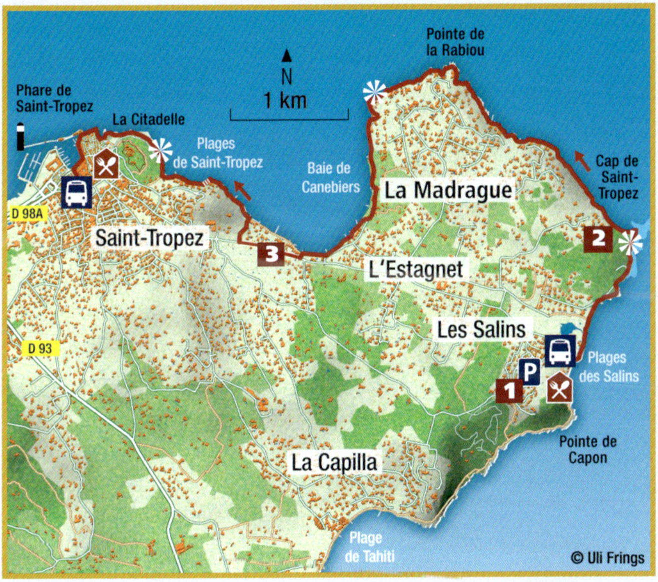

kommt man von dem imposanten Anwesen aber nichts zu sehen) einem geteerten Querweg **nach rechts** folgen. Direkt hinter einer erreichten **Bootswerft** scharf rechts auf einen schmalen Pfad abbiegen und nun wieder ein Stück an der Küste und am Strand bleiben. Über ein Brückchen hinweg folgt nach 500 m eine Passage **direkt an der Wasserlinie** entlang, die vor allem bei Wellengang schwer zu laufen ist. Um diese zu **umgehen**, hinter einem Tennisplatz links und die **Route des Salins** nach rechts nehmen. 500 m darauf wieder rechts die kleine Straße **Chemin de Banier** bis zum Ende durchgehen und geradeaus auf dem Schotterweg zwischen Zäunen weiterwandern. Der Weg steigt etwas an und nach 250 m verlässt man ihn **nach rechts** auf einen schmalen Pfad zur Küste. Es folgen etwas später einige **Stufen**, über die man einen Felsvorsprung umgeht. 400 m darauf kommt man zu einer kleinen Straße, die zum Friedhof führt. Diesen durchqueren und 200 m später, bei den ersten Häusern, scharf rechts zum Strand absteigen (nach links ist ein **Abstecher zur Zitadelle** möglich, siehe Seite 109). Am Ufer entlang, bald ist der Weg befestigt, gelangt man zum **Tour du Portalet** und zum **Hafen**.

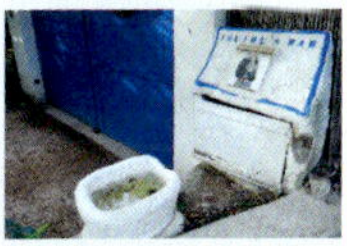

3 Umgehung

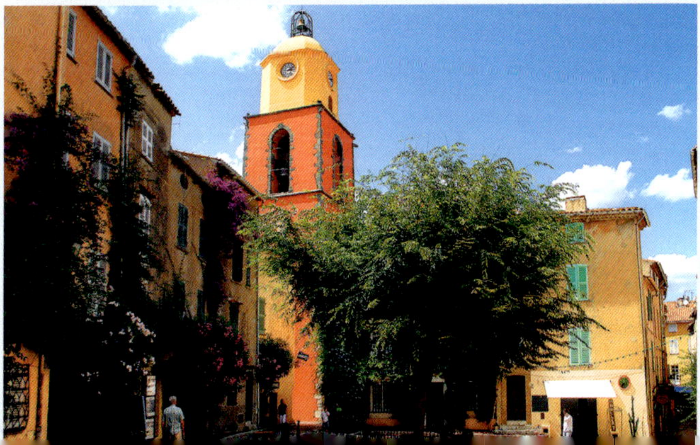

3 Stunden

9,5 km • 45 HM

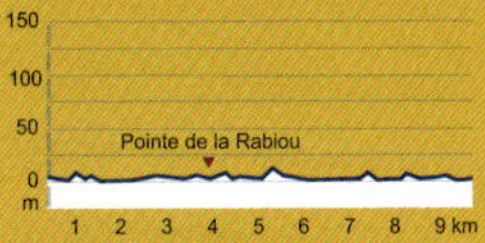

Schwierigkeitsgrad

▶ **Mittelschwer**

Wegmarkierung

Durchgängig **gelb markiert**.

Wanderkarte

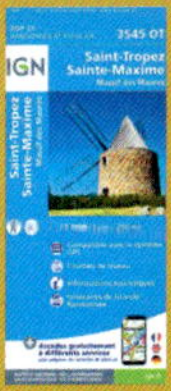

3545 OT Saint-Tropez/Sainte-Maxime/Massif des Maures Topografische Wanderkarte 1:25 000 – GPS EAN/ISBN: 9782758542858

Einkehr

▶ **Restaurant/Pizzeria Plage des Salins**
340 Chemin des Salins
83990 Saint-Tropez
Telefon 04 94 97 15 66
Direkt am Wasser, **les pieds dans l'eau**, absolut super. Aber selbst für Saint-Tropez völlig überteuert, Wolfsbarsch 48 €, normale Pizza 20 €. Besser nur ein Bier vor dem Start der Wanderung!

▶ **Le Petit Pointu – Poissons & Fruits de Mer**
8 Rue des Remparts
83990 Saint-Tropez
Telefon 04 94 54 36 78
Direkt am Hafen wird man sich schwer tun, ein gutes und bezahlbares Restaurant zu finden. Aber ein paar Gassen weiter kann man schön sitzen und zu fairen Preisen essen.

Märkte

▶ **Saint-Tropez**
Di. und Sa. 8 bis 13 Uhr, Place des Lices.

▶ **Marché aux Poissons**
Täglich außer Mo. 8 bis 13 Uhr, Place aux Herbes.

Wo die Villen weichen müssen

In Südfrankreich häufen sich sintflutartige Starkregen. Weil die Region mit Villen und Hotels zugebaut ist, kann das Wasser nicht versickern. Nun bleibt nur der Rückbau.

Gastbeitrag von Annika Joeres, Nizza

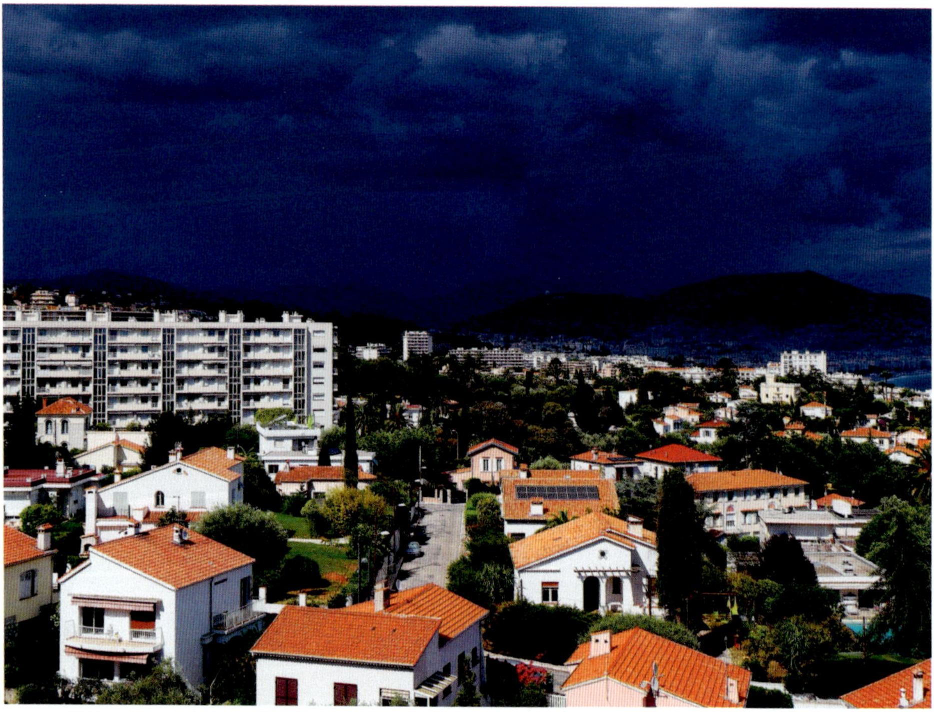

Ein Unwetter zieht auf über den Vororten von Nizza.

In Südfrankreich bleiben die Menschen zu Hause, wenn im Herbst eine Regenfront heraufzieht. Sie sagen Geburtstage und Strandspaziergänge ab, parken ihre Autos an möglichst hoch gelegenen Stellen und verfolgen minütlich die Wetterprognosen. Denn hier an den Ausläufern der Alpen fällt der Niederschlag nicht einfach vom Himmel, sondern seine Wassermassen strömen über Bäche sintflutartig in die Küstenstädte, sie ziehen Autos und Bäume über die Straßen, fluten Campingplätze und Hotels und lassen Berghänge und Felsen abrutschen.

Ende 2019 wurde die Urlaubsregion zwischen der italienischen Grenze und Marseille gleich zweimal von diesem Starkregen ergriffen, sechs Menschen verloren ihr Leben. In Mandelieu bei Cannes fielen innerhalb weniger Stunden 700 Liter Wasser pro Quadratmeter, das entspricht acht vollen Badewannen. Diese Wassermenge schlägt sich hier normalerweise während eines kompletten Jahres nieder.

Wahrscheinlich wird es mehrere Hundert Millionen Euro kosten, die Häuser, Kindergärten, Hotels und Fußballplätze wieder instand zu setzen. Sorgen machen den Bewohnerinnen und Bewohnern inzwischen aber viel mehr die versiegelten Flächen: Nirgendwo sonst in Frankreich wurde so viel betoniert wie an der Côte d'Azur. Eine Million Menschen leben in Zonen, die auf Karten als Überschwemmungsgebiete eingezeichnet sind. Diese Fehlplanung ist doppelt problematisch: Betroffene Häuser riskieren bei jedem Starkregen vollzulaufen. Und die Fläche fehlt, um das Wasser aufzusaugen. Denn abseits der trockenen und warmen Sommer sind die Niederschläge am Mittelmeer überraschend heftig: Im Herbst und Frühjahr regnet es zwar selten, aber häufig sintflutartig.

„Die betonierten Flächen sind unser größtes Problem", sagt Serge Castel, Planungsdirektor bei der Präfektur in Nizza. Sie gibt den Ton an für neue Bauvorhaben in Südfrankreich. Castel trat seinen Job 2015 an, kurz nachdem ein Starkregen einige Campingplätze und Stadtviertel überschwemmte und 20 Menschen ertranken. Castels Job ist es, solche Tragödien künftig zu verhindern. Die Campingplätze hat er geschlossen und inzwischen müssen auch Villen dran glauben: Einige Dutzend Eigentümer, so Castel, sollen langfristig enteignet werden. *„Wir müssen der Natur wieder Fläche zurückgeben: In meiner Amtszeit werde ich alle Einkaufszentren an der Küste und Siedlungen im Hinterland verhindern. Wir werden mit dem Klimawandel und den häufigeren Starkregen nur fertig, wenn das Wasser wieder abfließen kann."*

Eigentümer enteignen? Häuser abreißen? Noch vor wenigen Jahren war dies undenkbar in Südfrankreich. Hier erzielen Immobilien so hohe Preise wie sonst nur in Paris. Deswegen wurde jeder Quadratmeter Grün bebaut, auch die Hügel über Nizza, Cannes und Antibes sind inzwischen vollständig besiedelt. Früher wurden hier Orangen und Jasmin gezüchtet und die Flächen an den Dutzenden Flüssen aus den Alpen für die Landwirtschaft genutzt. Das Wasser versickerte bis in die Achtzigerjahre problemlos.

Bis der Tourismus das Grün in der Region verschlang. Im sonnigen Süden bauen sich viele Multimillionäre ihr Traumhaus für ein paar Wochen Urlaub im Jahr – und betonieren dann oft weiter ohne Genehmigung, aber dafür mit viel Geld. Erst in diesem Jahr ordneten Richter an, einen Luxusbau in der Parfumstadt Grasse abzureißen und das Gelände wieder in den „ursprünglichen Zustand" zu versetzen. Der Besitzer hatte das 200 Quadratmeter große Haus im Jahr 2000 erstanden und anschließend ohne jede Erlaubnis 3 000 weitere Quadratmeter in dem Pinienwald betoniert: Der Verurteilte baute unzählige Nebengebäude, ein Schwimmbad, einen Hubschrauberlandeplatz und teerte 600 Quadratmeter für eine Straße. Bis ihn seine Nachbarn verklagten, weil

> *„Wir müssen der Natur wieder Fläche zurückgeben."*

sie die dauernden Helikopterflüge vor ihrer Nase vom Schlaf abhielten.
Auch Castel von der Präfektur kannte den Protzbau und prophezeit: *„Heute gehen wir mit aller Härte gegen diese illegalen Bauten vor, wir verfolgen Dutzende Prozesse."* Das beträfe nicht nur ein-

und die höchste Alarmstufe Rot des französischen Wetterdienstes gab es noch nie. *„Nach dem letzten Hochwasser 2015 haben wir Häuser mit 43 Wohnungen an Flüssen aufgekauft und schließlich abgerissen. Als letztes Mittel ziehen wir solche Räumungen auch heute wieder in Be-*

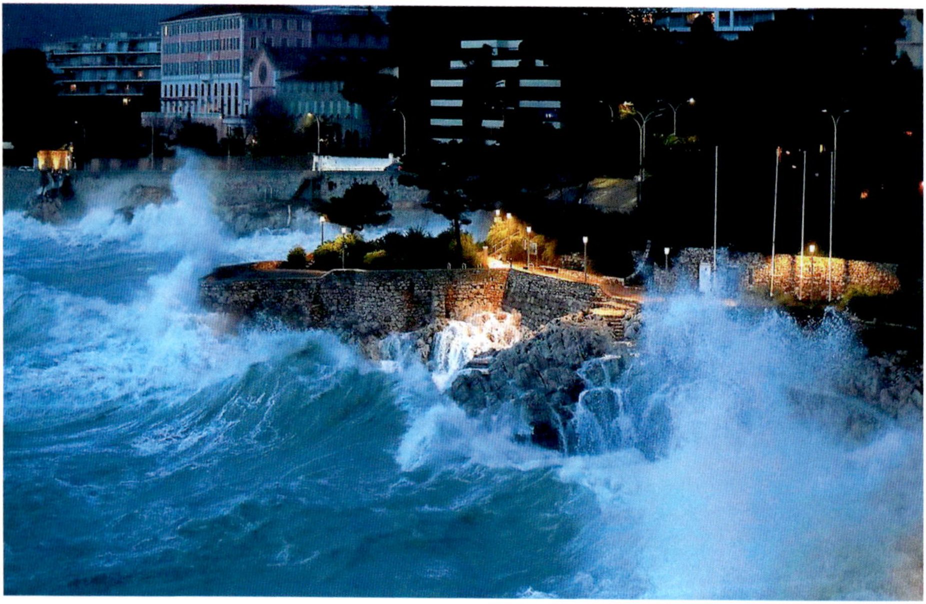

zelne Villen, sondern auch unerlaubte Pools im Garten oder übermäßig große Terrassen. Das Problem: Gerichtsverfahren gegen solche illegalen Konstruktionen ziehen sich häufig über zehn Jahre hin.
Und die Einsicht der Präfektur kommt spät. Auch heute noch, nach mehreren dramatischen Hochwassern, bauen die Städte rund um Nizza und Cannes rund jedes fünfte Haus nahe an Flüssen oder an Zonen, die vorhersehbar überschwemmt werden.
In der Filmfestivalstadt Cannes ertönten Ende 2019 zweimal die Alarmsirenen. Bürgerinnen und Bürger wurden per SMS und über 120 Lautsprecher dazu aufgefordert, ihre Häuser nicht zu verlassen und das Auto stehen zu lassen. Auf Französisch und Englisch. Solche Warnungen

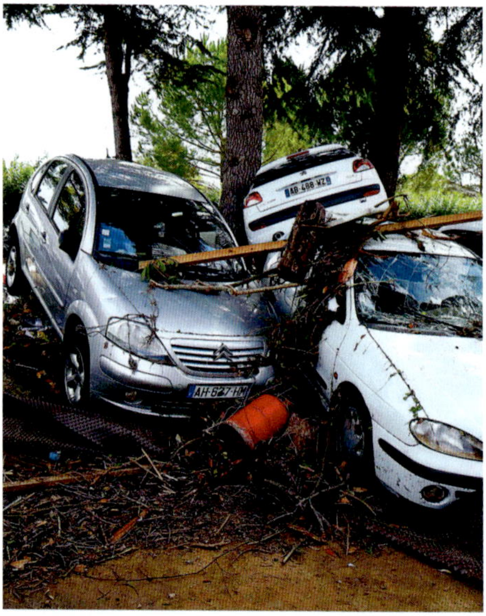

tracht", sagt Thierry Migoule, Verwaltungsdirektor von Cannes. Zunächst aber würden Flussbette ausgeweitet. Und im nächsten Bebauungsplan würden weitere 65 Hektar zur Naturschutzzone erklärt und damit für immer unbebaubar.

„Wir lehnen mehr und mehr Bauvorhaben ab – früher haben wir 600 Genehmigungen pro Jahr erteilt, heute sind es weniger als 200", sagt Migoule. Seiner eifrigen Erklärung ist anzumerken, dass die Überschwemmungen ein großes Problem für Cannes sind: Die wohlhabenden Briten, Russen und US-Amerikaner wählen die Stadt mit ihrer palmenbesetzten Croisette, um unbesorgt in der Sonne zu liegen. Bilder von reißenden Bächen in Luxusmeilen und abgesoffenen Autos in Tiefgaragen kann die Stadt nicht gebrauchen. Deshalb lobt Castel das Grüne in seiner luxuriösen Stadt. *„In Cannes kommt auf zwei Bewohner ein Baum"*, sagt er. Das ist tatsächlich über dem französischen Durchschnitt von fünf zu eins. Aber die südfranzösischen Städte werden regelmäßig trotz ihres Palmenimages als zu grau kritisiert.

Die Region ist inzwischen so verdichtet, dass allein aus Platzgründen nicht mehr gebaut werden kann. *„Wir haben in den vergangenen 50 Jahren 80 Prozent unserer fruchtbaren Erde verloren"*, sagt Hélène Granouillac vom Umweltverband terre bleu. *„Und der Raubbau geht weiter."* Tatsächlich plant die Region weitere Betonierungen, ausgerechnet im Var-Tal, das als eine der fruchtbarsten Zonen Europas gilt: Dort, wo bis vor Kurzem Auberginen und Tomaten wuchsen, entstehen zurzeit neue Büros und Einkaufszentren, unter anderem mit Ikea. Bei der feierlichen Ankündigung des Möbelhausprojekts hatten Granouillac und andere Umweltschützer mit Schwimmbrille und Schnorcheln gegen drohende Überschwemmungen protestiert. Auch der Flughafen in Nizza, schon jetzt nach dem Pariser der meistgenutzte in Frankreich, soll ein drittes Terminal erhalten. *„Diese Projekte widersprechen dem gesunden Menschenverstand"*, sagt Granouillac. *„Das viele Geld von wohlhabenden Touristen und Investoren trübt den Verstand."* Zudem bescheinigen viele Prognosen: Südfrankreich wird das Klimachaos besonders hart treffen. Hier könnte es in einigen Jahrzehnten so heiß werden wie heute in Marokko, auch die Starkregenfälle werden dramatisch zunehmen. Beide Ereignisse sind schwer zu verkraften in einer Region, in der sich die Städte wie im Ruhrgebiet aneinanderreihen und Parks und Wälder fehlen. Künftig, davon gehen Umweltschützer und Stadtplaner gleichermaßen aus, werden die Sirenen noch häufiger Alarm schlagen.

„Das viele Geld von Touristen und Investoren trübt den Verstand."

Dieser Beitrag von Annika Joeres ist erstmals bei ZEIT ONLINE am 4. Dezember 2019 erschienen. Annika Joeres arbeitet als Journalistin und Buchautorin in Südfrankreich. Zuvor arbeitete sie in Düsseldorf – als Vizeredaktionsleiterin der taz in NRW, als Korrespondentin für die Berliner Zeitung und Frankfurter Rundschau. Für ihre Recherchen erhielt sie zahlreiche Preise, unter anderem den deutsch-französischen Journalistenpreis.

Tour 20 Mündungsgebiet und Étang bei Fréjus

Kurzer angenehmer Spaziergang mit **Badepause** und **Vogelbeobachtung**. Die Rundwanderung ist besonders schön in der Abendsonne, **Fréjus** und **Saint-Raphaël** liegen gold glitzernd am Horizont.

diesem Steg ein Zugang auch für Menschen mit eingeschränkter Mobilität zur **Vogelbeobachtungsstation** geschaffen. Ganzjährig kann man hier Blesshühner, Krickenten, Haubentaucher, Lachmöwen und viele andere der

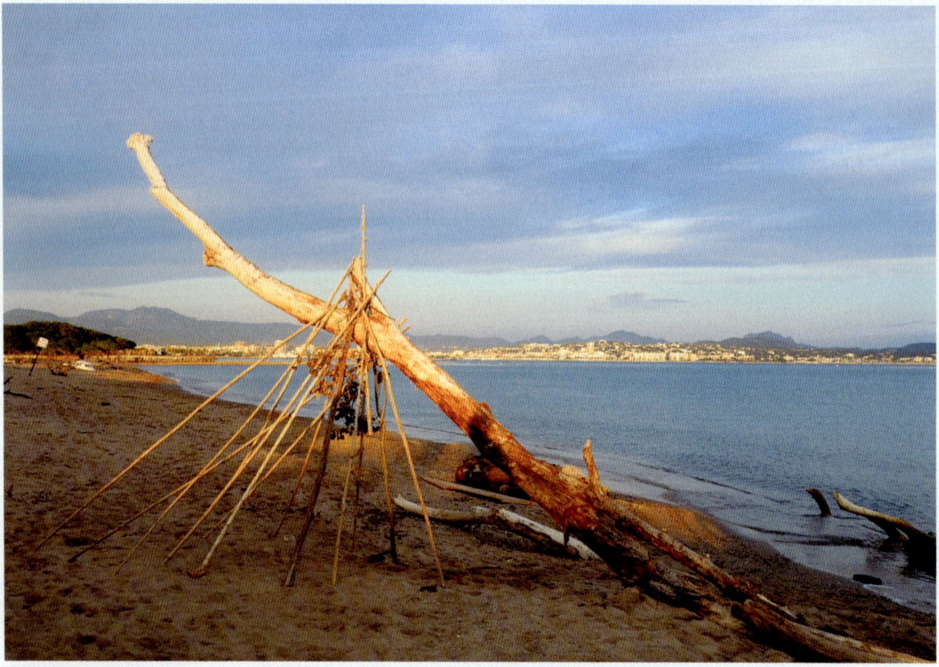

1 43°23'42.33"N 6°43'42.87"E

Vom **Bahnhof** von **Fréjus** fährt etwa alle zwei Stunden der **Bus 9** Richtung **Saint-Aygulf** ab, diesen bis Station **La Galiote** nehmen. Hier befinden sich auch viele Parkplätze (in der Hochsaison kostenpflichtig).
Von der Bushaltestelle nach rechts an den Parkplätzen und der leider viel befahrenen Straße entlang und rechts zum Strand abbiegen. Nach etwa 700 m nach links wieder zur Straße, diese

2 Vogelbeobachtung

queren und zu der lang gezogenen **Holzbrücke** gehen (siehe Foto ganz rechts). Vom **Conservatoire du Littoral** wurde mit

*Der Strand **Les Esclamandes** ist der größte Sandstrand von **Saint-Aygulf**. Er ist in vier Zonen unterteilt: Der größte Teil im vorderen Bereich ist **Familienzone**, ab der Mitte des Étang Villepey beginnt eine kleine **FKK-Zone** (von Anfang Juni bis Ende September), gefolgt von einem Abschnitt nur für **Kitesurfer** (Baden verboten!). Die Mündung des Flusses **Argens** ist als **Hunderevier** ausgewiesen, wegen des Fischreichtums ist der Platz auch bei **Anglern** sehr beliebt.*

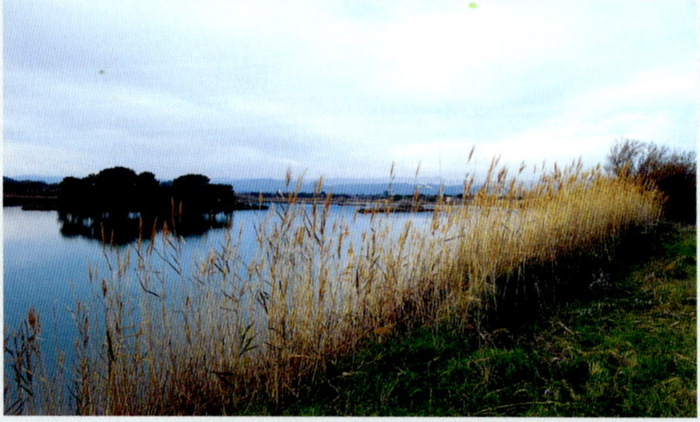

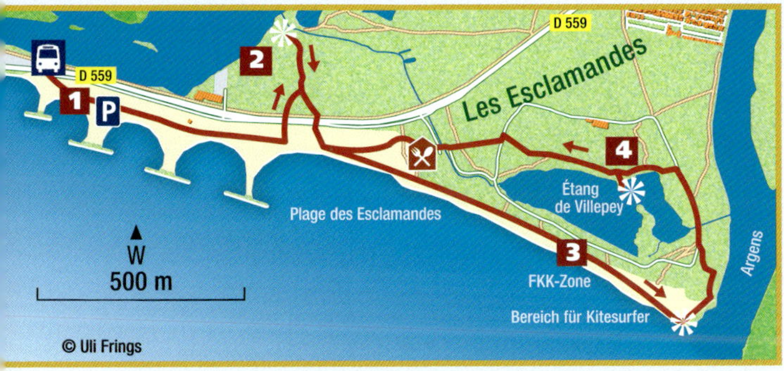

bis zu 270 verschiedenen Vogelarten beobachten. **Nach dem Abstecher** läuft man zurück zum Strand und hat weite Fernblicke in die **Baie de Saint-Raphaël**. Nach links dem Ufersaum 1 km, vorbei am FKK-Bereich, bis zur Mündung des Flusses **Argens** folgen und links abbiegen. Ein Stück auf dem breiteren Uferweg bleiben, dann links halten und auf einem Querweg nach rechts weiterwandern. Über eine kleine Brücke hinweg und 150 m darauf links einen schmalen Pfad Richtung einer **Vogelbeobachtungsstation** nehmen. Nach einigen Meter kann man links einen Abstecher zum **Observatoire Cisticole** machen. Cisticolen sind Arten aus der Familie der Sperlingsvögel, die in der Nähe von Feuchtgebieten leben, hier z. B. der Zistensänger. Ohne Abstecher geht es geradeaus weiter, ausgeschildert mit **Sortie** und **Exit**. 300 m später erreicht man einen etwas breiteren Weg, den man kurz nach links einschlägt, bevor man dann rechts in einen schmalen Pfad abzweigt. Dieser führt zu einem Weg, den man geradeaus überquert (nach rechts würde man über einen Holzsteg zur Straße gelangen). Hinter einer Schranke geradeaus den Sandpfad oberhalb der **Strandbar Bambusa Plage** (siehe rechts) nehmen. Am Ufer kehrt man zurück zu den Parkplätzen und der Bushaltestelle.

3 FKK-Strand

4 Observatoire Cisticole

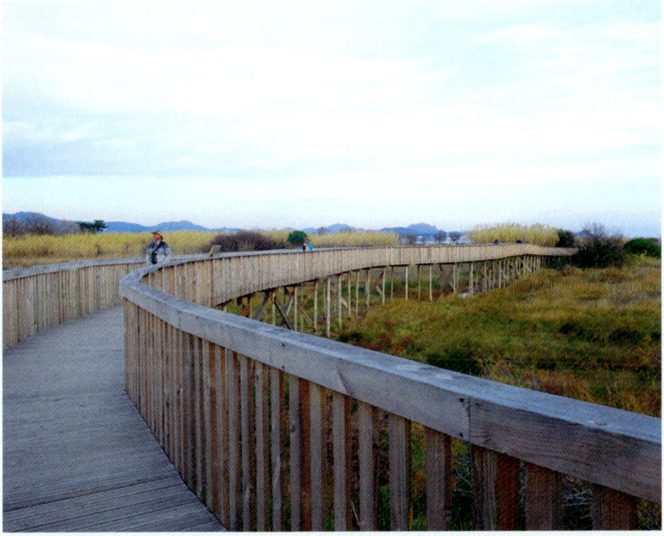

1,5 Stunden

4,4 km • 25 HM

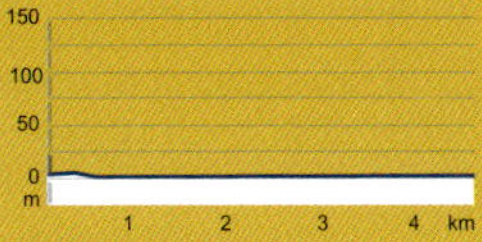

Schwierigkeitsgrad

▶ **Leicht**

▶ Die beste Zeit, um die bis zu **270** verschiedenen hier lebenden **Vogelarten**, darunter vorwiegend **Zugvögel**, zu beobachten, ist im März und September.

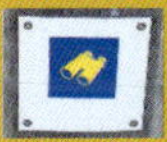

Wegmarkierung

Keine Markierung, aber Hinweisschilder zu den Vogelbeobachtungsstationen (siehe Foto oben).

Wanderkarte

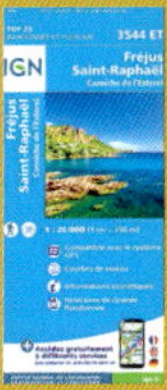

3544 ET Fréjus/ Saint-Raphaël/ Corniche de l'Esterel Topografische Wanderkarte 1:25 000 – GPS EAN/ISBN: 9782758538745

Einkehr

▶ **Bambusa Plage**
Les Esclamandes
83370 Saint Aygulf
Telefon 06 50 09 40 50
Strandbar/Restaurant mit tollem Blick auf das Meer. Kulinarisch eher nur etwas für ein Glas Wein und ein paar Tapas. Ganzjährig geöffnet.

Märkte

▶ **Fréjus-Plage**
Di., Fr. und So. 8 bis 13 Uhr, Place de la République.

▶ **Saint-Raphaël**
Täglich 7 bis 13 Uhr, Place Victor Hugo und Place de la République.

▶ **Marché aux Poissons**
Täglich 8 bis 13 Uhr, Vieux Port de Saint-Raphaël.

Tour 21 Wo das Esterel-Gebirge ins Meer stürzt

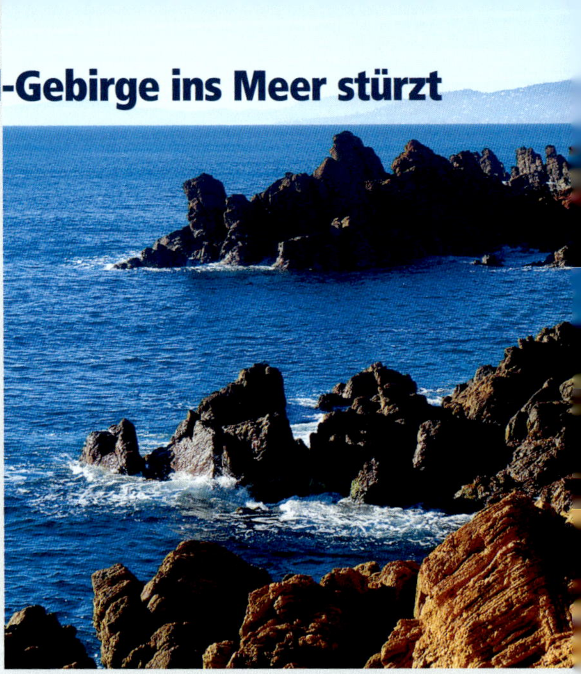

Traumhafter Küstenweg durch das stark zerklüftete **gelb-rote Gestein** des Esterel-Massivs. Nicht wirklich lang oder sehr gefährlich, aber das ständige Auf und Ab im Fels ist fordernd.

1 43°24'44.25"N 6°46'57.58"E

Vom **Bahnhof Saint-Raphaël-Valescure** gelangt man zu Fuß in 20 Min. zum Ausgangspunkt am Jachthafen. Oder mit dem **Bus 5** Richtung **Collège de l'Esterel** bis zur Station **Port Santa-Lucia** fahren. Hier befinden sich auch viele Parkplätze.

Am Ende des Jachthafens beginnt auf der linken Seite über Treppenstufen der **gelb markierte Sentier du Littoral**, beschildert mit **sportive** und **prudence** (Vorsicht). Oben angelangt, rechts halten und nun immer an der Küstenlinie bleiben. Der Weg führt durch den Fels, an schwierigeren Stellen sind Tritte aus Beton angelegt. Die Markierung ist oft nicht zu finden, etwas **Orientierungssinn** ist erforderlich. Nach 400 m kommt die erste Badegelegenheit in der wunderschönen Bucht **Calanque de Santa-Lucia** mit Kieselstrand. Bald darauf ist links eine **Umgehung** des folgenden, etwas anspruchsvolleren Wegabschnitts möglich, ausgeschildert mit **Sentier du Littoral par l'Allée de la Pointe des Moines**. Weiter an der Küste folgen viele kurze Auf- und Abstiege im Fels, an einer Stelle gesichert mit einer **Eisenleiter**. Keine wirklich gefährlichen Passagen, aber **absolute Trittsicherheit** ist nötig. Nach 600 m gelangt man zum **Plage du Fournas**, hier **endet die Umgehung**. Der Pfad ist

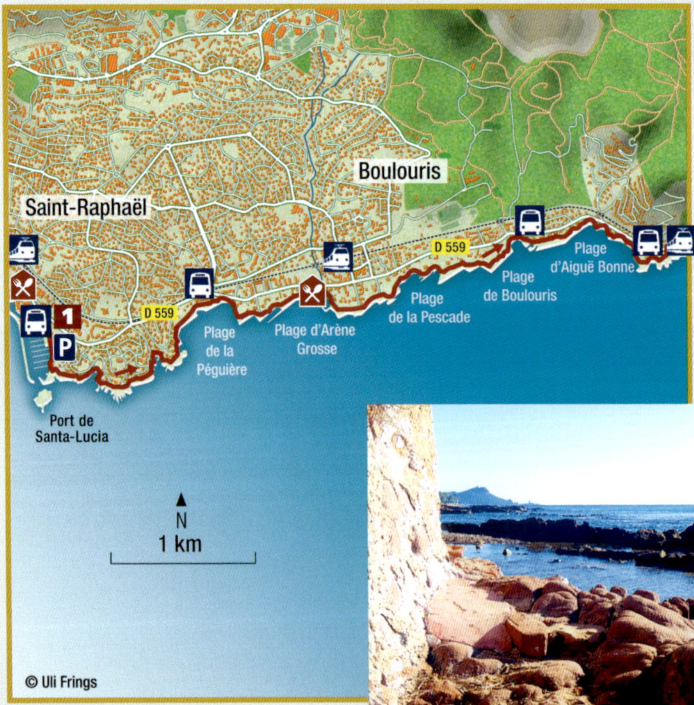

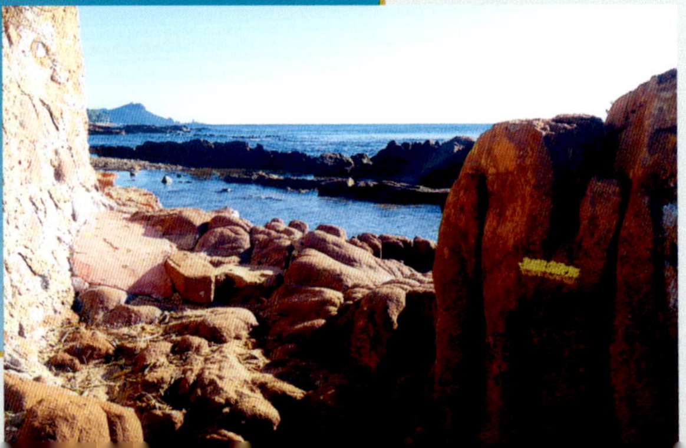

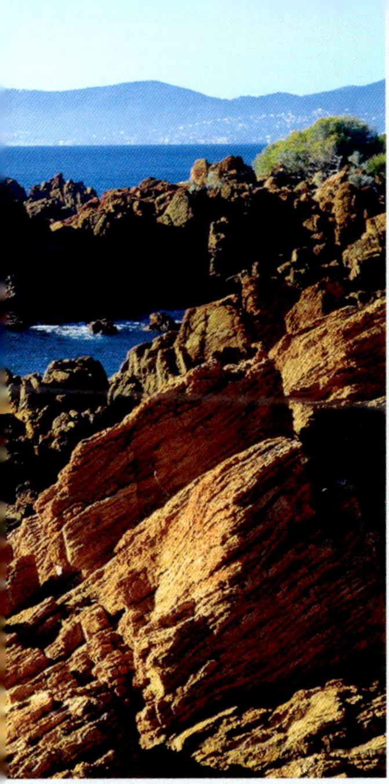

nun wieder ein **wenig leichter** zu laufen. 700 m später erreicht man den großen **Plage de la Péguière.** Jetzt folgen alle paar hundert Meter ein Strand, viele sehr gute **Schwimmstellen** und am **Plage d'Arène Grosse** eine **Einkehr** (Restaurant/ Strandbar **L'Étoile Boulouris Saint-Raphaël**, Telefon 04 94 83 10 44). Zum **Bahnhof Boulouris-sur-Mer** geht man von der Durchgangsstraße aus nach rechts, dann links in den **Boulevard de la Mer** leicht aufwärts. An jeder Bucht hat man die Möglichkeit zur nah gelegenen **D 559**, der **Route de la Corniche**, anzusteigen, auf der die Busse fahren (siehe unten). Hinter dem **Plage d'Aiguë Bonne** führt der Weg noch 600 m die Küste entlang und ist dann gesperrt. Es geht hinauf zur Straße, diese nach rechts nehmen zum **Bahnhof** oder zum **Plage du Débarquement** mit **Anschluss an Tour 22**, siehe nächste Seite. Auf der **D 559** nach rechts erreicht man in 10 Min. den Bahnhof von **Le Dramont**. Von hier fährt etwa alle zwei Stunden ein Zug zurück. Eine Busverbindung gibt es nur im Sommer (**Linie 21**) oder zu Schulzeiten (**Linie 8**), auch alle zwei Stunden.

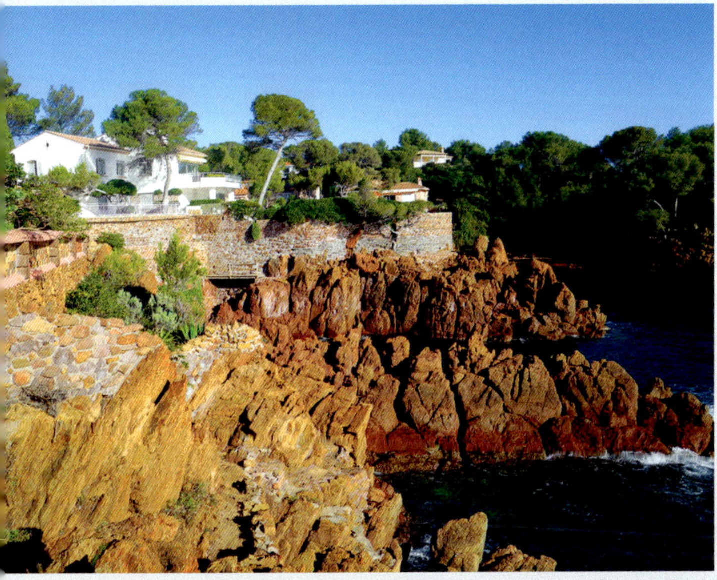

*Das **Massif de l'Esterel** zwischen Saint-Raphaël und Cannes besticht durch seine Felslandschaft aus **Porphyr**. Entstanden aus Tausenden Vulkaneruptionen vor 250 Millionen Jahren ist das Gebirge mit seinen fast unwirklich **rot gefärbten Gesteinsformationen** eines der faszinierendsten der Provence. 1903 wurde die unzugängliche Landschaft mit der kurvenreichen **Corniche d'Or** erschlossen, sicher die schönste Küstenstraße der Côte d'Azur.*

2,5 Stunden
6,4 km • 45 HM

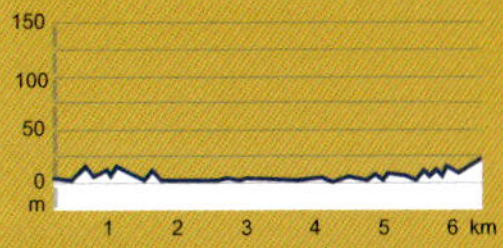

Schwierigkeitsgrad

- **Mittelschwer bis schwer**
- **Kletterpassagen** im Fels.
- **Absolute Trittsicherheit erforderlich.**

Wegmarkierung

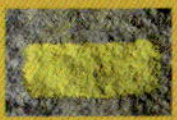

Durchgängig **gelb markiert**.

Wanderkarte

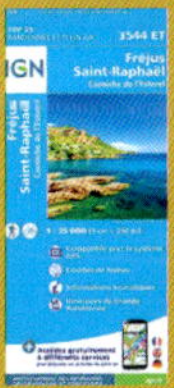

3544 ET Fréjus/ Saint-Raphaël/ Corniche de l'Esterel Topografische Wanderkarte 1:25 000 – GPS EAN/ISBN: 9782758538745

Einkehr

- **Restaurant L'Annexe**
23 Rue Thiers
83700 Saint-Raphaël
Telefon 04 94 83 91 49
Freundliches gutes Restaurant nicht weit vom Hafen in einer Nebengasse. Das 3-Gang-Menü kostet etwa 30 €, sehr gute Fleisch- und Fischgerichte, auf Wunsch „zaubert" der Koch auch etwas Vegetarisches.
- **Restaurant La Table**
47 Rue Thiers
83700 Saint-Raphaël
Telefon 04 94 53 93 35
In der gleichen Straße wie L'Annexe befindet sich dieses gute Restaurant im Stil einer Weinbar.

Märkte

- **Saint-Raphaël**
Täglich 7 bis 13 Uhr, Place Victor Hugo und Place de la République.
- **Marché aux Poissons**
Täglich 8 bis 13 Uhr, Vieux Port de Saint-Raphaël.

Tour 22 Rund um das Cap du Dramont

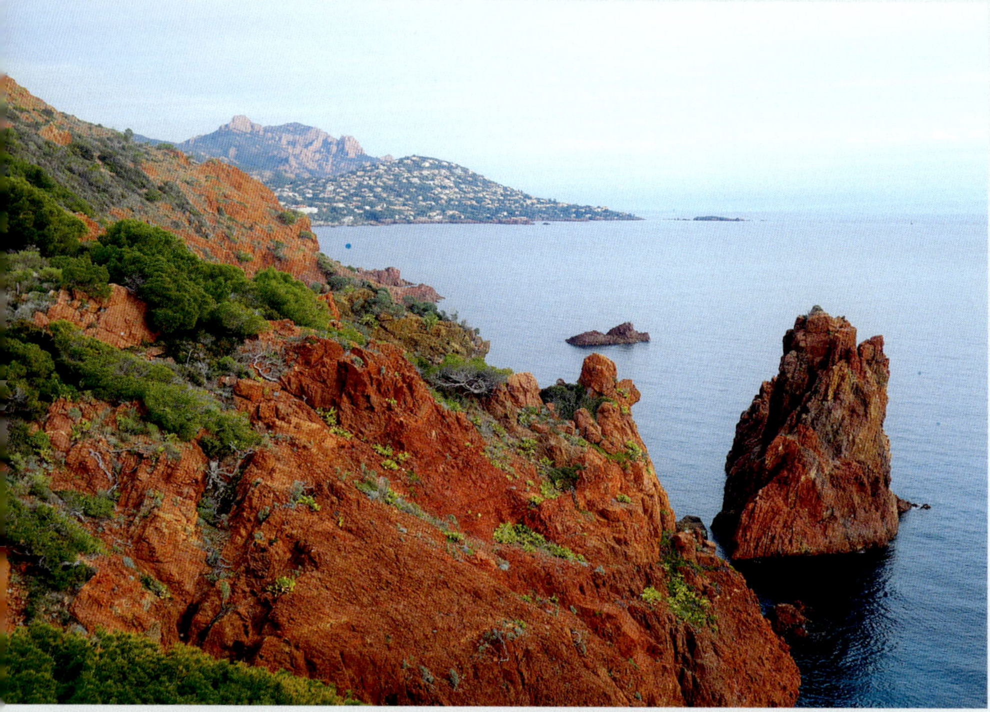

Das **Cap du Dramont** grenzt an das **Esterel-Massiv** und fasziniert durch sein charakteristisches rötliches oder blaugrünliches Gestein aus Rhyolith (Quarzporphyr). Die vorgelagerte kleine **Île d'Or** (siehe Foto rechts unten) mit ihrem markanten 1912 erbauten Turm diente als Vorlage für die **Île Noire** im Comic **Tim und Struppi**.

1 43°25'9.58"N 6°51'27.97"E Vom Bahnhof in **Saint-Raphaël** mit dem **Bus 8** (nur zu Schulzeiten) oder mit **Bus 21** (nur im Sommer) in Richtung **Trayas Pointe Notre-Dame** bis zur Station **Camp Long** fahren. Oder mit dem Zug bis **Le Dramont**, jeweils etwa alle zwei Stunden. Viele Parkplätze am Ausgangspunkt oberhalb des **Plage Camp Long**.

Von der **D559** (**Boulevard de la 36ème Division du Texas**) in die unscheinbare **Rue Louise-Marie Robinson** abbiegen, ausgeschildert zur Snackbar **Tiki Plage**. Nach 200 m erreicht man rechter Hand einen großen Parkplatz und folgt der **gelben Markierung** nach rechts. Auf einem breiteren Weg ansteigen und keine 100 m darauf rechts Richtung **Belvédère de la**

Plage du Débarquement: *Der große Strand von Le Dramont war einer der wichtigsten Schauplätze der* ***Operation Dragoon*** *in der Provence. Am 15. August 1944 landeten in weniger als 10 Stunden 20 000 GIs der 36. texanischen Division am Kiesstrand mit schwerer Artillerie und Panzern. Weitere alliierte Truppen landeten bei Cavalaire-sur-Mer und Saint-Tropez. Sie*

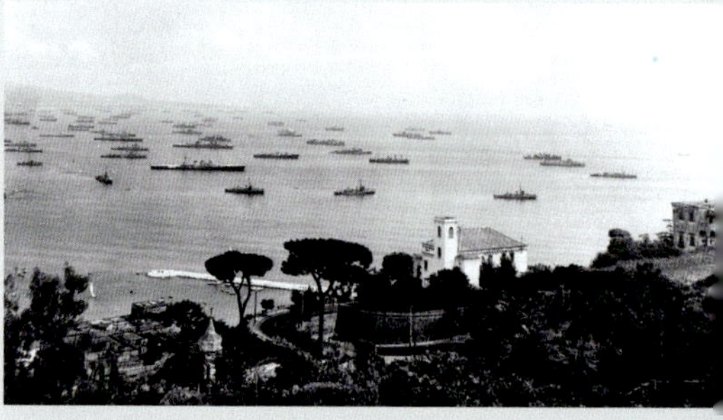

trafen auf relativ geringen Widerstand der deutschen Faschisten, da diese einen großen Teil der Wehrmacht zum Kampf gegen die Landungstruppen in die Normandie verlegt hatten. Innerhalb von nur zwei Wochen wurde die Provence vollständig befreit. Die strategisch wichtigen Hafenstädte Toulon und Marseille schon am 23. und 29. August.

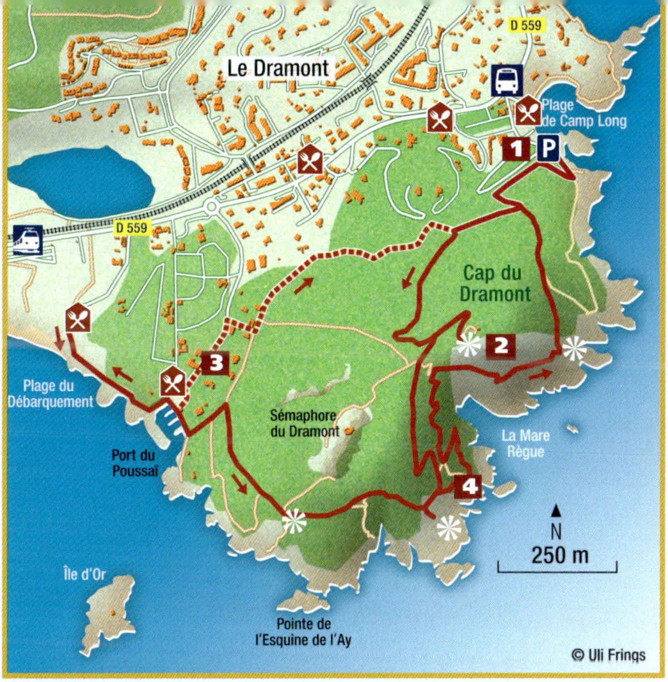

Batterie abzweigen. An der nächsten Weggabelung scharf rechts halten und **150 m später links**. Der rechte Pfad (gestrichelt eingezeichnet) ist der alternative Rückweg, siehe Punkt 3. Den Schotterweg zwischen Pinien, Stein- und Korkeichen weiter aufwärtslaufen, links kann man einen **Abstecher** zum **Belvédère** unternehmen, ein wunderbarer **Picknickplatz**. Ohne Abstecher geradeaus gehen, ausgeschildert mit **Port du Poussaï.** Rechts kommt ein Abzweig zur **Sémaphore du Dramont**, man bleibt aber links noch 500 m auf der kleinen Straße. Links biegt gelb markiert der **spätere Rückweg** ab, man hält sich jedoch rechts und hat kurz darauf oberhalb des **Pointe du Dramont** mit einem Abstecher nach links fantastische Fernblicke. Vorbei an Stichwegen, die teilweise recht gefährlich zur Küste führen, sind es jetzt noch 700 m abwärts. An einer Querstraße läuft man links bis zum **Port du Poussaï** und zur Einkehr **C le Mieux**, Telefon 06 19 01 20 28. Am Ende des Hafenbeckens ein paar Stufen ansteigen, danach führt ein betonierter Pfad unterhalb der hier ungewöhnlich **grünlich schimmernden Felsen** zum **Plage du Débarquement** mit Restaurant und Snack-Bar.

2 Aussichtspunkt

Wieder zurück kann man den **gestrichelt** eingezeichneten Weg nehmen: Vom Hafen den **Boulevard du Sémaphore** hinauf, in die erste Straße rechts einbiegen, anschließend links, so erreicht man auf einem schönen Forstweg nach 600 m den Hinweg.

3 Alternativrückweg

4 Rückweg

Oder zunächst auf dem Hinweg zurück und bei **Punkt 4** den schmalen **gelb markierten**, teilweise sehr verwachsenen Pfad nehmen. Es folgen **Picknickplätze** mit schönen **Fernblicken**. Der Weg ist nicht gefährlich, etwas **Orientierungssinn** ist aber **erforderlich**.

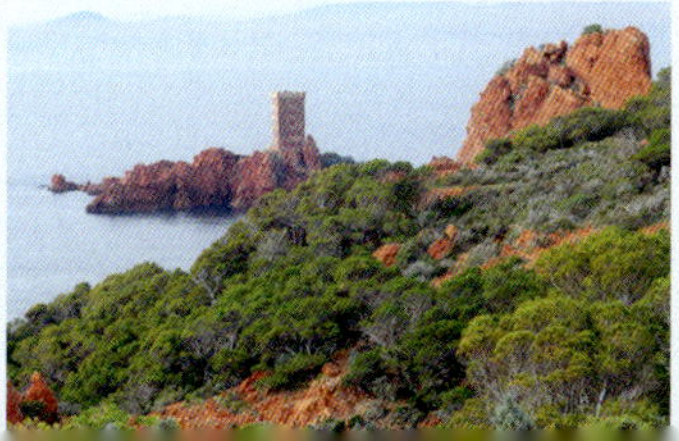

2 Stunden
5,4 km • 230 HM

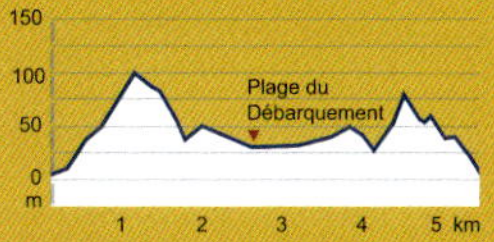

Schwierigkeitsgrad

▶ **Mittelschwer**

Wegmarkierung

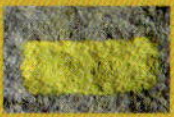

Teilweise **gelb markiert**.

Wanderkarte

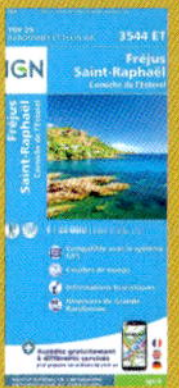

3544 ET Fréjus/ Saint-Raphaël/ Corniche de l'Esterel Topografische Wanderkarte 1:25 000 – GPS EAN/ISBN: 9782758538745

Wanderführer

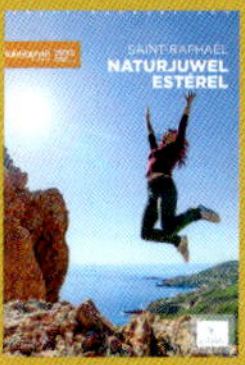

Kostenlose Broschüre in deutscher Sprache mit guten Wandertipps, erhältlich im Office du Tourisme.

Einkehr

▶ **Tiki Plage**
Plage de Camp Long
Rue Marie-Louise Robinson
83700 Saint-Raphaël
Telefon 04 94 82 87 88
Keine 150 m vom Parkplatz entfernt liegt dieses Strandrestaurant an einer wunderschönen Bucht. Keine Gourmet-Küche, aber ordentliche Gerichte zu fairen Preisen.

▶ Restaurants auf dem **Weg zum Bahnhof**:
Le Tire Bouchon
1620 Boulevard de la 36ème Division du Texas
Telefon 09 63 69 24 41
Le Duo
1319 Boulevard de la 36ème Division du Texas
Telefon 04 94 51 44 83

Cannes

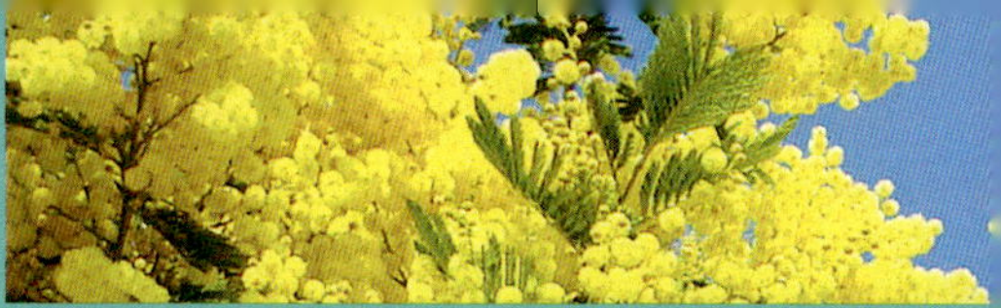

Bei Cannes (gut 75 000 Einwohner) denkt man natürlich als Erstes an das renommierte **Filmfestival**. Die Bilder von den internationalen Stars, die über den roten Teppich die Stufen des Kongresspalastes ansteigen, **la *Montée des marches*,** gehen um die Welt. Der Inbegriff von Reichtum und Dekadenz ist aber die **Croisette**. Nach dem Vorbild der **Promenade des Anglais** in Nizza erbaut, ist sie mit ihren Luxushotels DIE Flaniermeile Frankreichs.

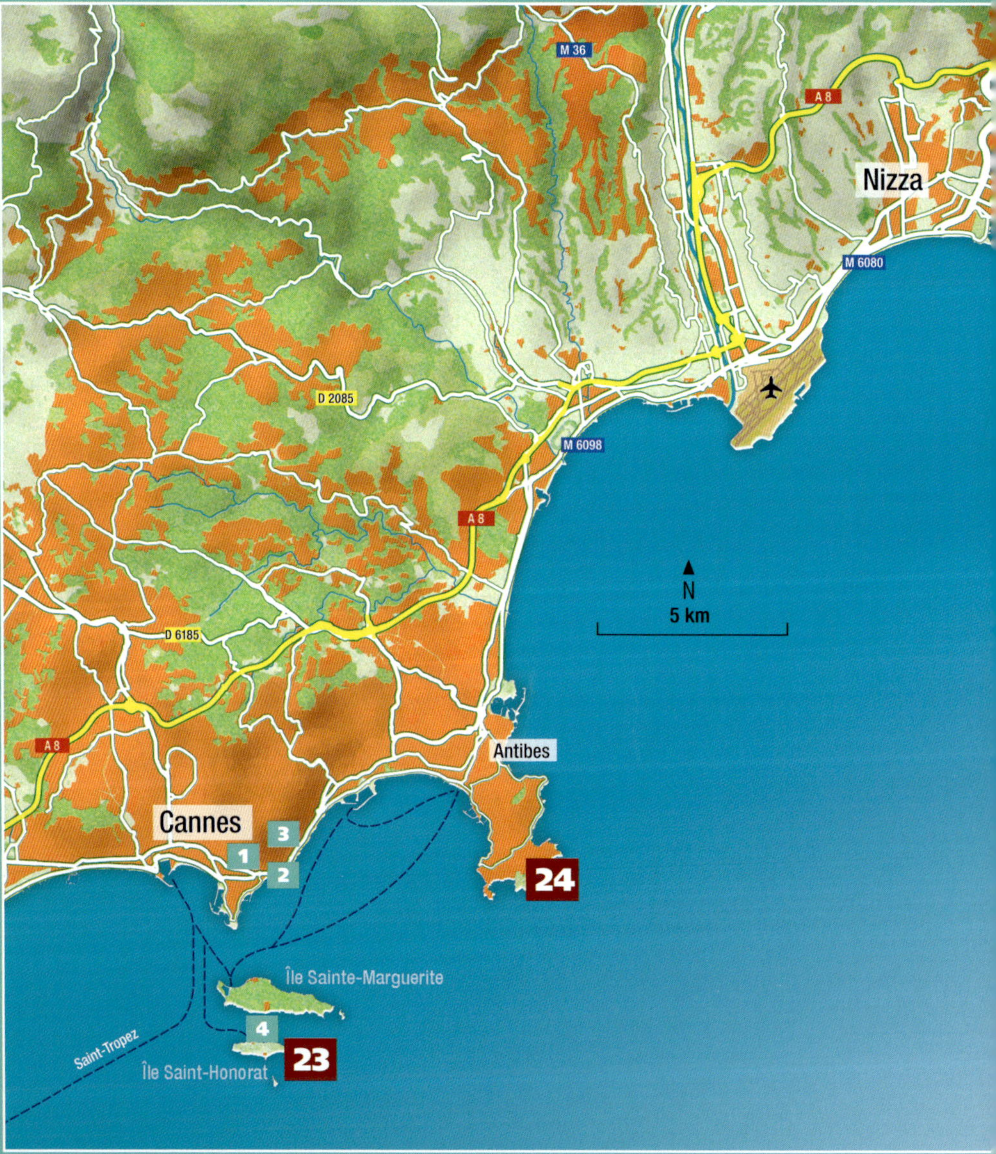

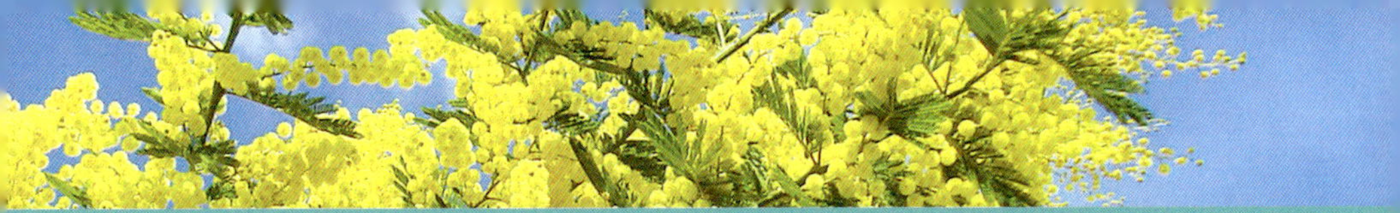

Der Winter ist die ruhigste Zeit an der **Côte d'Azur**, vielleicht auch die schönste. Die gesamte Region erstrahlt im Gelb der **Mimosen**. Echte Mimosen stammen aus tropischen Breiten und blühen rosa bis fliederfarben. Die bekannten gelben Sorten zählen dagegen zu den **Akaziengewächsen**, ihnen fehlt die namensgebende Empfindlichkeit völlig. Ursprünglich kommen sie aus Australien, der Seefahrer **Kapitän Cook** soll sie von einer seiner Reisen mitgebracht haben. Ab **1864** wurden in Cannes die ersten Gärten adliger Engländer mit der **Mimosen-Akazie** (Acacia dealbata) bepflanzt. Schon bald erkannte man den wirtschaftlichen Wert der duftenden Blüten. 30 verschiedene Arten werden für die Gewinnung von Schnittblumen sowie für Kosmetik und Parfum kultiviert. Im **Massif de Tanneron** (mit dem größten Mimosenwald Europas) und am **Massif du Grand Duc** wird ein Drittel der gesamten französischen Produktion geerntet.

Office du Tourisme Palais des Festivals et des Congrès
1 Boulevard de la Croisette
06400 Cannes
Telefon 04 92 99 84 22
www.cannes-destination.fr
Geöffnet: ganzjährig täglich von 10 bis 13 und 14 bis 17 Uhr.

La Route du Mimosa

Die Mimosenstraße führt auf 130 km von **Bormes-Les-Mimosas** über **Rayol-Canadel-sur-Mer**, **Sainte-Maxime**, **Saint-Raphaël** bis nach **Mandelieu-la-Napoule**, **Tanneron**, **Pégomas** und **Grasse**. Von Januar bis März werden die berühmten **Fêtes du Mimosa** veranstaltet, karnevalsähnliche Umzüge mit blumengeschmückten Motivwagen.

Restaurants und Unterkünfte

1 Hôtel de Provence
9 Rue Molière
06400 Cannes
Telefon 04 93 38 44 35
Sehr schönes 3-Sterne-Hotel in super Lage, wenige Minuten Fußweg zur Croisette. Freundlicher, aufmerksamer Service und für Cannes nicht zu teuer. Überall Spitzenbewertungen: Google 4,9 von 5 Sternen, erster Platz bei Tripadvisor.

2 Strandbar/Restaurant Vegaluna
Boulevard de la Croisette
06400 Cannes
Telefon 04 93 43 67 05
Les pieds dans l'eau, und das an der Croisette mit dem legendären Carlton-Hotel im Rücken, vermutlich unbezahlbar?! Natürlich nicht ganz günstig, aber z. B. Petits Farcis Provençaux (mit Hackfleisch gefülltes Gemüse) für 22 € sind in Ordnung.

3 La Table du Chef
5 Rue Jean Daumas
06400 Cannes
Telefon 04 93 68 27 40
Wunderbare moderne Küche mit saisonalen und regionalen Produkten. Mittags ein 3-Gang-Menu für 30 €, abends ein spannendes 4-Gang-Überraschungsmenü für 48 €.

4 Restaurant La Tonnelle
Île Saint-Honorat, 06400 Cannes
Telefon 04 92 99 54 08
Sehr gutes Essen und der von den Mönchen gekelterte Wein ist fantastisch (siehe auch Seite 125).

Tour 23 Klosterinsel Saint-Honorat vor Cannes

Geschickt versteckt sich die kleine **Leriner Insel** hinter der viel besuchten großen Schwester **Sainte-Marguerite**. Wunderschöner schattiger Rundweg durch Pinienwälder entlang der reizvollen Küste. Die Ruhe der Mönche überträgt sich auf die Besucher, man ist hier fernab vom Trubel der Côte d'Azur.

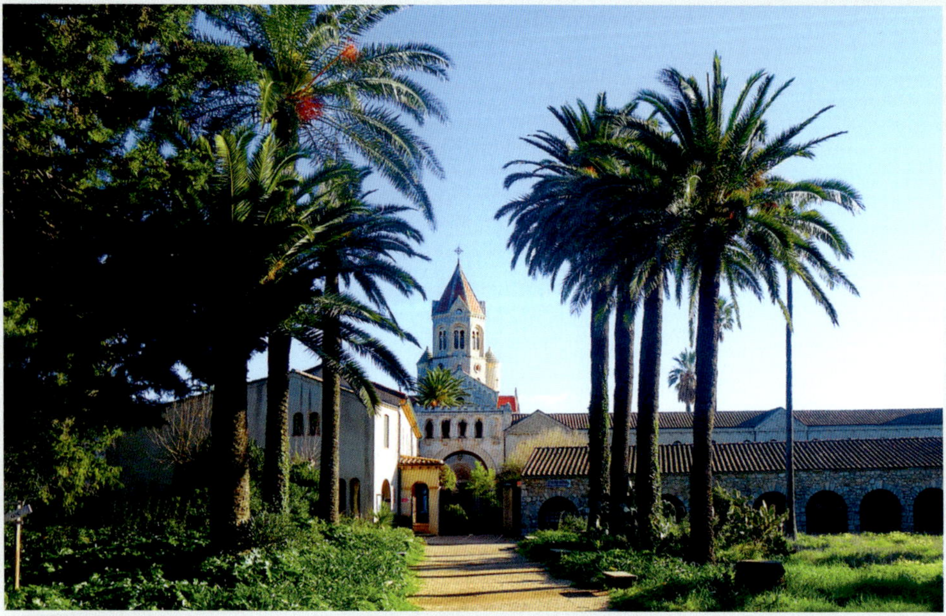

Auf der rechten Seite, fast am westlichen Ende des **Hafenbeckens von Cannes** starten die Boote zur Île Saint-Honorat. Im Winter alle zwei Stunden, sonst stündlich. Preis 16,50 €, Kinder je nach Alter 6 € oder 9 €. **www.cannes-ilesdelerins.com**. Am Bootsanleger beginnt der Rundweg über die Insel nach rechts. Kurz darauf kommt man an der **Snackbar Les Canisses** und dem guten **Restaurant La Tonnelle** vorbei. Ein Picknickplatz mit großartigen Blicken auf die **Île Sainte-Marguerite** und die dahinterliegenden **Seealpen** befindet sich am Wegesrand. An der Westspitze gelangt man zur **Chapelle Saint-Caprais**, einer von sieben Kapellen auf Saint-Honorat; viele Stichwege führen zur Küste mit kleinen Badebuchten. Weiter auf dem breiten Weg erreicht man nach 600 m die **Chapelle Saint-Pierre** und hält sich geradeaus zur **Abbaye Notre Dame de Lérins**. Das Gebäude des sehenswerten **Zis-**

1 Schwimmstellen

*Eine der wenigen Inseln Frankreichs in Privatbesitz: Saint-Honorat gehört dem Zisterzienser-Kloster mit seinen etwa 20 Mönchen. Der Tagesablauf der konservativen Glaubensgemeinschaft besteht vor allem aus Gebeten, Messen und Arbeit in der Landwirtschaft. Über 100 000 Besucher im Jahr können der stillen Einkehr abträglich sein, bilden aber die wirtschaftliche Grundlage des Ordens. Über den Shop und das Restaurant wird die jährliche Produktion von 40 000 Flaschen Wein und 10 000 Flaschen Lérina-Kräuterlikör vertrieben, mittlerweile auch online: **www.excellencedelerins.com**. Das Kloster kann außerhalb der Messen besichtigt werden und bietet einfache Mönchsklausen als Gästezimmer (siehe rechts).*

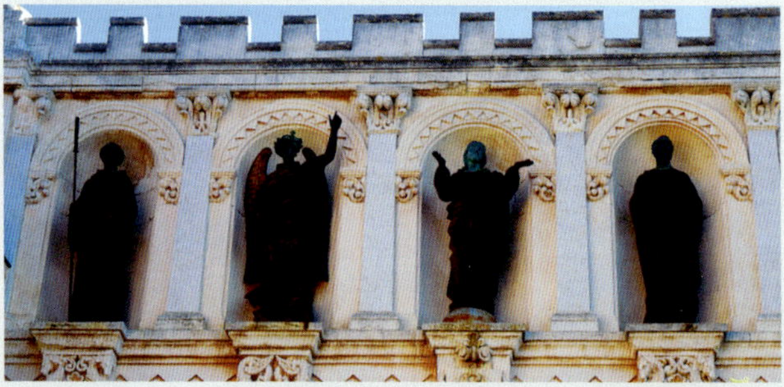

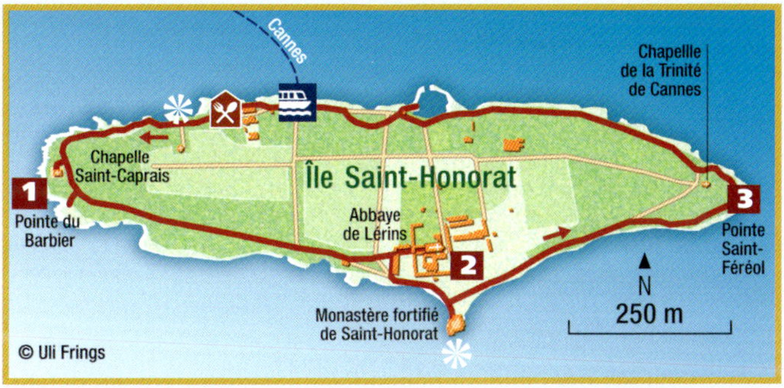

terzienser-Klosters stammt aus dem 11. bis 14. Jahrhundert. Die Ursprünge der Ordensgemeinschaft gehen aber auf **Honoratus von Arles** zurück, der sich im 5. Jahrhundert als erster Bewohner auf der Insel niederließ. Lérins wurde in wenigen Jahren zu einem der bedeutendsten Häuser des abendländischen Mönchtums. Die Kirche kann, außer während der Messen, von 8.30 bis 12.30 Uhr und 14.30 bis 16.30 Uhr besucht werden.

2 Klosterbesichtigung

Nach rechts, vorbei am Klosterladen und dann links gelangt man zum **Monastère fortifié de Saint-Honorat**, eine tolle Besichtigung mit weiten Ausblicken. Danach hält man sich 700 m immer am Ufer entlang und trifft an der Ostspitze auf einen **Four à boulets**. In dem Ofen wurden im 18. und 19. Jahrhundert Kanonenkugeln vor dem Abschuss zum Glühen gebracht, um so die feindlichen Segelschiffe in Brand zu setzen.

3 Kanonenkugelofen

Bis zum **Fähranleger** ist es nun noch 1 km durch schattigen Wald, vorbei an einem kleinen Hafenbecken. Weitere Wege führen quer über die Insel durch die Weinfelder.

*Das **Monastère fortifié de Saint-Honorat** wurde 1073 gegen sarazenische Piraten errichtet. Vom 15. Jahrhundert bis 1788 lebten die Mönche aus Furcht vor weiteren Angriffen dort ständig und bauten die Wehranlage zum Kloster aus. Von der obersten Plattform hat man einen fantastischen Ausblick auf die Küste mit dem Esterel-Gebirge und den Seealpen im Hintergrund.*

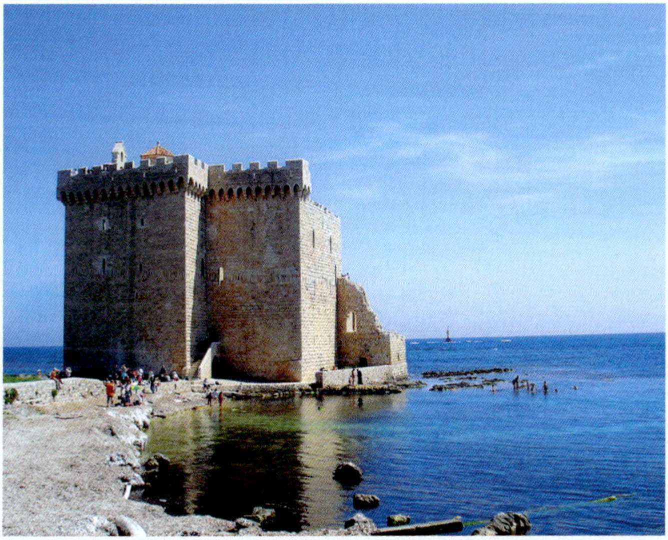

1,5 Stunden
3,6 km • 10 HM

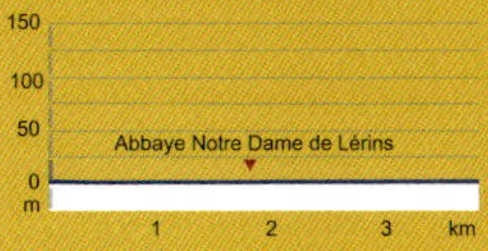

Schwierigkeitsgrad

▶ **Leicht**

▶ Respektieren Sie die klösterliche Stille und tragen Sie Badekleidung nur am Strand.

Wegmarkierung

Keine Markierung, der Weg ist aber nicht zu verfehlen.

Wanderkarte

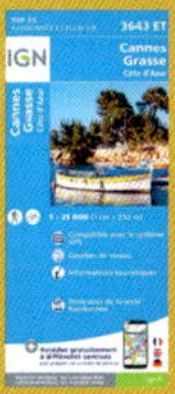

3643 ET Cannes/Grasse/ Côte d'Azur Topografische Wanderkarte 1:25 000 – GPS EAN/ISBN: 9782758540090

Einkehr/Unterkunft

▶ **Restaurant La Tonnelle**
Telefon 04 92 99 54 08
Das einzige Restaurant auf der Insel wird von der Abbaye betrieben. Sehr gutes Essen, der von den Mönchen gekelterte Wein ist fantastisch (aber sehr teuer).

▶ **Abbaye Notre Dame de Lérins, Hôtellerie**
Telefon 04 92 99 54 00
Das Kloster bietet *„eine Zeit des Gebets, der Erneuerung und der Stille"*. Aufenthalt ab zwei Tagen bis max. eine Woche pro Jahr möglich. Kein fester Preis, man sollte die Teilnahme am Leben der Mönche (inkl. Vollpension) mit mind. 45–55 € pro Tag honorieren, langfristige Vorreservierung erforderlich.

Märkte

▶ **Cannes**
Täglich außer Mo. 7 bis 13.30 Uhr,
Place Gambetta und Place du Marché Forville.

Tour 24 Baie des Milliardaires – Cap d'Antibes

Der ehemalige Zollpfad **Tire-Poil** verdankt seinen provenzalischen Namen vermutlich der oft kräftigen Meeresbrise am Kap (die an den *Haaren zerrt*). Die Erbauer der Villen hatten sich freien Zugang zum Meer erhofft. Aber nach dem **Loi Littoral** von 1986 steht dies allen zu und manch mutiger Bürgermeister setzt das auch um, eine lange Mauer trennt nun die Villen von der Küste.

folgen Stufen steil hinab in die nächste kleine Bucht und gegenüber führt der Weg wieder hinauf. Zwischen Felsen hindurch erreicht man die rauhe Küste, an einem Abzweig hält man sich rechts nahe am Ufer. Eine schmale Straße kurz nach links laufen und direkt nach rechts verlassen. Ab einem **Aussichtspunkt** ist der Weg jetzt die **2,5 km** bis zum **Plage de la Garoupe** mit Steinplatten und Beton befestigt.

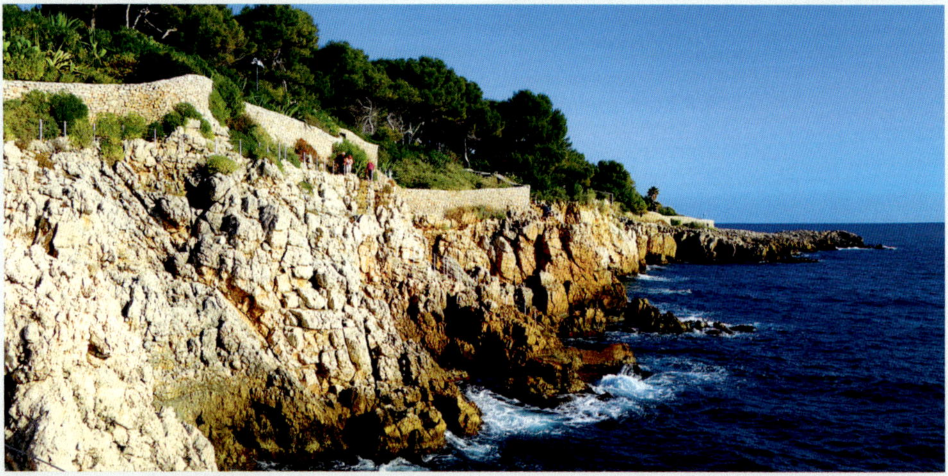

1 43°33'15.80"N 7°8'7.89"E

Vom **Gare Routière** in **Antibes** mit dem **Bus 2** in Richtung **Eden Roc** bis zur Station **Fontaine** fahren. Direkt gegenüber der Bushaltestelle geht die **Avenue Mrs. L. D. Beaumont** links ab. Auf dieser sind es 500 m bis zum Eingangstor der **Villa Eilenroc**. **Vom Parkplatz** am **Plage de la Garoupe** die **Avenue André Sella** nehmen und nach 350 m rechts in die **Avenue Tour Gandolphe** einbiegen. Am Ende der Straße links auf den **Boulevard J. F. Kennedy** wechseln und kurz darauf wieder links in die **Avenue Mrs. L. D. Beaumont** bis zur **Villa Eilenroc**.

2 Vor der Villa rechts

Rechts neben dem großen Portal der Villa befindet sich ein Durchgang, ausgeschildert mit **Sentier du Littoral**. Den ab hier **gelb markierten Weg** bis oberhalb der kleinen Bucht **Baie des Milliardaires** über Treppenstufen absteigen. Den Pfad nach links gehen, zunächst an einer Mauer und an ehemaligen Bunkern entlang. Man steigt über eine Treppe etwas an und befindet sich nun unterhalb der eingezäunten **Villa Eilenroc**. Es

*Die **Villa Eilenroc** im neoklassizistischen Stil liegt inmitten eines elf Hektar großen Parks am Meer. Neben der **Villa Kérylos** und der **Villa Ephrussi de Rothschild** (siehe Seite 138) gehört sie zu den berühmtesten Villen an der französischen Riviera, die man besichtigen kann. Der ehemalige Gouverneur von Niederländisch-Indien Hugh-Hope Loudon ließ die luxuriöse Residenz zwischen 1860 und 1867 errichten. Er nannte sie **Eilenroc**, ein Anagramm von **Cornélie**, dem Vornamen seiner Frau.*

1982 vermachte die damalige Inhaberin Hélène Beaumont (1895–1988) ihr Vermögen der Stadt Antibes mit der Auflage, den Park mit seinem fantastischen Rosengarten der Öffentlichkeit zugänglich zu machen.

***Geöffnet** mittwochs und jeden 1. und 3. Samstag im Monat von 14–17 Uhr, Eintritt 2 €, unter 12 Jahren frei.*

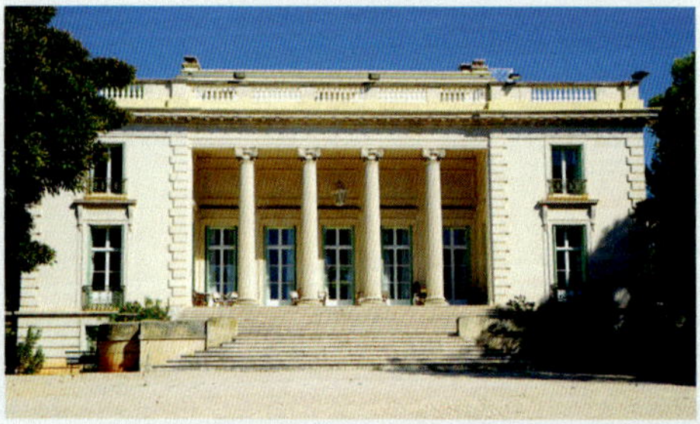

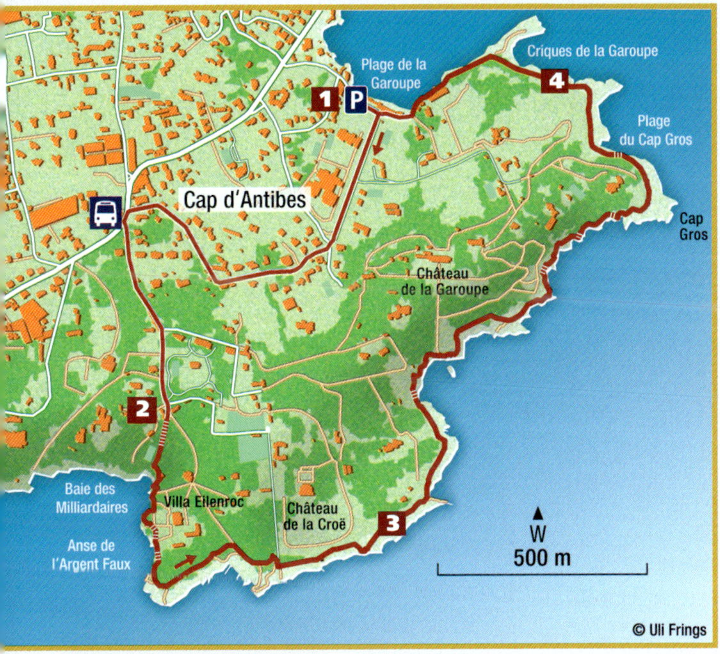

3 Gesicherte Passagen

Gefährliche Passagen sind sehr gut mit Geländern gesichert. Fast die gesamte Strecke führt der Pfad an einer Steinmauer entlang, die nach dem Erlass des **Loi Littoral** erbaut wurde, um die Villen abzuschotten. Die Wanderung wird dadurch aber nicht allzu sehr beeinträchtigt, der freie Blick auf das Meer und die felsige Küste bleibt wunderschön. Mit etwas Auf und Ab, gelegentlich über Treppenstufen, verläuft der Weg unterhalb des **Château de la Garoupe** und um das **Cap Gros** nach links herum. Der kleine Badestrand **Plage du Cap Gros** und die malerischen Felsbuchten **Criques de la Garoupe** liegen am Wegesrand.

Im Sommer, wenn die großen Strände über-

4 Badebucht

laufen sind, lohnt hier eine Badepause. **1 km nach dem Cap Gros** gelangt man zum eher touristischen **Plage de la Garoupe**. Hier befindet sich das Restaurant **La Petite Plage**, Telefon 04 93 67 04 05. Nicht schlecht, aber etwas zu teuer.

Für den Weg **zurück zum Bus** siehe die Beschreibung links.

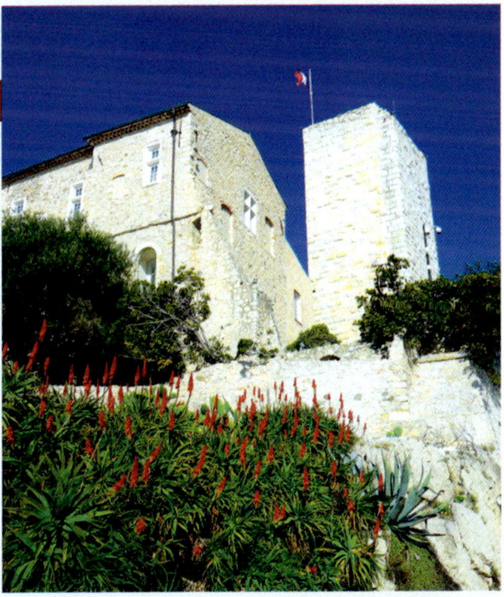

2 Stunden

4,9 km • 55 HM

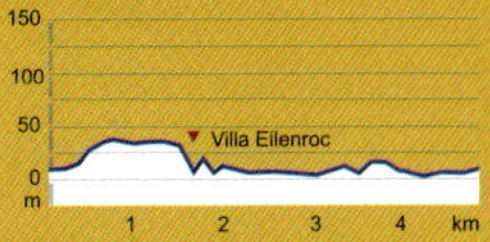

Schwierigkeitsgrad

- **Mittelschwer**
- Gut gesicherte Wege.

Wegmarkierung

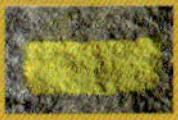

Durchgehend **gelb** markiert.

Wanderkarte

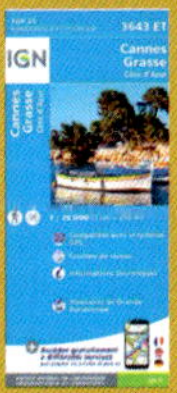

3643 ET Cannes/Grasse/ Côte d'Azur Topografische Wanderkarte 1:25 000 – GPS EAN/ISBN: 9782758540090

Wanderführer

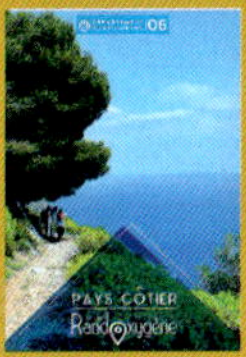

60 küstennahe Wanderungen im Département Alpes-Maritimes. Kostenlos erhältlich in jedem örtlichen Office du Tourisme.

Sehenswert

- Nach der Wanderung lohnt noch ein Abstecher in die **Altstadt von Antibes** (siehe Foto links).

Märkte

- **Antibes**

Provenzalischer Markt wie aus dem Bilderbuch: täglich außer Mo. 7.30 bis 13 Uhr, im Juli/August bis 13.45 Uhr, Cours Masséna in der Altstadt, unweit des **Picasso-Museums**, siehe Seite 130.

Hauptsache, blau

Yves Klein schuf elf gleichfarbige monochrome Bilder und provozierte das Publikum, indem er dafür unterschiedliche Preise verlangte.

Gastbeitrag von Karoline Kuhla-Freitag

Yves Klein wagte es. Im Januar 1957 eröffnete in der Mailänder Galleria Apollinaire eine Ausstellung, in der er elf Bilder, elf *„monochrome Vorschläge, blaue Epoche"* ausstellte. Jedes einzelne war 56 mal 77,5 cm groß und regelmäßig im selben leuchtenden Blau gestrichen – auf den ersten Blick sahen sie alle gleich aus. Doch einen Unterschied legte Klein fest – in den Preisen: Alle elf Bilder waren unterschiedlich teuer. Ob die Käufer dafür Verständnis hatten?

Der französische Maler, der sich selbst *„Yves Le Monochrome"* nannte, fertigte in den Fünfziger- und Sechzigerjahren einfarbige Bilder an, indem er mit einer Farbrolle gleichmäßig Leinwände bestrich, in Rot, Orange oder Gelb etwa, meist aber in Blau. Denn der junge Künstler, der in seinem kurzen, nur 34 Jahre dauernden Leben Tausende Bilder schuf, von denen einige zu den Klassikern der Moderne zählen, interessierte sich für Farben. Sie wollte er zum Strahlen bringen und wurde dafür radikaler. Schließlich ließ er alle Farben hinter sich und konzentrierte sich auf eine einzige: Blau. Auf die Frage, warum er sich freiwillig derart begrenze, antwortete Klein mit einer alten persischen Geschichte. Ein Flötenspieler habe zwanzig Jahre lang nur einen Ton gespielt. Als seine Frau ihn darauf ansprach, dass andere Flötenspieler Melodien aus unterschiedlichen Tönen zusammenstellten und dass die

Yves Klein wurde am 28. April 1928 in Nizza geboren und war Mitbegründer und einer der führenden Vertreter der französischen Kunstrichtung Nouveau Réalisme. Sein patentierter Farbton International Klein Blue (I.K.B.) kann hier, im Offsetdruck, nur unvollkommen wiedergegeben werden.

Musik so doch unterhaltsamer wäre, antwortete ihr Mann, es sei nicht sein Problem, dass er den einen Ton, nach dem die anderen noch suchten, schon gefunden habe.

Für Yves Klein war dieser Ton das Blau. Seit er als junger Mann mit zwei Freunden am Strand von Nizza gesessen hatte, sie in spielerischem Übermut die Welt unter sich aufgeteilt hatten und er sich für den Himmel entschieden hatte, beschäftigte ihn dessen Unendlichkeit. Später behauptete er sogar, den Himmel signiert zu haben und die Vögel dafür zu hassen, dass sie sein *„größtes und schönstes Monochrom“* immer wieder störten.

Dieses grenzenlose Blau wollte er auch mit seinen einfarbigen Bildern erzeugen und entwickelte ein Ultramarin, das ihn berühmt machte und das er sich 1960 patentieren ließ, bis heute trägt es seinen Namen: International Klein Blue (I.K.B.). Dahinter verbirgt sich eine spezielle Mischung, die den Blauton, den er so liebte, und wirkten, als ob sie schwebten. Er spielte mit dem Unverständnis für seine Kunst und forderte seine Besucher heraus, das jeweils Individuelle der Bilder zu entdecken – rief doch jedes eigene Empfindungen hervor. Und auch den Preis der Bilder legte Klein entsprechend individuell fest. Er hinterfragte damit die Vorstellung, dass Bilder sich rational bewerten ließen, etwa aufgrund der Größe, des Motivs oder der Kunstfertigkeit – die Wirkung auf den Betrachter war das, was zählte.

Die genauen Reaktionen der Ausstellungsbesucher sind nicht bekannt. Unter den Aufgeschlossenen von ihnen ging

„Farbe ist materialisierte Sensibilität. Farbe badet in allem und badet alles.“

besonders gut zum Leuchten bringt. Auf der Leinwand bleibt nichts, woran sich das Auge festhalten kann, nichts als die reine Farbe und ihre Wirkung: *„Farbe badet in kosmischer Sensibilität. (...) Farbe ist materialisierte Sensibilität. Farbe badet in allem und badet alles“*, schrieb er dazu.

Doch Kleins Werke waren für die damalige Zeit zu radikal. Selbst im sonst so aufgeschlossenen Pariser Salon des Réalités Nouvelles, einem Ausstellungsforum für geometrisch-abstrakte Werke, bat man ihn, er solle seine einfarbigen Bilder wenigstens durch eine zweite Farbe, einen Punkt oder Strich ergänzen.

Von dieser Kritik ließ sich Klein jedoch nicht beirren und setzte stattdessen auf seine Ausstellung in der Galleria Apollinaire. Für die Präsentation dort brachte er die elf blauen Leinwände auf Balken an, sodass sie mit einem Abstand von bis zu 20 cm von der Wand entfernt standen Kleins Rechnung aber wohl auf: Sie waren bereit, unterschiedliche Preise für seine Werke zu zahlen. So kaufte beispielsweise der berühmte italienische Maler und Bildhauer Lucio Fontana eines der Werke. Heute werden Yves Kleins Monochromien weltweit für Preise im niedrigen zweistelligen Millionenbereich versteigert.

Für Klein selbst zählte nach der Ausstellung in Mailand nur die Entscheidung der Käufer als Erfolg: *„Diese Tatsache beweist zum einen, dass die malerische Qualität jedes einzelnen Bildes durch etwas anderes als seine materielle und physische Erscheinung wahrnehmbar war, und zum anderen natürlich, dass diejenigen, die eine Wahl trafen, jenen Zustand anerkannten, den ich ›malerische Sensibilität‹ nenne.“*

Dieser Beitrag von Karoline Kuhla-Freitag ist erstmals in der Wochenzeitung DIE ZEIT, Ausgabe Nr. 3/2019 am 10. Januar 2019 erschienen.

Kunstmuseen an der Côte d'Azur

Villa Noailles, Centre d'Art d'Intérêt national
Montée Noailles
83400 Hyères
Telefon 04 98 08 01 98
Infos siehe Seite 91.
Geöffnet Oktober bis Juni Mi., Do., Sa., So. 13 bis 18 Uhr, Fr. 15 bis 20 Uhr, Mo., Di. und feiertags geschlossen. Juli bis September Mo., Mi., Do., Sa., So. 14 bis19 Uhr, Fr. 15 bis 21 Uhr, geschlossen Di. und feiertags.
Eintritt frei. **15 Min. Fußweg** vom Zentrum.

Fondation Carmignac
Île de Porquerolles
Villa Carmignac
83400 Hyères
Telefon 04 65 65 25 50
Beeindruckende Sammlung zeitgenössischer Kunst in einem zur Villa umgebauten ehemaligen Bauernhaus mit 2 000 m² großem Skulpturengarten. Zusätzliche Wechselausstellungen. *„Dieser Ort wurde geschaffen, um das, was ich liebe, mit einer möglichst großen Zahl von Menschen zu teilen. Diese mythischen Werke zeugen von einer außergewöhnlichen Epoche, getragen von einer der mächtigsten Strömungen der Subversion und Freiheit, die die Geschichte je gekannt hat"*, **Édouard Carmignac**.
Geöffnet April bis Ende Oktober, Di. bis So. 10 bis 18 Uhr, letzter Einlass 16.30 Uhr. Eintritt 15 €, 12 bis 26 Jahre 5 €, unter 12 Jahren frei. Alle weiteren Infos, z. B. zu den **Nuits de pleine lune**, dem **Porquerolles Film Festival** oder den **Nocturnes du jeudi** unter www.fondationcarmignac.com.
Anfahrt mit der Fähre, siehe Seite 98.

Musée Bonnard
16 Boulevard Sadi Carnot
06110 Le Cannet
Telefon 04 93 94 06 06
Pierre Bonnard, einer der bedeutendsten französischen Maler des Post-Impressionismus: *„Ich hoffe, dass meine Farbe hält, ohne Risse zu bekommen. Ich möchte vor den jungen Malern des Jahres 2000 mit Schmetterlingsflügeln ankommen"*, 1946, kurz vor seinem Tod.
Geöffnet Di. bis So. 10 bis 18 Uhr, Juli/August bis 20 Uhr. Geschlossen: immer montags und 1. Jan., 1. Mai, 1. Nov. und 25. Dez., Eintritt 5 €, ermäßigt 3,50 €, Wechselausstellungen 7 €/5 €.
Palm Bus Nr. 1 bis Mairie du Cannet.

Musée Picasso Antibes
Château Grimaldi
Place Mariejol
06600 Antibes
Telefon 04 92 90 54 20
Pablo Picasso arbeitete 1946 auf Einladung des damaligen Kurators ein Jahr im Schloss Grimaldi. Er vermachte daraufhin der Stadt Antibes 23 Gemälde und 44 Zeichnungen. Nach und nach kamen weitere Werke Picassos hinzu, u. a. auch Keramiken. Ein Teil des Museums widmet sich dem Maler **Nicolas de Staël**, der 1954/55 einige Monate in Antibes gelebt hat. Durch Schenkungen konnte das Museum noch um eine **Sammlung moderner Kunst** erweitert werden.
Geöffnet Di. bis So. Mitte September bis Mitte Juni 10 bis 13 Uhr und 14 bis 18 Uhr, im Sommer 10 bis 18 Uhr. Geschlossen: montags und 1. Jan., 1. Mai, 1. Nov. und 25. Dez., Eintritt 8 €, ermäßigt 6 €.
Mitten in der **sehenswerten Altstadt** von Antibes gelegen. Es lohnt der Besuch des provenzalischen Marktes, täglich außer Montag 7.30 bis 13 Uhr, im Juli/August bis 13.45 Uhr.

Musée national Fernand Léger
Chemin du Val de Pome
06410 Biot
Telefon 04 92 91 50 20
Die Werke des französischen Malers und Bildhauers **Fernand Léger** wurden anfänglich dem Kubismus zugeordnet. Er veränderte seinen Stil aber stark. Zunehmend integrierte er figurative Elemente in seine Gemälde, sein Spätwerk beeinflusste Pop-Art-Ikonen wie **Roy Lichtenstein**. Wenige Monate vor seinem Tod im Jahr 1955 kaufte Fernand Léger eine Villa am Fuße des Dorfes Biot. Seine Witwe beschloss, sie zum Museum umzubauen. Das Bauprojekt integriert ein riesiges Mosaik, das ursprünglich von Léger für die Dekoration des Stadions in Hannover geplant war, aber nie realisiert wurde.
Geöffnet täglich außer dienstags 10 bis 17 Uhr, Mai bis Oktober bis 18 Uhr. Geschlossen: 1. Jan.,

1. Mai und 25. Dez., Eintritt 8 €, ermäßigt 6 €, erster Sonntag im Monat und unter 26 Jahren frei.
Vom Bahnhof Biot Bus Nr. 10 bis Musée Fernand Léger.

Fondation Maeght
623 Chemin des Gardettes
06570 Saint-Paul-de-Vence
Telefon 04 93 32 81 63
Die private **Stiftung Marguerite et Aimé Maeght** hat einen außergewöhnlichen Ort geschaffen. Neben einer der bedeutendsten Sammlungen von Gemälden aus dem 20. Jahrhundert finden sich in den Gärten unzählige Skulpturen, Plastiken und Installationen berühmter zeitgenössischer Künstler.
Geöffnet täglich von 10 bis 18 Uhr, im Juli/August bis 19 Uhr.
Eintritt 16 €, ermäßigt 11 €, Kinder unter 10 Jahren frei.
Von Nizza oder Cagnes Bus Nr. 400 bis Fondation Maeght oder St.-Paul-Village.

Musée Renoir
Chemin des Collettes
06800 Cagnes-sur-Mer
Telefon 04 93 20 61 07
Die Sammlung des impressionistischen Malers umfasst 14 Originalgemälde, 40 Skulpturen, Möbel und sein Atelier.
Geöffnet täglich, Oktober bis März 10 bis 12 und 14 bis 17 Uhr, April und Mai 10 bis 12 und 14 bis 18 Uhr, Juni bis September 10 bis 13 und 14 bis 18 Uhr.
Geschlossen: 1. Jan., 1. Mai und 25. Dez., Eintritt 6 €, unter 26 Jahren frei.
Vom Bahnhof Cagnes-sur-Mer Bus Nr. 49 bis Musée Renoir.

Musée Matisse
164 Avenue des Arènes de Cimiez
06000 Nice
Telefon 04 93 81 08 08
Das Museum zeigt in der **Villa des Arènes** aus dem 17. Jahrhundert etwa 700 Objekte aus Matisses Privatsammlung, die er Nizza schenkte. Er verbrachte fast jeden Winter in der Stadt.
Geöffnet täglich außer dienstags 10 bis 17 Uhr, Mai bis Oktober bis 18 Uhr. Geschlossen: 1. Jan., Ostersonntag, 1. Mai und 25. Dez., Eintritt 10 €, unter 18 Jahren frei.
Bus Nr. 5, 18, 16, 40, 33 oder 70 bis Arènes/Musée Matisse.

Musée des Beaux-Arts de Nice
33 Avenue des Baumettes
06000 Nice
Telefon 04 92 15 28 28
Schwerpunkt ist französische Kunst aus dem 16. bis 19. Jahrhundert, zum wichtigsten Werk des Museums zählt das 1540 entstandene Gemälde *Kreuzigung* von **Agnolo Bronzino**.
Geöffnet Di. bis So. 11 bis 18 Uhr, Mai bis Oktober ab 10 Uhr. Geschlossen: montags und 1. Jan., Ostersonntag, 1. Mai und 25. Dez., Eintritt 10 €, unter 18 Jahren frei.
Bus Nr. 38 bis Musée Chéret, Straßenbahn Linie 2 bis Centre Universitaire Méditerranéen (siehe Seite 17).

Musée national Marc Chagall
Avenue du Docteur Ménard
06000 Nice
Telefon 04 93 53 87 20
Das Museum wurde von Chagall mitbegründet, um vor allem sein religiös inspiriertes Werk zu zeigen, u. a. eine Serie von 17 Gemälden, die die biblische Botschaft illustrieren. Mit der Zeit wurde die Sammlung immer umfangreicher und bildet heute die gesamte Schaffensperiode Chagalls ab.
Geöffnet täglich außer dienstags 10 bis 18 Uhr, November bis Anfang Mai nur 10 bis 12 Uhr und 14 bis 17 Uhr. Geschlossen: 1. Jan., 1. Mai und 25. Dez., Eintritt 10 €, unter 26 Jahren frei.
Bus Nr. 5 bis Musée Chagall, Straßenbahn Linie 1 bis Gare Thiers, 15 Min. Fußweg (siehe Seite 17).

Musée d'Art Moderne et d'Art Contemporain, MAMAC
Place Yves Klein
06000 Nice
Telefon 04 97 13 42 01
Die Sammlung umfasst etwa 400 Werke aus der Zeit seit den 1960er Jahren, u. a. von Yves Klein (siehe Seiten 128/129), César, Niki de Saint-Phalle, Andy Warhol, der Fluxus-Gruppe und vielen weiteren.
Geöffnet Di. bis So. 11 bis 18 Uhr, Mai bis Oktober ab 10 Uhr. Geschlossen: montags und 1. Jan., Ostersonntag, 1. Mai und 25. Dez., Eintritt 10 €, unter 18 Jahren frei.
Bus Nr. 8 bis Defly-Klein, 12 und 15 bis Promenade des Arts, 57 bis Garibaldi oder 87 bis Pont Barla, Straßenbahn Linie 1 bis Garibaldi oder Linie 2 bis Garibaldi Le Château (siehe Seite 17).

Nizza

„Als ich mir bewusst wurde, dass ich jeden Morgen dieses Licht wieder sehen werde, konnte ich mein Glück kaum fassen."

Henri Matisse

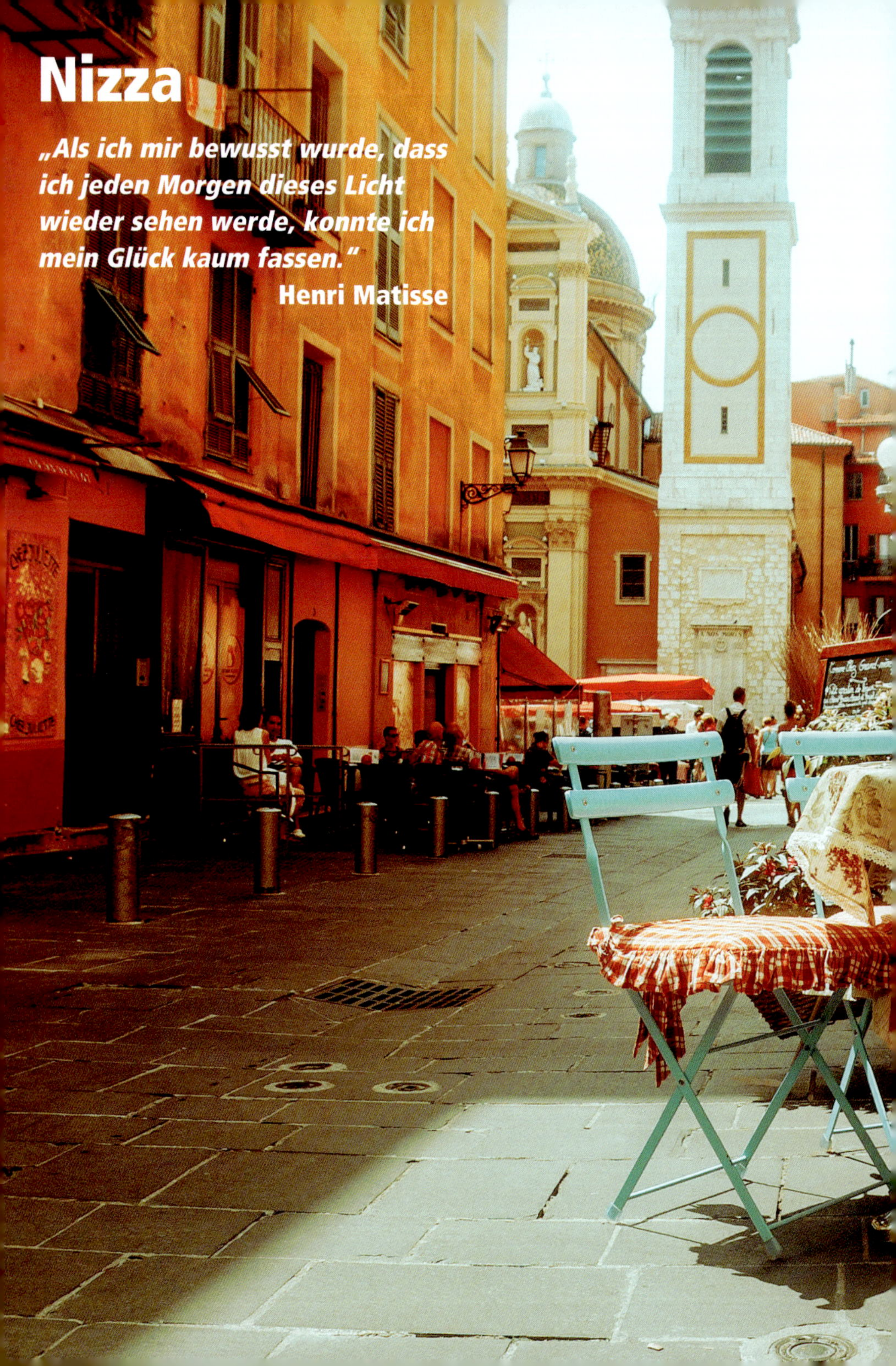

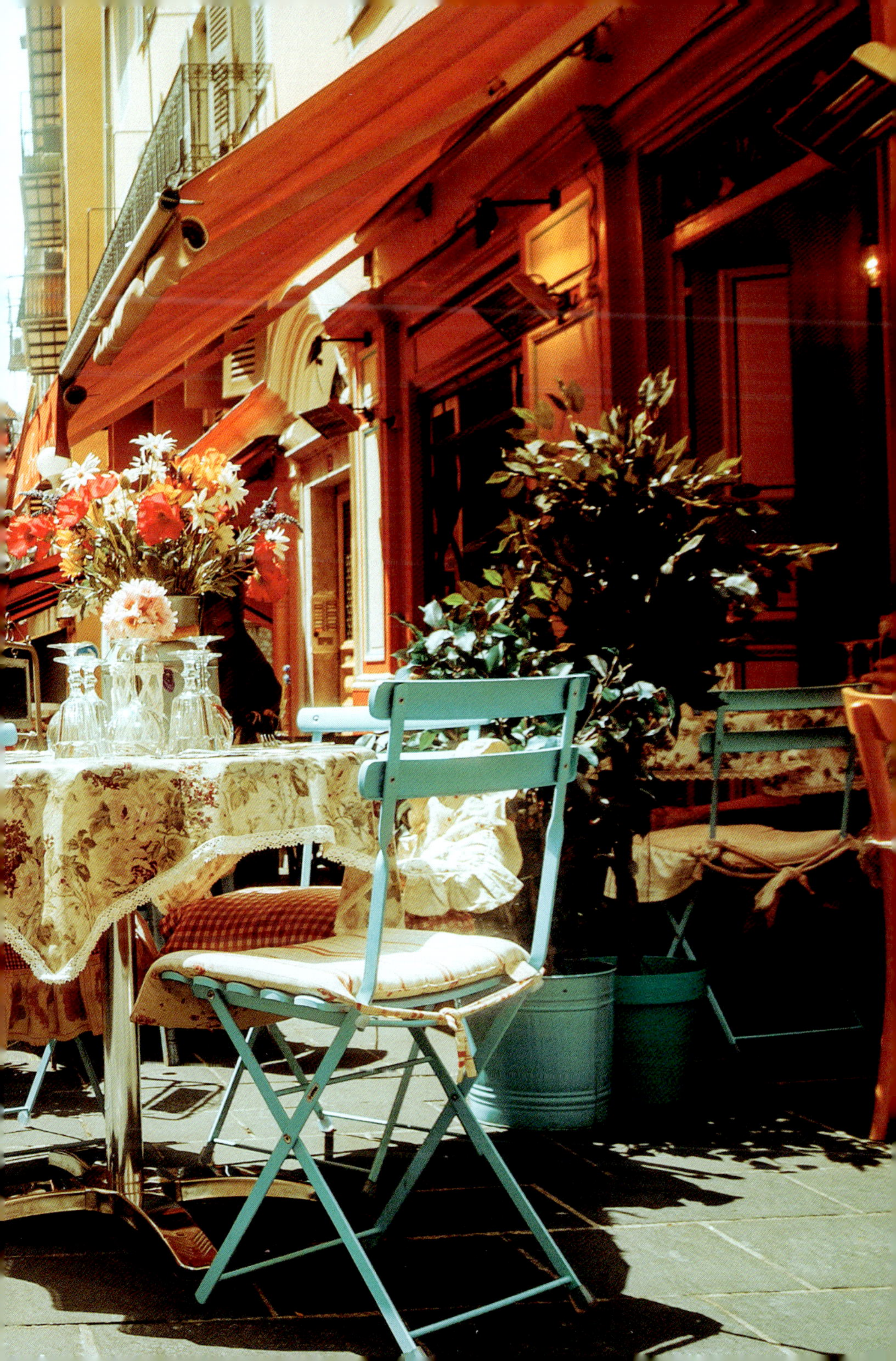

Vieux Nice

Nizza ist mit **345 000 Einwohnern** die fünftgrößte Stadt Frankreichs und nach Marseille die zweitgrößte an der Küste der Provence. Nizza bildet zusammen mit 48 weiteren Gemeinden die Region **Métropole Nice Côte d'Azur** mit insgesamt etwa **einer Million Bewohnern**. Der Flughafen **Nizza Côte d'Azur** hat nach Paris-Charles-de-Gaulle und Paris-Orly das größte Passagieraufkommen Frankreichs. Die Altstadt **Vieux Nice** befindet sich am östlichen Ende der **Baie des Anges** zwischen dem **Jardin Albert 1er** und dem **Colline du Château** (im Bild rechts der **Port de Nice** mit dem Schlossberg im Hintergrund, unten die Aussicht vom Hügel auf die **Promenade des Anglais** mit ihren berühmten Hotels, siehe Bild ganz rechts). Der Stadtteil zählt neben der Basilika **Notre-Dame-de-l'Assomption** und den beeindruckenden Museen (siehe Seite 131) zu den wichtigsten Sehenswürdigkeiten von Nizza. Verwinkelte Gassen, gut erhaltene pastellfarbene Häuser, kleine Geschäfte, Cafés und Restaurants prägen die Altstadt und machen sie zum Touristenmagnet. Der **Place Garibaldi** im Norden der Altstadt ge-

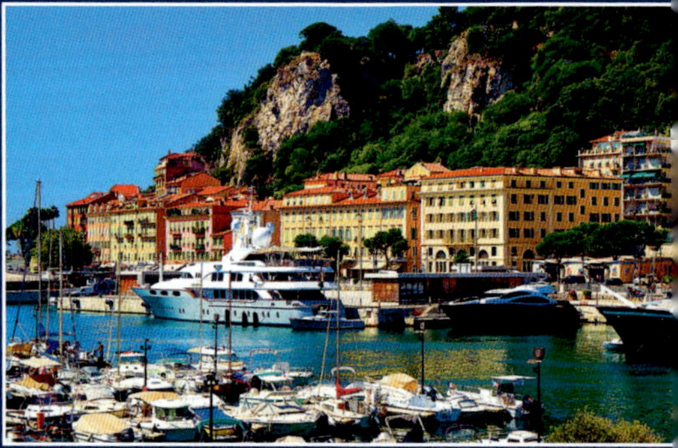

hört sicher zu den schönsten Plätzen im Vieux Nice. Er trägt den Namen des italienischen Guerilla-Kämpfers **Guiseppe Garibaldi**, der in Nizza geboren wurde, seine Statue steht in der Mitte des Platzes. Das italienische Flair kommt nicht von ungefähr: In der Grafschaft Nizza wurde größtenteils Italienisch gespro-

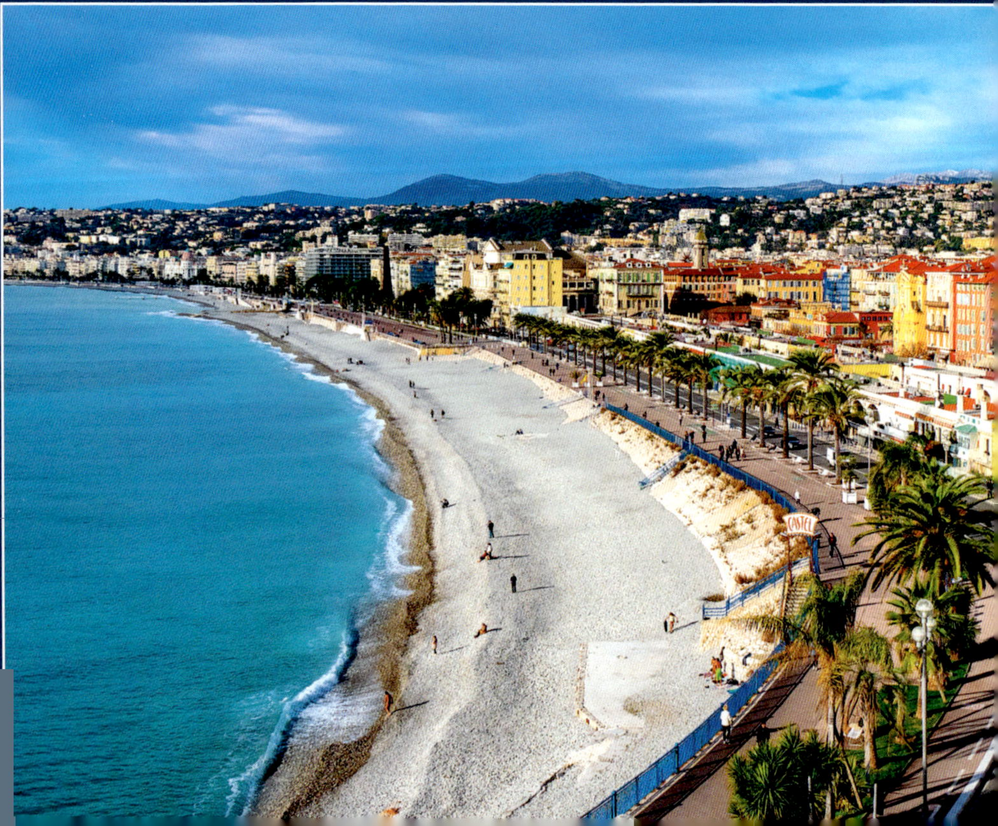

chen, sie gehörte bis zum Jahr 1860 zum Königreich Sardinien. Heute wird in der ganzen Stadt Französisch gesprochen, aber der örtliche Dialekt **Nizzardo** ist ligurischen Ursprungs.

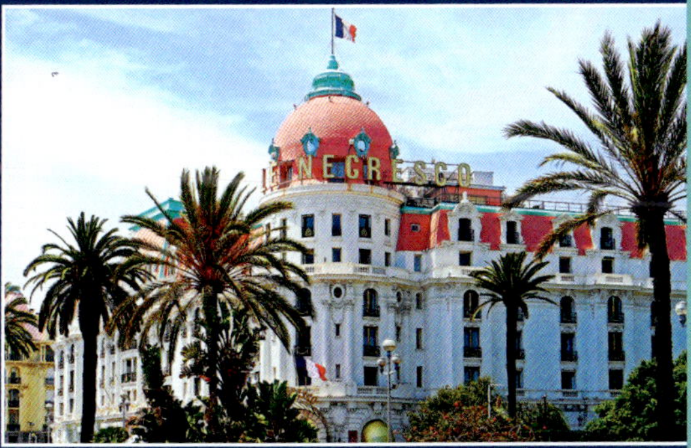

Office de Tourisme Métropolitain Nice Côte d'Azur
5 Promenade des Anglais, 06000 Nice
Telefon 04 92 14 46 14
www.explorenicecotedazur.com
Geöffnet: ganzjährig täglich von 9 bis 18 Uhr außer sonntags.

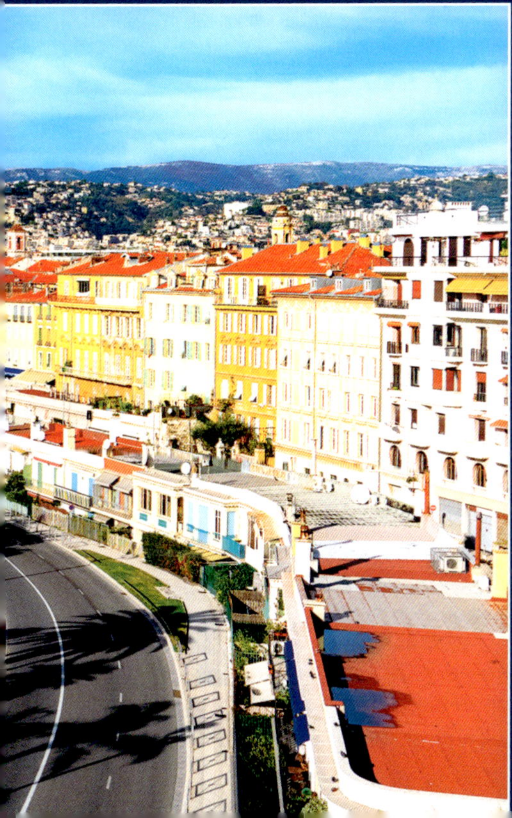

Restaurants in Nizza

Restaurant Chez Davia
11bis Rue Grimaldi
06000 Nice
Telefon 04 93 87 91 39
Nicht weit entfernt von der Avenue Médecin mit ihren schicken Geschäften liegt dieser Geheimtipp der Niçois. Regionale bodenständige Küche, z.B. frittierte Tintenfische, mit Mangold gefüllte Sardinen, Ratatouille, Rinderdaube (südfranzösisches Gulasch), Stockfisch. Hervorragend und preiswert.

Le Bar des Oiseaux
5 Rue Saint-Vincent
06300 Nice
Telefon 04 93 80 27 33
Das sehr nette Bistro im Vintage-Look ist in einer schmalen Gasse im Herzen der Altstadt versteckt. Mediterrane, italienisch beeinflusste Küche, Pasta, frischer Fisch, eine Bourride (Fischsuppe, ähnlich einer Bouillabaisse) für 18 €, unschlagbar.

Comptoir du Marché
8 Rue du Marché
06000 Nice
Telefon 04 93 13 45 01
Aus einem Blog: *„Ein absolutes Juwel in Nizza. Sehr leckeres und ausgefallenes Essen. Preislich überhaupt nicht abgehoben und der Service ist einfach nur einsame Spitze."*

Chez Acchiardo
38 Rue Droite
06300 Nice
Telefon 04 93 85 51 16
Das vielleicht letzte Urgestein in der Altstadt, ehrliche und preiswerte lokale Küche im Ambiente eines alten Bistros. Bei Einheimischen und Touristen gleichermaßen beliebt, unbedingt reservieren!

Restaurant Pure & V
15 Rue Bottero
06000 Nice
Telefon 06 19 88 68 90
Etwas abseits liegt diese Empfehlung für Liebhaber vegetarischer Küche mit Fisch. Ausgezeichnete Karte mit Bioweinen, die Inhaberin ist Sommelière und berät mit viel Zeit und Geduld. Tipp im Guide Michelin und bei Gault&Millau.

Exile on Main St. – das beste Album* der Rolling Stones entsteht an der Côte d'Azur

1971 war ein schwieriges Jahr für die Rolling Stones. Plattenfirma und Manager hatten sie über den Tisch gezogen, die britischen Behörden forderten mehrere Millionen Pfund an Steuernachzahlungen. Sie wählten das Exil in Südfrankreich, für die nächste Amerika-Tour musste ein neues Album her, sonst wären sie pleite. Noch war genug Geld vorhanden für Luxusvilla, Jaguare, Schnellboote und Drogen.

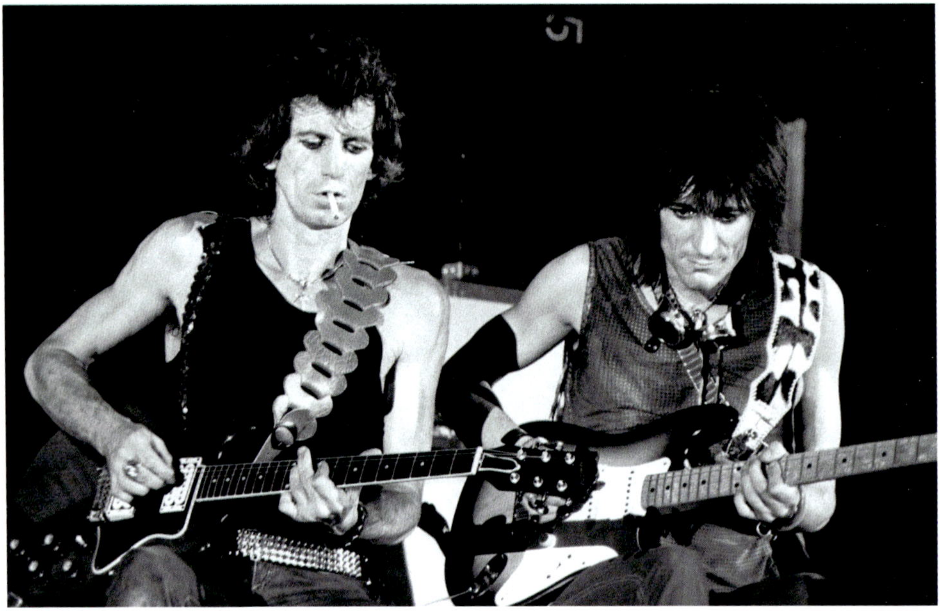

Keith Richards und Ron Wood 1982 während eines Rolling-Stones-Konzerts in Turin. Ron Wood wurde erst 1975 Mitglied der Stones, war aber bereits 1974 an dem Hit „It's Only Rock 'n' Roll" federführend beteiligt.

Keith Richards bezog mit Anita Pallenberg und ihrem gemeinsamen Sohn die heute legendäre **Villa Nellcôte**, deren Keller kurzerhand zum Tonstudio umfunktioniert wurden. Vermutlich war es der enorme Druck, der auf ihm als Songwriter lastete, der ihn wieder zum Heroin greifen ließ. Er hätte den Sommer fast nicht überlebt.

Ihr 26. Album stand unter einem schlechten Stern. Die aus London herangeschaffte Studiotechnik funktionierte in den feuchten Kellerräumen mehr schlecht als recht, ständig fiel der Strom aus. *„Es war der Wahnsinn, oben war es fantastisch – wie Versailles"*, so Keith Richards, *„aber da unten ... war es Dantes Inferno"*. Die Stimmung in der Band war gereizt. Gelangweilt und uninspiriert jammten sie vor sich hin. Mick Jagger nervte mit seinen tagelangen unabgesprochenen Ausflügen ins Jetsetleben. Gekrönt von seiner Ankündigung, Bianca Pérez-Mora Macías in

** laut der Musikzeitschrift „Rolling Stone", Platz drei in der deutschen Liste der 500 besten Alben aller Zeiten, Platz sieben in der US-Liste „The Greatest Albums of All Time".*

Saint-Tropez zu heiraten. Micks Hochzeit hat Keith Richard nicht in guter Erinnerung: *„Fotografen verstopften die Straßen von Saint-Tropez, von der Kirche bis zum Rathaus tobte ein erbarmungsloser Kampf Mann gegen Mann"*, er verließ die Zeremonie.

Keith Richards war bis dahin clean geblieben, abgesehen natürlich von Marihuana, Koks und Alkohol. Als er wieder anfing Heroin zu spritzen – Nellcôte-Koch „Fat Jacques" hatte gute Connections nach Marseille –, war es wie eine Kettenreaktion. Die Villa Nellcôte wurde zum Drogentempel.

Tagsüber vertrieb man sich die Zeit. Keith erwarb für Nellcôte das sechs Meter lange Schnellboot Mandrax 2, komplett aus Mahagoni. *„Alle sprangen mit rein, Bobby Keys, ich, Mick, wer eben grade Lust hatte. Mal ging es zum Frühstück nach Menton, zum Mittagessen nach Monte Carlo, auf eine Plauderei mit Onassis' und Niarchos' Truppe. Der Wasserweg war unsere Main Street."*

Nachts nahm die Arbeit an der Doppel-LP erstaunlicherweise langsam Fahrt auf. Bei den Sessions waren Keith Richards, Mick Jagger, Bill Wyman und Charlie Watts dabei. Ebenso Mick Taylor (der die Nachfolge des verstorbenen Brian Jones angetreten hatte), für das Saxophon Bobby Keys (der bereits 1969 bei *Let It Bleed* zu hören war) und der Produzent der Stones Jimmy Miller (der gelegentlich Watts am Schlagzeug vertrat). Immer wieder fehlte zwar eines der Bandmitglieder „rauschbedingt", aber in hellen Momenten gelangen Keith Richards Welthits wie *Happy* oder *Tumbling Dice*. Charlie Watts, eher einer der „braveren" Stones, beschrieb Keith Richards Stil: *„20 Mal spielen, sacken lassen, noch 20 Mal spielen. Er weiß, was er will, er ist sehr frei, Keith ist wirklich ein Bohème und eine sehr exzentrische Person."* Keith Richards steigerte seinen Heroin-Konsum immer weiter: *„Seine Herangehensweise an das Komponieren ist einzigartig. Sein tägliches Engagement jedoch eher zufällig. Er spielte seine Riffs, während er die Stufen zur Hölle hinunterstieg."*

„Die Riviera war unsere Main Street. Wir ließen uns treiben. Auf nach Antibes. Oder nach Saint-Tropez."

Keith Richards

Für den 2010 erschienenen Dokumentarfilm *Stones In Exile* von Regisseur Stephen Kijak besuchten Mick Jagger und Charlie Watts zahlreiche Orte, die für die Entstehung ihres Albums von Bedeutung waren: Stargroves, wo mehrere Titel für das Album aufgenommen wurden, sie sind in den Londoner Olympic Studios zu sehen, wo eine Vielzahl der Sessions in den späten 60er und frühen 70er Jahren stattfand, sie gehen zu den Sunset Sound Studios in Los Angeles, wo die Bänder von Exile gemischt und gemastert wurden – der einzige Ort, den sie nicht besuchen, ist die Côte d'Azur oder gar die Villa Nellcôte. Zu traumatisierend war wohl die Zeit, Keith Richard ist erst viele Jahre später wieder vom Heroin losgekommen. Der Autor und damalige Vertraute der Stones Robert Greenfield nennt sein Buch nicht ohne Grund: *Exile on Main St. – A season in hell with the Rolling Stones.*

Tour 25 Cap Ferrat – ihr da oben, wir da unten

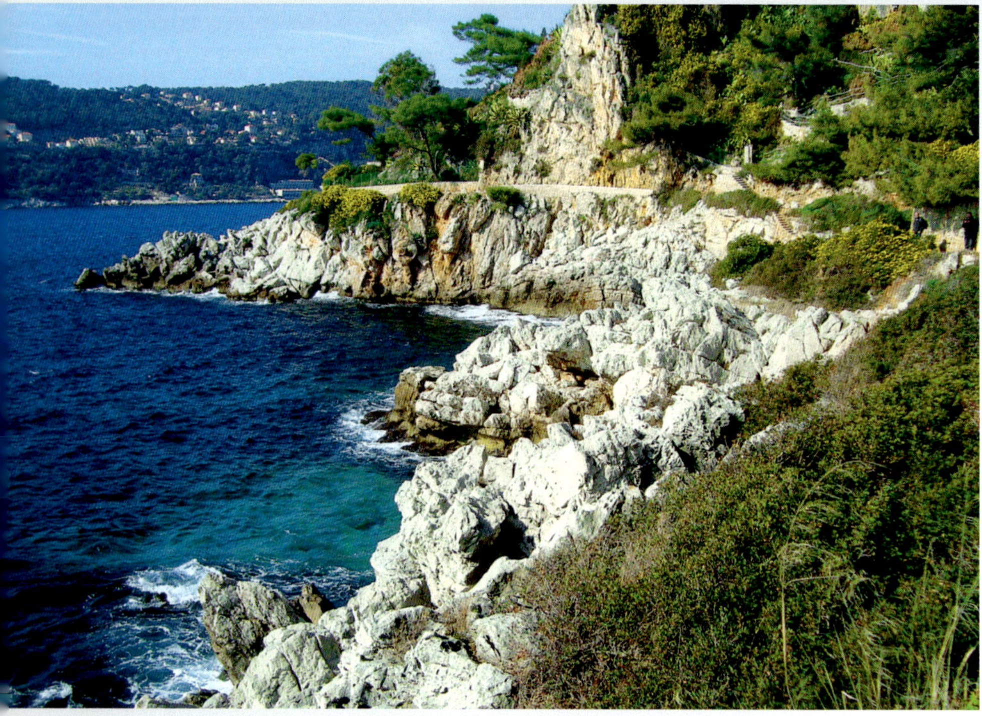

Wunderschöne Umrundung der Halbinsel der Reichen und Schönen. Von den Luxusvillen „da oben“ bekommt man „da unten“ so gut wie nichts mit.

1 43°41'20.22"N 7°20'3.83"E Von der **Promenade des Arts** in **Nizza** mit dem **Bus 15** bis zur Endstation **Port de Saint-Jean-Cap-Ferrat** fahren. Von der Bushaltestelle die **Avenue Denis Semeria** Richtung Süden nehmen, rechts in die **Avenue Claude Vignon** abbiegen. Dieser an zwei Abzweigen nach links weiter folgen, jeweils ausgeschildert mit **Sentier Pedestre**. Nach knapp 150 m in einer scharfen Linkskurve sich weiter geradeaus auf der Privatstraße **Chemin de la Carrière** halten. Man erreicht ein Metalltor, das die Straße absperrt, links befindet sich aber ein Durchgang, der für Fußgänger erlaubt ist. Die Straße führt zur Küste und geht in einen Schotterweg über. Vorbei an der Bucht **Criques de la Carrière** und den verfallenen **Gebäuden eines Steinbruchs** gelangt man nach einigen hundert Metern zum **Sentier du Littoral**. Links neben einer Ruine beginnt ein betonierter Pfad, auf dem man immer nah an der Küste **1,5 km** bis zum **Phare du Cap Ferrat** wandert. Über eine steile Treppe geht es hinauf und unterhalb des Leuchtturms

*Bis zu **60 000 € pro Quadratmeter** Bauland haben die superreichen, meist hinter Investmentfirmen versteckten Eigentümer der **500 Luxusvillen** auf Cap Ferrat bezahlt. Die Halbinsel gehört damit zu einer der teuersten Immobilienlagen der Welt.*

*Eine Besichtigung der im Stil der Neorenaissance Anfang 1900 für **Béatrice de Rothschild** erbauten **Villa Ephrussi de Rothschild** lohnt absolut.*

Man wandelt durch acht Themengärten, etwa durch den japanischen, den florentinischen oder den exotischen Garten mit meterhohen Kakteen.

*Täglich geöffnet, Eintritt 16 €, 7–25 Jahre 11 €, unter 7 Jahren frei, Infos: **www.villa-ephrussi.com**.*

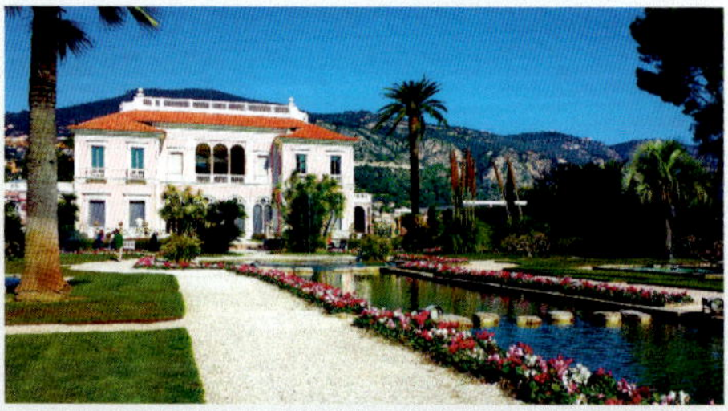

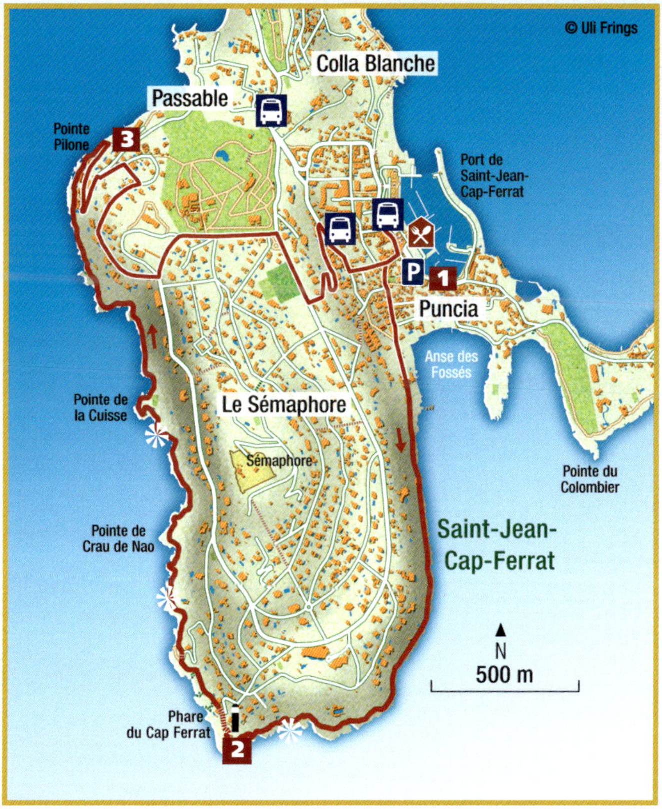

2 Treppe steil hinauf

weiter auf dem Pfad nach links leicht abwärts, ausgeschildert mit **Tour de la Presqu'île**. Der Weg verläuft nun etwas oberhalb des Wassers (siehe Fotos links und unten). Auf dieser Seite der Halbinsel findet man eine **prächtige Flora**, selbst im Winter blüht unerwartet viel. Bei der eingezäunten **La Batterie** hält man sich rechts am Zaun entlang und steigt über eine Treppe kräftig an. Auf **2 km** geht es mit etwas Auf und Ab bis zum **Pointe Pilone**, an dem man die Küste verlässt und ins Inland ansteigt. Am Ende des **Sentier du Littoral** führen Treppenstufen

3 Die Küste verlassen

hoch zum **Chemin du Lido**, den man nach rechts nimmt. 120 m hinter einer scharfen Linkskurve rechts in den **Chemin du Roy** abbiegen. Nach 100 m über einen Fußgängerweg rechts hinauf, wieder zum Chemin du Roy und 500 m bis zum **Boulevard de Gaulle** ansteigen. Diesen nach links um eine Rechtskurve herum 500 m bis zu einer Querstraße durchgehen. Rechts weiter auf dem Boulevard de Gaulle bleiben (der Boulevard ist eine Ringstraße). 250 m darauf links in die **Avenue Marie-Louise Sabatier** abbiegen und abwärts der Ausschilderung **Le Port** folgen. Die Querstraße nach rechts und dann links die **Avenue de la Libération** hinunter zum Hafen nehmen.

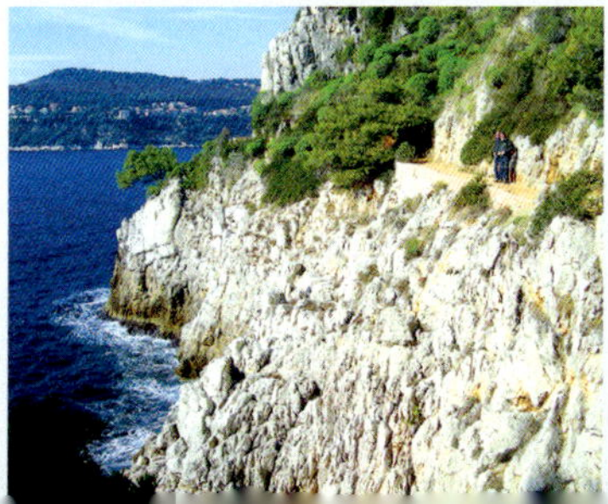

2,5 Stunden
7,3 km • 160 HM

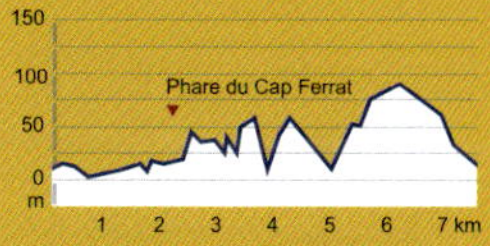

Schwierigkeitsgrad

- **Leicht bis mittelschwer**
- Der Weg ist teilweise **schmal** und **nah an der Steilküste**, daher für Personen mit **Höhenangst** evtl. **nicht geeignet**.

Wegmarkierung

Keine Markierung, der Weg ist aber **gut ausgeschildert**.

Wanderkarte

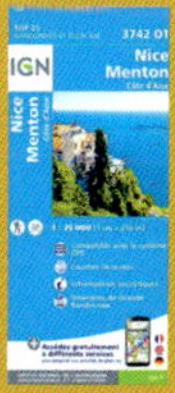

3742 OT Nice/Menton/ Côte d'Azur Topografische Wanderkarte 1:25 000 – GPS EAN/ISBN: 9782758543367

Einkehr

- **Restaurant L'Équinoxe**
Quai Virgile Allari
Port de plaisance
06230 Saint-Jean-Cap-Ferrat
Telefon 04 93 76 01 01
- **Diva Restaurant**
Avenue Mermoz
Port de plaisance
06230 Saint-Jean-Cap-Ferrat
Telefon 06 14 88 31 32

Märkte

- **Nizza**
Täglich außer Mo. 6 bis 13.30 Uhr,
Cours Saleya.
Täglich außer Mo. 6 bis 12.30 Uhr,
Place du Général de Gaulle.
- **Marché aux Poissons**
Täglich außer Mo. 6 bis 13 Uhr,
Place Jacques Toja, Nizza.
- **Villefranche-sur-Mer**
Mi. und Sa. 8 bis 13 Uhr,
Jardins Binon.

Buchtipps

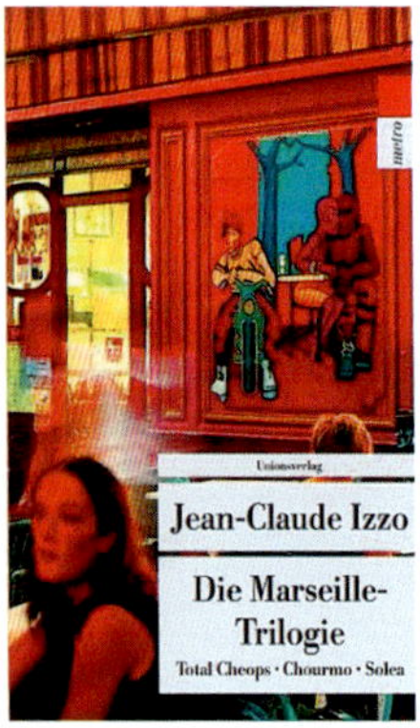

Die Marseille-Trilogie: Total Cheops, Chourmo, Solea
von Jean-Claude Izzo
672 Seiten
Unionsverlag
ISBN 978-3293205727
17,95 €

Die drei Romane der Marseille-Trilogie drehen sich um Fabio Montale, einen Polizisten aus den Marseiller Vororten, der gegen das Verbrechen in Form eines korrupten Polizeiapparats, der Mafia und einer Allianz aus Rechtsextremisten und islamischen Fundamentalisten kämpft. Montale stammt wie Izzo selbst aus einer Migrantenfamilie und er hat trotz der ihn umgebenden Gewalt nie sein Herz für die einfachen Leute verloren. Die Kulisse für die Romane gibt die Stadt Marseille ab, ein Schmelztiegel der Kulturen und Heimat für heimatlose Seefahrer und andere Gestrandete. Ihr mediterranes Flair sowie Izzos Vorlieben für gutes Essen und Musik ziehen sich trotz der stets präsenten Gewalt durch die Trilogie.
Quelle: *wikipedia.de*.

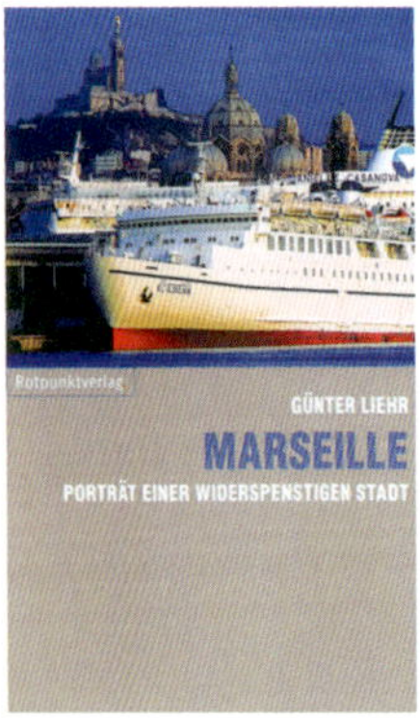

Marseille, Porträt einer widerspenstigen Stadt
von Günter Liehr
304 Seiten
Rotpunktverlag
ISBN 978-3858695352
25 €

Die bewegte Geschichte der ältesten Stadt Frankreichs in den letzten zweihundert Jahren. Wer Marseille verstehen möchte, sollte dieses Buch lesen. Kompetent, für ein Geschichtsbuch ungewöhnlich spannend und mit einem sympathischen, geradezu liebevollen Blick auf die Einwohner Marseilles und ihre Probleme mit der Obrigkeit.

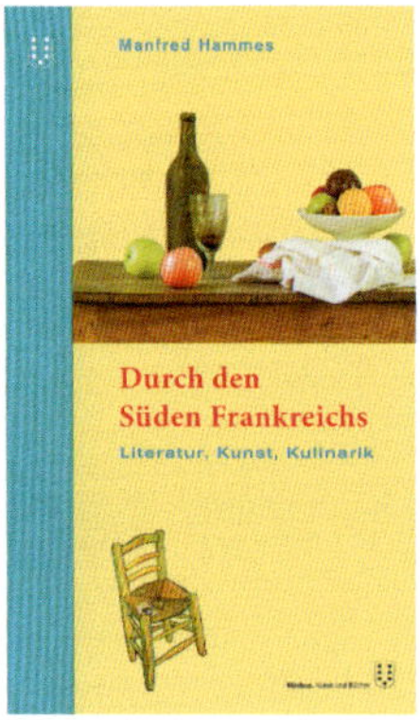

Durch den Süden Frankreichs: Literatur, Kunst, Kulinarik
von Manfred Hammes
700 Seiten, NIMBUS. Kunst und Bücher AG
ISBN 978-3038500773
32 €

Manfred Hammes liebt die Côte d'Azur, die Rhône, das Languedoc, den Train des pignes … halt alles, was im Süden Frankreichs den Süden Frankreichs ausmacht. Das Buch ist mehr als nur eine Ergänzung zu einem klassischen Reiseband. Ohne „Durch den Süden Frankreichs" ist Südfrankreich nur der Süden unseres Nachbarn, mit diesem Buch ist dieser Landstrich die zweite Heimat, die man jeden Tag neu entdeckt.
Quelle: *aus-erlesen.de*.

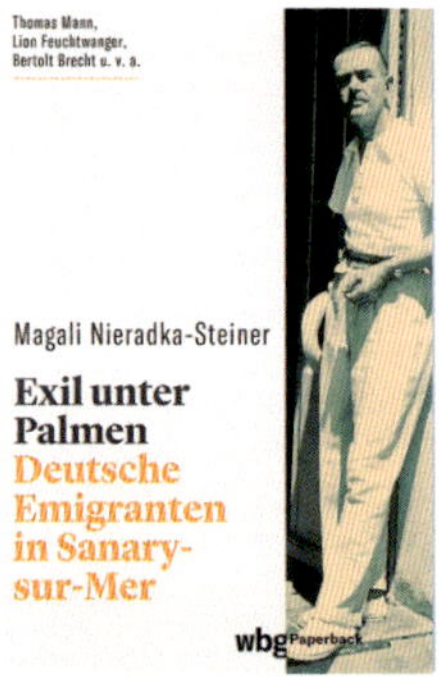

Exil unter Palmen – Deutsche Emigranten in Sanary-sur-Mer
von Magali Nieradka-Steiner
272 Seiten
wbg Paperback
ISBN 978-3534273959
20 €

Die Literaturwissenschaftlerin Magali Nieradka-Steiner ist Deutsch-Französin und hat mehrere Jahre in Südfrankreich gelebt und recherchiert. Exil unter Palmen ist das überzeugende Ergebnis jener jahrelangen und intensiven Forschung über die deutschen Exilanten in Südfrankreich. Das Buch über die deutschen Emigranten in Sanary-sur-Mer liest sich wie ein Roman. Die Mischung aus Fakten, Ortsbeschreibungen und Originalzitaten aus Tagebüchern und Texten der Emigranten wird zu einer spannenden und sehr gut lesbaren Mélange. Vor allem jedoch macht dieses Buch große Lust, sich selbst auf Spurensuche zu begeben.
Quelle: *kulturbuchtipps.de*.

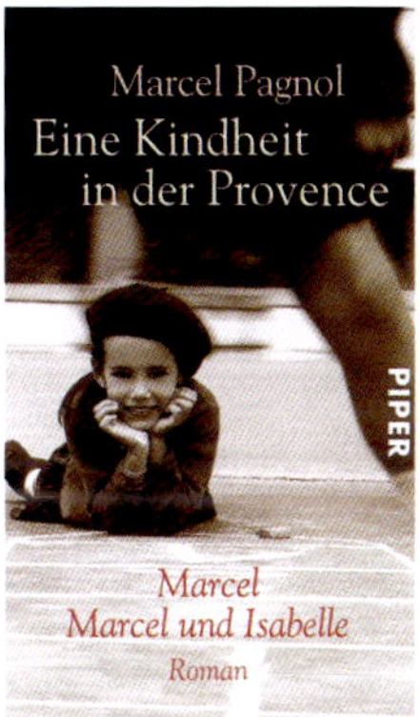

Eine Kindheit in der Provence: Marcel/ Marcel und Isabelle
von Marcel Pagnol
464 Seiten
Piper Verlag
ISBN 978-3492228084
12 €

Marcel Pagnol, 1895 in Aubagne geboren, wuchs ab 1904 in Marseille auf. Populär wurde er mit den Stücken **Marius** (1929), **Fanny** (1931) und **César** (1936), die sich mit den Menschen seiner Heimatstadt Marseille beschäftigen und auch als Film sehr erfolgreich waren. In seinen Büchern (z. B. **Der Ruhm meines Vaters** oder **Das Schloss meiner Mutter**) und Filmen wandert er als Kind mit seiner Familie regelmäßig von der Straßenbahnendstation in die Berge zum Ferienhaus nahe Marseille – er war also auch ein „Stadtwanderer". Zwischen 1957 und 1959 erschien Pagnols autobiografische Romantrilogie **Souvenirs d'enfance** (**Eine Kindheit in der Provence**). Diese gehört seit Jahrzehnten zur Standardlektüre französischer Schüler und begründet Pagnols große Popularität in Frankreich.

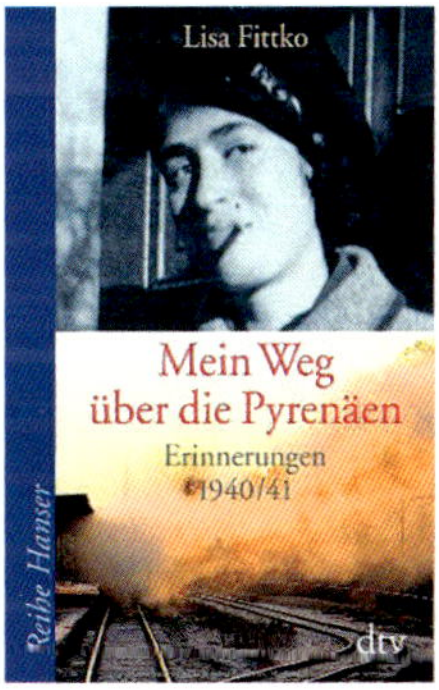

Mein Weg über die Pyrenäen Erinnerungen 1940/41
von Lisa Fittko
336 Seiten
Deutscher Taschenbuch Verlag
ISBN 978-3423621892
9,95 €

Uneitel, anschaulich und persönlich erzählt Lisa Fittko von ihrem Einsatz als Fluchthelferin. Lisa Fittko (1909–2005) wuchs in Wien auf und zog im Jahre 1922 nach Berlin. Anfang 1933 wurde sie wegen der Herstellung und Verbreitung antinazistischer Flugblätter denunziert und floh zunächst nach Prag und weiter nach Paris. Sie wurde im Lager *Camp de Gurs* interniert, konnte aber wiederum fliehen. Mit ihrem späteren Mann Hans Fittko organisierte sie in Zusammenarbeit mit der Fluchthilfeorganisation **Emergency Rescue Committee** und deren Repräsentanten in Marseille, **Varian M. Fry**, die Flucht von Menschen, die durch die deutsche Besatzung und das Vichy-Regime bedroht waren. Mit der Führung von **Walter Benjamin** über die Grenze nach Spanien begann ihre Tätigkeit als Fluchthelferin. 1941 gelang die eigene Flucht nach Kuba. 1948 siedelte sie mit ihrem Mann Hans nach Chicago in die USA über.

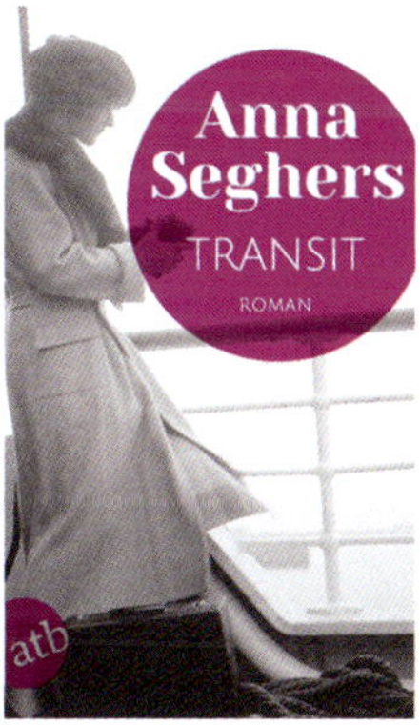

Transit
von Anna Seghers
309 Seiten
Aufbau Verlag
ISBN 978-3746635019
12 €

Flüchtlinge aus allen Ländern Europas treffen 1940 zu Tausenden in Marseille ein. Sie hetzen nach Visa, Stempeln, Bescheinigungen, ohne die sie den Kontinent nicht verlassen können. Im Chaos der Stadt, in den Cafés, auf der Jagd von Behörde zu Behörde kreuzen sich ihre Wege. Unter ihnen der Ich-Erzähler, der eine schmerzliche Liebe zu der Frau durchlebt, die rastlos ihren Mann sucht, an dessen Tod sie nicht glauben will. Mit falschen Papieren und – durch Zufall – mit der Hinterlassenschaft jenes Toten ausgestattet, erhält er durch glückliche Umstände eine Passage nach Übersee. Doch er gibt sie zurück. Auf ihrer eigenen Odyssee von Marseille nach Mexiko – unmittelbar unter dem Eindruck ihrer persönlichen Erlebnisse – begann Anna Seghers an diesem Roman zu arbeiten. Heinrich Böll nannte ihn den „schönsten, den Anna Seghers geschrieben hat".

Anna Seghers wurde 1900 als Netty Reiling in Mainz geboren. 1933 musste sie wegen ihrer Mitgliedschaft in der KPD aus Deutschland fliehen. Über die Schweiz gelangte sie nach Paris und 1940 in den unbesetzten Teil Frankreichs. 1941 konnte Anna Seghers mit ihrer Familie auf einem Dampfer von Marseille nach Mexiko entkommen. 1947 kehrte sie nach Berlin zurück und war von 1952 bis 1978 Vorsitzende des Schriftstellerverbandes der DDR. 1983 ist sie in Berlin gestorben.

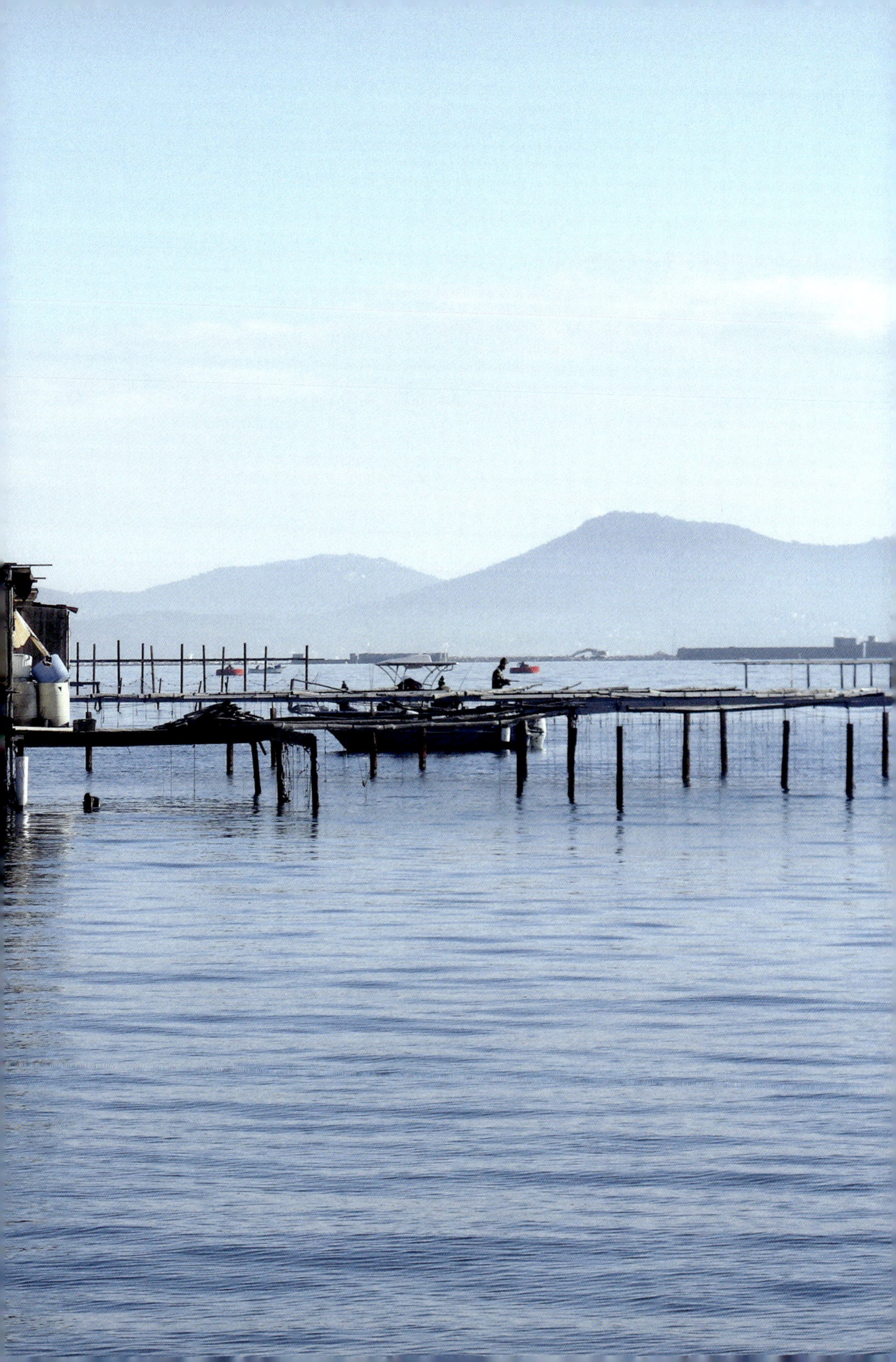

Register

Kleines Fischlexikon Französisch – Deutsch

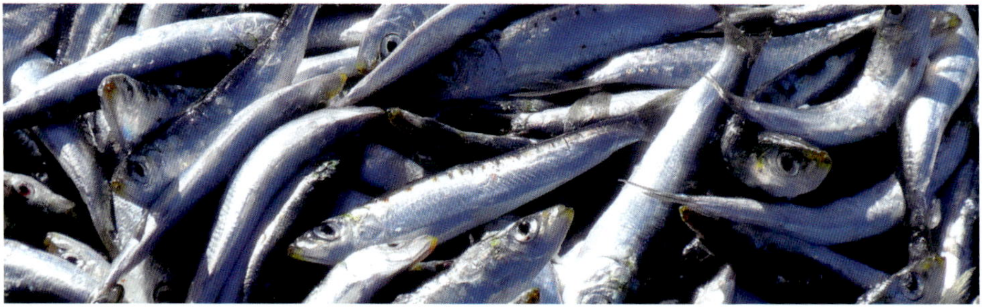

Poisson (Fisch)

aiglefin, églefin	Schellfisch
anchois	Sardelle
anguille de mer	Meeraal
bar (loup de mer)	Seewolf, Wolfsbarsch
brème	Meerbrasse
brochet	Hecht
cabillaud	Kabeljau, Dorsch
camard, grondin	Knurrhahn
capelan	Zwergdorsch
colin	Seehecht
congre	Meeraal
dorade grise	Streifenbrasse
dorade rose	Meerbrasse
dorade royale	Goldbrasse
dragon de mer	Drachenfisch
espadon	Schwertfisch
flet	Flunder
flétan	Heilbutt
haddock	geräucherter Schellfisch
hareng	Hering
lieu jaune	Pollack, kabeljauähnlich
lieu noir	„Seelachs" (*colin*)
lotte, baudroie, crapaud	Seeteufel, Anglerfisch
loup de mer	Seewolf, Wolfsbarsch
maigre	Adlerfisch, Umberfisch
maquereau	Makrele
merlan	Merlan (Schellfischart)
merlu	Seehecht
morue	Stockfisch
pageot	Rotbrasse
perche	Barsch
plie, carrelet	Scholle, Goldbutt
poisson de roche	kleine Felsenfische
raie	Rochen
rascasse	Drachenkopf
requin	Hai
rouget	rote Meerbarbe
Saint Pierre	Petersfisch
sardine	Sardine (siehe Bild oben)
saumon	Lachs
sole	Seezunge
thon	Thunfisch
truite de mer	Meerforelle
turbot	Steinbutt

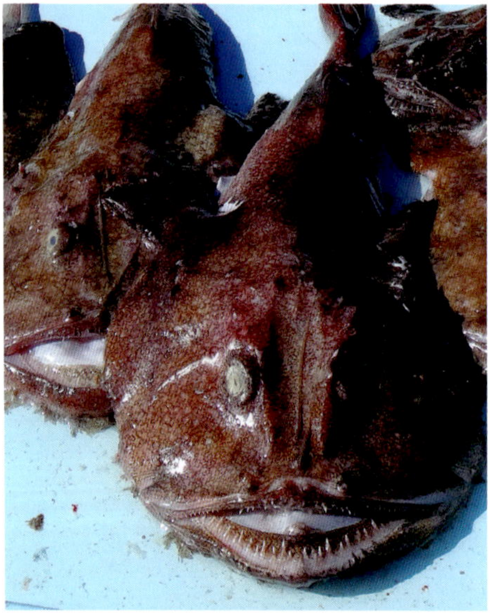

Seeteufel sieht schrecklich aus, ist aber einer der leckersten (und teuersten) Mittelmeerfische. Mit seinem festen weißen Fleisch ist der Knorpelfisch eine leicht zuzubereitende und praktisch grätenfreie Delikatesse.

Fruits de mer (Meeresfrüchte)

araignée de mer	Meerspinne
bigon	Herzmuschel
bulot	Meeresschnecke
calappe, cancre, crabe	Taschenkrebs
cigale de mer	Heuschreckenkrebs
clam, palourde, vénus	Venusmuschel
coquille Saint-Jacques	Jakobsmuschel
coquillettes	kl. Jakobsmuschel
corail	roter Rogen (meist an Jakobsmuscheln)
crabe géant	Königskrabbe
crevette	Garnele
écrevisse	Flusskrebs
encornet	kleiner Tintenfisch
escargot de mer	Meeresschnecke (*bulot*)
homard	Hummer
huître	Auster
huître claire	Zuchtauster
langouste	Languste
langoustine	Hummerkrabbe, Scampi
moule (frites)	Miesmuschel (mit Pommes Frites)

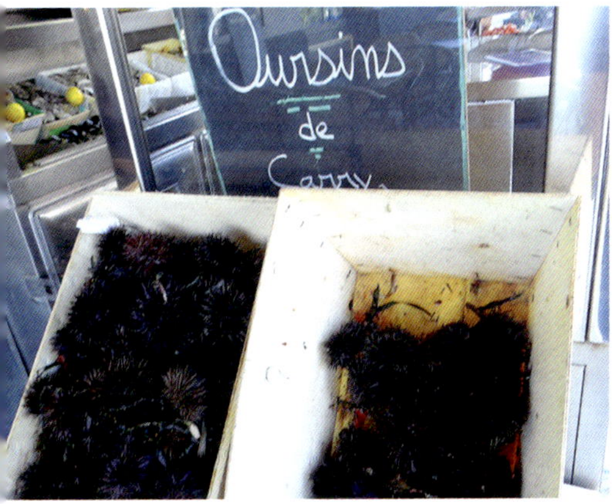

oursin	Seeigel
pétoncle	Kammmuschel (Jakobsmuschelart)
poulpe	großer Tintenfisch
seiche, sèche	Tintenfisch, Sepia mit brauner Tinte
sépia	Tintenfisch
soupion	kleiner Tintenfisch

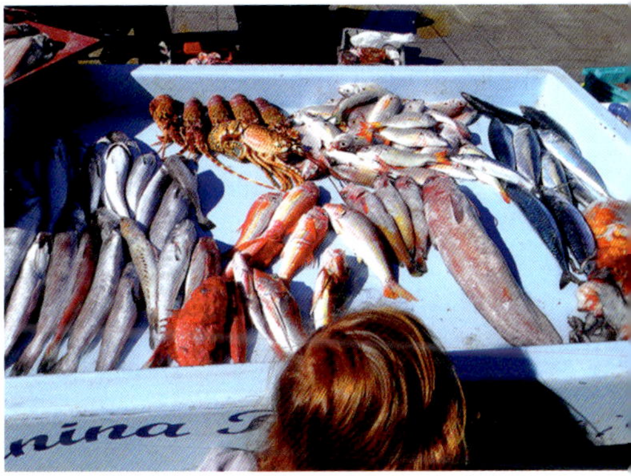

Plats et sauce (Gerichte und Soßen)

aïgo saou	provenz. Fischsuppe
aïoli	Knoblauchmayonnaise oder Fischgericht mit Aïoli
boudin de brochet	Hechtklößchen
bouillabaisse	Marseiller Fischsuppe
brandade de morue	provenz. Stockfischgericht
chipirons	kleine gebackene Tintenfische
coquillage	Muschelplatte (wörtl. Muschelschale)
dos (de cabillaud)	Rückenstück (Kabeljau)
matelote	Fischragout im Topf
moules marinières	Miesmuscheln im Weißweinsud
Nantua, sauce	Krebsbuttersoße
queues d'écrevisses	Krebsschwänze

Préparation (Zubereitung)

au four	im Backofen
bleu	blau, gekocht
cru	roh (z. B. bei Tatar)
cuit	durchgegart
désarêter	entgräten
mariné	gebeizt
meunière	Müllerinart, gebraten
papillote	in Folie, Bratschlauch
quelle cuisson?	Wie gegart?
rosé	innen noch etwas roh
snacker	kurz und heiß gebraten
sur le gril	auf dem Grill

Uli Frings

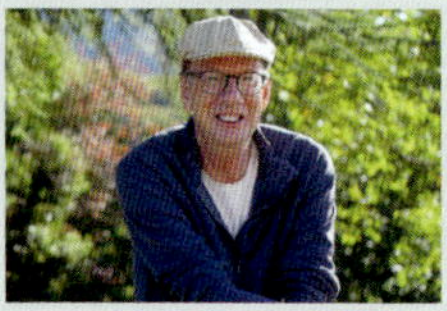

Seit 1985 bereist der gebürtige Bonner **Uli Frings** immer wieder Südfrankreich, vor allem die **Ardèche-Region**. Über 20 Jahre leitet er in Bonn eine Werbe- und Internetagentur. Im Jahr 2006 macht er seine Leidenschaft, Wandern und Kochen, auch zu seinem Beruf. Uli veranstaltet **Wanderreisen** in Südfrankreich und lebt seit 2009 in einem kleinen Bergdorf der Ardèche. Weitere **Wander- und Reiseführer** von Uli Frings zur **Ardèche**, den **Cevennen**, **Marseille** und **Katalonien** sind im Buchhandel oder unter **www.ardechereisen.de** erhältlich (siehe Seite 151).

Ardèche-Gruppenreise

Neben den Individualwanderungen veranstaltet Ardèchereisen auch Gruppenreisen. Zu Terminen im

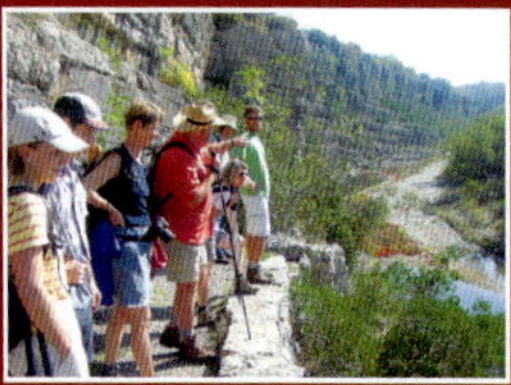

Frühjahr und Herbst bietet Uli eine Woche mit 6 geführten Wanderungen an. Dazu besuchen wir Biobauern, machen einen Ausflug zu den **Gorges de l'Ardèche** und besichtigen die Nachbildung der **Grotte**

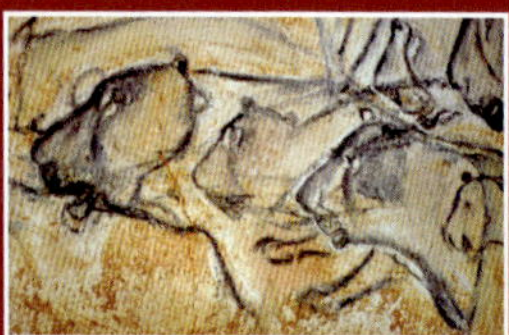

Chauvet mit 36 000 Jahre alten Höhlenzeichnungen. Verpflegung und Wein sind im Preis enthalten. Abends kocht Uli Mehrgangmenüs mit leckeren Spezialitäten aus der Ardèche-Region. Mit 8–14 Teilnehmern sind die Gruppen angenehm klein. 8 Tage mit 7 Übernachtungen kosten im Doppelzimmer 810 € je Person. Alle Infos unter **www.ardechereisen.de**

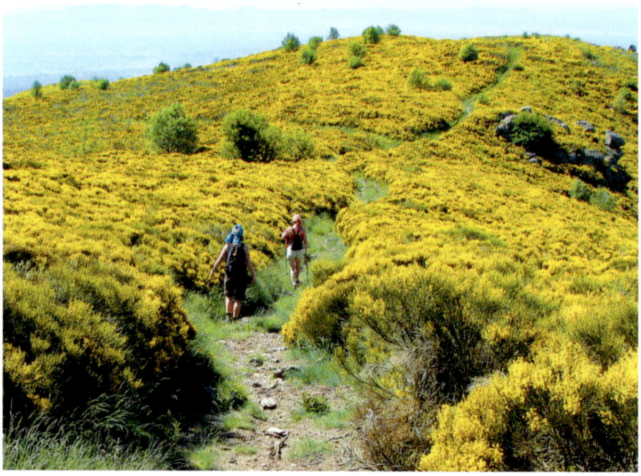

Streckenrundwanderung „Die wilden mediterranen Berge der Ardèche"

Ardèchereisen bietet eine wunderschöne 8-tägige individuelle Streckenwanderung am Fuß des Massif du Tanargue an. Die Wanderungen sind so zusammengestellt, dass die Tagesetappen 3,5 bis 6 Stunden betragen und damit für jeden mit etwas Wandererfahrung gut zu laufen sind. Das Gepäck wird transportiert, sodass Sie bequem mit einem Tagesrucksack wandern können. Jeden Abend erwarten Sie erstklassige Unterkünfte mit guten Menüs aus der vielfältigen Küche der Ardèche.
Preis im Doppelzimmer ab 975 € je Person.
Alle Infos unter: www.individuell-wandern.de

FORUM ANDERS REISEN

Ardèchereisen ist Mitglied im Verband **ForumAndersReisen**. Die Mitglieder streben eine nachhaltige Tourismusform an, die langfristig ökologisch tragbar, wirtschaftlich machbar sowie ethisch und sozial gerecht ist. Ardèchereisen ist darüber hinaus **CSR-Tourism-certified**.
www.forumandersreisen.de und **www.tourcert.org**

Französisch für Wanderer

Wichtige Wörter und Ausdrücke

oui	ja
non	nein
s'il vous plaît	bitte
merci beaucoup	vielen Dank
comment?	wie bitte?
pardon/ excusez-moi	Entschuldigung
bonjour	guten Morgen/ guten Tag
bonsoir	guten Abend
au revoir	auf Wiedersehen

Orientierung/Landschaft

la balade, la randonnée	Wanderung
le chemin	Weg
le sentier	Pfad
tout droit	geradeaus
à gauche	links
à droite	rechts
la distance	Entfernung
la descente	Abstieg
la montée	Aufstieg
la carte (géographique)	Landkarte
la boussole	Kompass
le col	Pass
la crête	Bergkamm
le mont	Berg
le pic	Gipfel
la vallée	Tal
la plaine	Ebene
le lac	See
l'étang	Teich
la rivière	Fluss
le ruisseau	Bach
le pont	Brücke
le port/le havre	Hafen
l'anse/la baie	Bucht
l'Île	Insel
la mer	Meer

Unterkunft

l'hôtel	Hotel
l'auberge	Gasthaus
l'hébergement/le gîte	Unterkunft
le gîte d'étape	Wanderherberge
le gîte rural	ländliches Ferienhaus
la chambre d'hôtes	Gästehaus
la chambre double	Doppelzimmer
la chambre single	Einzelzimmer
la douche	Dusche
le petit déjeuner	Frühstück
le camping	Campingplatz
la ferme	Bauernhof
la cabane	Hütte
la grange	Scheune
la maison	Haus
le mas	Bauernhaus
le sac à dos	Rucksack
le sac de couchage	Schlafsack
la tente	Zelt
l'abri	Unterstand

Verpflegung

la boulangerie	Bäckerei
l'épicerie	Lebensmittelladen
la boucherie	Metzgerei
la pharmacie	Apotheke
le pain	Brot
la bière	Bier
le vin (rouge)	(Rot-)Wein
la table d'hôtes	Gästetisch

Wetter

la météo	Wetterbericht
le temps	Wetter
beau temps, mauvais temps	gutes, schlechtes Wetter
la neige	Schnee
la pluie	Regen
l'averse	Regenschauer
l'orage	Gewitter
la boue	Matsch
le soleil	Sonne
le vent	Wind
l'ombre	Schatten

Zahlen

un	eins	sept	sieben
deux	zwei	huit	acht
trois	drei	neuf	neun
quatre	vier	dix	zehn
cinq	fünf	cent	hundert
six	sechs	mille	tausend

Wanderwegmarkierungen

Das Netz der Wanderwege ist sehr gut ausgebaut und durchweg **gut markiert**. Die **Sentiers du Littoral** sind meist zusätzlich ausgeschildert. Die beste Orientierung bietet die klassische Markierung mit den farbigen Balken. Die **GR** (**Sentiers de Grande Randonnée**, Fernwanderwege) sind **weiß-rot** markiert, die **GRP** (**Grande Randonnée de Pays**, mehrtägige Rundwege) **gelb-rot** und die örtlichen Wanderwege **gelb** oder **weiß-gelb**. Dazu kommen immer wieder Markierungen in den **unterschiedlichsten Farben**, mit **Punkten** oder/und mit **Wegnummern**.

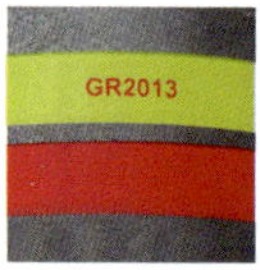

Wegmarkierung, hier für einen Grande Randonnée de Pays.

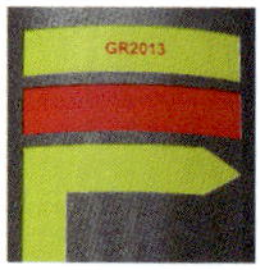

Der **Weg biegt ab**, in diesem Fall nach rechts.

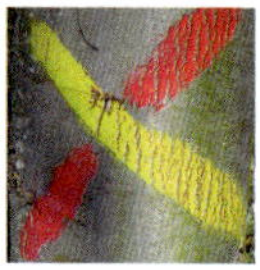

Diesen **Weg NICHT nehmen**, wenn man der Markierung weiter folgen möchte.

Ausrüstung und Sicherheit (siehe auch Seite 69)

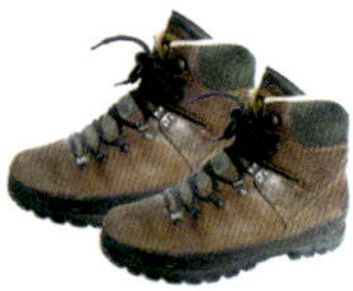

Für alle beschriebenen Wanderungen sind, wegen der oft gerölligen Wege, **knöchelhohe Wanderschuhe** mit guter Profilsohle erforderlich. Das Wetter kann an der Küste schnell umschlagen, daher immer **Regenschutz** bzw. **Windjacke** und (außer im Hochsommer) eine Fleecejacke mitnehmen. Wenn der Mistral (Nordwind) weht, kann es vor allem im Winter unangenehm kühl werden. Und die mediterrane Sonne sollte man nicht unterschätzen. Ausreichend **Sonnenschutz** ist unentbehrlich, viele Wege durch die Garrigue bieten nur wenig Schatten. Unterwegs gibt es selten Möglichkeiten, Wasser aus Quellen oder Brunnen zu trinken, daher ausreichend **Trinkwasser** mitnehmen.

Die Wandertouren folgen alle deutlichen Wegen. Auf wegloses Terrain, Klettersteige oder Passagen, die Schwindelfreiheit erfordern, wurde fast ganz verzichtet oder es wird gesondert auf schwierige Stellen hingewiesen. Erkundigen Sie sich im Sommer für Wanderungen vorher über **Sperrungen** wegen Waldbrandgefahr.

Viele Wanderwegweiser sind mit **Nummern** versehen, die man bei einem **Notruf** angeben sollte, um von Rettungskräften besser lokalisiert werden zu können.

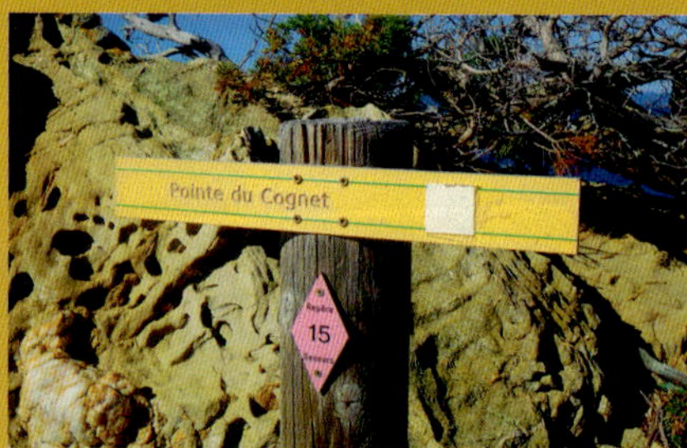

Wichtige Telefonnummern
Vorwahl Frankreich: 0033
Notruf: 15 oder 112
Polizei: 17
Feuerwehr: 18 oder 112
Telefonauskunft: 12
Vergiftungsnotruf (Centre Anti-Poison): **04 91 75 25 25**
Apothekennotdienst: **3237**
In einer **Pharmacie** (grünes Neonkreuz) nach dem nächsten diensthabenden Arzt oder Krankenhaus fragen.

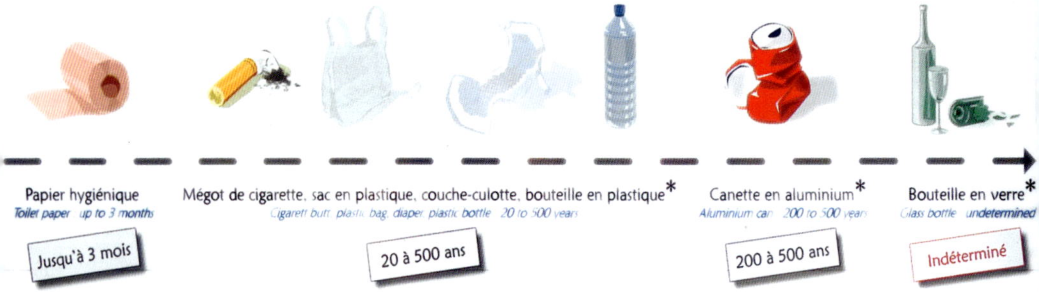

Hinweisschilder zur Müllvermeidung an den Sentiers du Littoral.